떨리는 강사
설레는 강사

강사, 교사, 교수, 퍼실리테이터를 위한 강의법 가이드

떨리는 강사
설레는 강사

이의용 · 오정근 · 한건수 공저

강사, 교사, 교수, 퍼실리테이터를 위한 강의법 가이드

학지사

명강사 10계명

1. 유명한 강사보다 사명감 있는 강사를 지향한다.
2. 강사료나 사람 수에 앞서 나를 필요로 하는 곳을 향한다.
3. 학습자를 사랑하고 존중한다.
4. 학습자와의 약속을 정확히 지킨다.
5. 언행이 일치되는 삶으로 강의한다.
6. 학습자를 위해 최상의 콘텐츠를 준비한다.
7. 효과적인 전달을 위해서라면 별짓을 다한다.
8. 학습자에게 삶의 행복을 일깨워 준다.
9. 학습자의 잠재적 능력을 북돋운다.
10. 학습자의 꿈과 미래를 함께 키워 나간다.

여는 글

스테디셀러 같은 '明강사' '鳴강사' '命강사'가 되세요.

취업을 앞둔 대학생이나 직장인 중에 강사를 꿈꾸는 이들이 적지 않다. 강사를 양성하는 과정도 생기고 있다. 예전과는 분명히 달라진 모습이다. 인터넷이나 텔레비전 매체에 강연 프로그램이 늘어나고 강연 무대가 늘어나면서 생겨난 현상이 아닌가 생각된다. 한편으로는 일자리가 줄어들면서 취업자들이 관심을 갖게 된 게 아닌가 싶다.

"어떻게 하면 강사가 될 수 있나요?" 이런 문의를 해 오는 이들이 부쩍 늘어났다. 그렇지만 평생 강연 활동을 해 온 필자도 이들에게 무엇을 어떻게 준비하라고 명확히 안내해 주기가 쉽지 않다. 우선 이들이 진출할 시장이 다양하기 때문이요 강사로서 갖춰야 할 자질이나 능력이 퍽 다양하기 때문이다. 이들에게 권할 만한 마땅한 지침서라도 있으면 좋겠는데 그렇지 못한 것이 현실이다.

이 책의 저자들은 30대, 50대, 60대로, 개인적으로 오랜 세월 가까이 지내며 강연 경험을 나눠 온 선후배 사이다. 언젠가 세 사람이 만나 강연 경력을 합쳐 보니 한 사람의 평생이나 되어 한바탕 웃은 적이 있다. 뿐만 아니라 이 책에서 말하는 '明강사' '鳴강사' '命강사'의 특성을 하나씩 강점으로 하고 있었다. 그래서 강사가 되고 싶어 하는 이들이 시행착오를 하지 않도록 안내해 줄 책을 우리가 한 권 펴내기로 했다. 이왕이면 그동안 우리가 쌓아 온 경험과 노하우를 과감히 내놓기로 했다. 그리고 수시로 만나 토의를 하며 이 책을 쓰기 시작했다.

가장 먼저 시작한 것이 소위 '명강사'에 대한 정의였다. 보통 명강사라고 하면 대부분 이 분야에 널리 이름이 나 있어서 잘 팔리는 '名강사'를 떠올린다. 그런 명강사가 되기 위해 온갖 수단과 방법을 다 동원하고, 그 결과 '名강사' 반열에 올라 있는 이들도 적지 않다. 그러나 저자들은 이런 명강사가 과연 이상적인 강사의 모습일까에 대해서는 동의할 수 없었다. "한 시간에 얼마 안 주면 안 갑니다."라고 쉽게 대답하는 강사를 더 양성할 필요는 없다는 데 동의했다.

우리는 그보다는 자신의 생각과 감정을 명확히 전달해 줄 수 있는 소통 기술을 지닌 '明강사', 학습자의 가슴을 울려 줄 수 있는 '鳴강사' 그리고 공동체의 선을 위해 사명감을 갖고 기꺼이 나서 줄 수 있는 '命강사'를 이상적인 강사의 모델로 정했다. 이 책에서는 "어떻게 하면 '明강사' '鳴강사' '命강사'가 될 것인가?"에 대해 이야기하고 있다. 이것이 이 책이 기존의 다른 강의법 교재와 다른 점이다.

이 책에는 세 저자의 진솔한 경험과 노하우가 녹아 있다. 아울러 이미 이러한 명강사의 길을 걷고 있는 참신한 강사들과 교육을 기획하고 강사들을 선정하는 이들이 말하는 "어떻게 하면 좋은 강사가 될 수 있나요?"에 대한 다양한 해답도 실려 있다. 인터뷰에 응해 주신 여러분께 진심으로 감사드린다.

강의의 형태는 다양하다. 강의의 형태에 따라 메시지를 보내는 송신자와 메시지를 받는 수신자의 역할이나 호칭도 달라진다.

첫째는 한 사람의 강사가 특정 다수의 청중을 대상으로 일회성으로, 일방적으로 강의를 하는 경우다. 이런 경우 송신자는 '강사' 또는 '강연자'가 되고, 수신자는 '청중'이 된다.

둘째는 한 사람의 강사가 학교처럼 일방적 · 반복적으로 수업을 진행하는 방식이다. 이런 경우 송신자는 '교수자' '교사' '교수'가 되고, 수신자는 '학습자' '학생'이 된다.

셋째는 한 사람의 강사가 30명 내외의 청중을 대상으로 특정한 프로그램이나 과정을 쌍방식으로, 단기적으로 진행하는 방식이다. 주로 성인을 대상으로 하는 기업교육 등에서 이뤄진다. 이런 경우 송신자는 '퍼실리테이터', 수신자는 '수강생'이 된다.

이 책은 강사, 강연자, 교수자, 교사, 교수, 퍼실리테이터를 위한 것이다. 그런데 이들을 통틀어 칭할 만한 이름이 마땅치 않아 '강사'와 '학습자'로 통일하여 사용함을 이해해 주기 바란다.

연예인과 강사는 닮은 점이 많다. 무대에 선 모습은 화려하지만, 그곳에 서기까지의 과정은 험난하다. 인기가 없으면 쉽게 잊히는 것도 비슷하다. 경쟁이 매우 심하고, 많은 준비와 능력이 필요하다. 실력만 갖추고 있다고 해서 불러 주는 것도 아니다. 인맥도 중요하고, 매스컴의 도움도 큰 힘이 된다. 진출해서 성공하기가 참 어려운 분야다.

단지 유명하기만 한 '名강사'에게는 '떨림'도 없고 '설렘'도 없다. 명강사를 지망하는 이들은 베스트셀러 같은 '名강사'보다는 스테디셀러처럼 기초가 튼튼한 '明강사' '鳴강사' '命강사'가 되었으면 한다. 그래야 '설렘'이 생기고, 그래야 재미가 있다.

모쪼록 이 작은 책자가 명강사를 꿈꾸는 이들에게 좋은 지침이 되기를 간절히 소망한다. 함께 집필해 준 오정근, 한건수 두 분의 공동 저자와 실무로 도움을 준 김석종 씨에게 감사한다. 또한 출간을 허락해 준 학지사에 감사를 드린다.

2014년 8월 15일

대표 저자 이의용

C O N T E N T S

차 례

제1부

설레는 강사가 명강사다

설레는 강사가 명강사다

자기 힘으로 자신의 집을 장만했을 때의 설렘을 기억하는가? 아니면 새 차를 구입하여 첫 시승을 할 때의 설렘은 어땠는가? 아직 그런 경험이 없다면 짝사랑하던 사람을 바라볼 때 가졌던 떨림이나 설렘을 기억하는가?

생애 처음으로 집과 자동차를 구입하거나 이성과 처음 만났을 때의 설렘은 대단하다. 한 번도 직접 다뤄보지 못했던 첫아이나 새 차인 경우에는 그것을 온전하게 유지하고 싶은 생각에 떨리는 마음도 매우 크다. 몰래 하던 짝사랑의 마음을 상대에게 들킬까 봐 도둑질하는 마음처럼 콩닥콩닥 속으로 크게 떨리는 울림도 들어 봤다. 그러면서도 그 짝사랑으로 상처가 날까 봐 두려워하던 떨림도 있었다. 그러다가 짝사랑이 둘의 대화로 이어질 때의 설렘이란 어마어마한 성취감을 주기도 한다.

첫 강의할 때의 경험은 어떠했는가? 강의를 하게 된 기쁨 때문에 설레기도 하고, 망칠까 봐 두려운 마음에 밤잠을 설치며, 강단에서 다리 혹은 목소리 혹은 손끝이 떨리던 경험은 없었는가? 아직 첫 강의 기회가 없었다면 다행이다. 이제 그 경험의 세계로 함께 가 보자.

준비가 안 되었을 때 강의나 발표를 부탁받는다면 재앙이 된다. 그러나 첫 강의 의뢰를 받았을 때의 느낌은 누군가가 자신을 믿는다는 생각에 흥분이 된다. 만일 충분한 준비가 된 상태에서 강의를 의뢰받는 경우라면 더 이상 말할 필요도 없이 전율을 느끼기도 한다. 우연하게 얻은 경우라도 기대 반 우려 반의 기분이 든다. 강의를 수락하고 나서는 마음 한편에는 설렘도 자리잡지만, 이내 '잘해야 할 텐데…….' 하는 생각으로 떨림이 커진다. 강의를 마칠 때까지 이 생각은 그림자처럼 줄곧 따라다닌다. 강의를 한다는 것은 이 과정의 반복이다.

늘 하던 내용 그대로 강의를 반복하면 설렘은 작아진다. 자칫 타성에 젖어버리기 쉽다. '이거 별 거 아니구나.' 하는 순간 강의 반응은 예전 같지 않다는 걸 알게 된다. "하루를 연습하지 않으면 내가 알고, 이틀을 연습하지 않으면 평론가들이 알며, 사흘을 연습하지 않으면 관객이 알게 된다."라고 말했던 피아니스트 파데레프스키의 말처럼 청중은 강사의 열정이나 준비를 금세 알아차린다. 그래서 성공하는 강사들은 강의 내용과 방법을 지속적으로 새롭게 업그레이드한다. 사람들이 일부 대학 강의를 구태의연하다고 말하는 이유가 여기에 있다. 고전 인문학도 현실에 맞춰 설명해 줘야 내용이 살아서 학습자에게 피가 되고 살이 될 수 있다.

명강사란 자신이 느꼈던 울림을 학습자에게 전해 줌으로써 그들의 가슴이 떨리게 만들어 현실 생활에 접목해 보고 싶은 설레는 마음을 갖도록 도와주는 사람이라고 할 수 있다. 이제부터 명강사가 되기 위해 필요한 것을 하나하나 살펴보자.

강사가 된다는 것

우리나라 사람들은 오랜 역사 동안 유교 환경에서 생활했기에 학습을 중요시해 왔다. 『논어』의 첫 구절인 '학이시습지 불역열호(學而時習之 不亦悅呼: 배우고 때로 익히니 기쁘지 아니한가)'에서부터 학습을 강조했듯이 배움을 중요한 덕목으로 생각해 왔다. 우리나라 경제 성장의 주된 요인으로 높은 교육열을 꼽는데, 대학 진학률도 전 세계적으로 상위권이다. 그만큼 교육은 개인의 삶과 조직 성과에 지대한 기여를 한다.

출생도 그러했지만 성장 과정이 비루했던 공자는 15세에 배움에 뜻을 두고(지학: 志學) 노력한 결과 불멸의 사상가가 되었다. 그는 정치 사상이나 외교에서도 수완을 발휘했다. 공자는 자신의 신분 상승이 오직 배움에 있었다는 것을 잘 알았기에 제자들이 자신처럼 성장하도록 도움을 아끼지 않았다. 이른바 공자 아카데미를 운영했다. 제자가 3,000명에 이를 정도로 인재 양성에 큰 업적을 남겼다. 제자들이 학문을 갈고 닦아 지도자로 사회에 기여하는 것을 바라보는 즐거움이 얼마나 컸을지 싶다.

교육자 혹은 강사로서 역할을 한다는 것은 배움이나 경험이 남에게 전달할 수준만큼 이르렀기에 자아실현의 방편이면서 타인의 성장을 돕는 매력적인 일이기도 하다. 강사가 된다는 것은 배움의 즐거움이 자리이타(自利利他)로 발전하는 것을 의미한다. 즉, 다른 사람을 이롭게 하는 것이 결국 자신에게도 득이 된다는 말이다. 가르친다는 것은 한마디로 일거양득이다. 이를 위해서는 자기 분야에서 전문가로 성장해야 함은 물론이고, 학습자가 일거수일투족을 보고 배울 만한 모델로서의 인성을 갖추고 효과적인 전달 능력도 함양해야 한다.

사람들은 왜 배우는 일에 많은 시간을 투자할까? 경영학의 대부인 피터 드러커(Peter Drucker)가 말했듯이 배움을 통해 사람들이 얻는 결과는 '사회적 지위와 경제적 이득'이다. 과거 제도를 통해 지식의 양을 가려 공무원으로 채용하던 인재선발 모델을 국가나 기업조직에서 그대로 운영 중이다. 따라서 배움과 가르침은 개인의 삶이나 국가의 경쟁력에 매우 중요하다. 어떻게 잘 가르치고, 잘 배울까에 대한 고민과 열의는 지구가 움직이는 한 식지 않을 것이다. 지식의 반감기가 짧아지는 이유도 한몫을 한다. 미래학자 앨빈 토플러(Alvin Toffler)는 그의 저서 『권력이동』에서 "21세기 문맹은 읽지 못하고 쓰지 못하는 사람이 아니라 배우려 하지 않고 낡은 지식을 버리지 않는 사람이 될 것"이라고 말한 바 있다. 배우지 않고는 적응하기 힘든 세상이 되었다.

지금을 평생학습의 시대라고 한다. 평생학습관, 여성인력개발원 등과 같은 공공기관 이외에 대학의 평생교육원과 민간기관의 문화센터 등 평생학습기관이 대세를 이루고 있다. 배움의 수요가 그만큼 많다는 점은 강사로 활동할 기회 역시 많아졌다는 걸 의미한다. 마음만 먹으면 강사로 활동하기가 예전보다 훨씬 쉬워졌다. 온라인 강좌도 폭발적으로 확대되었다. 일반인이 강의 장면을 접할 기회는 점점 더 많아지는 추세다. 최근에는 KBS에서 〈강연 100℃〉를 통해 일반인의 감동을 자아내는 훌륭한 강의가 소개되고 있다. 누구나 강의를 통해 사람들에게 감동을 전할 수 있다는 자신감을 키워 준 프로그램이다. 시즌제 방송이었던 SBS TV 〈아이러브인〉 같은 특별 강의를 통해 세계적 명사의 좋은 강의를 접한다거나, 매주 목요일 KBS 〈아침마당〉의 특강 프로그램에서 고정적으로 명강의를 시청할 수 있는 것도 강의를 준비하는 사람들에게 좋은 기반이 되었다.

좋은 아이디어를 세상에 확산하기 위해 미국의 비영리단체가 운영하는 TED(www.ted.or/Technology, Entertainment, Design)를 통해 세계적 연사나 CBS의 〈세바시(세상을 바꾸는 시간, 15분)〉를 통해 국내의 내로라하는 강사들을 아주 쉽게 접할 수 있는 점도 일반인이 강연의 패턴을 배우기에 좋은 소스(Source)라고 본다. 이 강연 프로그램은 짧은 시간 동안 어떻게 청중을 집중시키고, 내용을 효과적으로 전달할지를 알려 준다. 인터넷이 가져다 준 커다란 선물 중 하나다.

한국교육학술정보원(KERIS)에서는 대학 공개 강의 서비스(KOCW: www.kocw.net)를 통해 2,300여 개의 강의를 제공하고 있다. 이렇게 다양한 분야의 훌륭한 강사를 자주 접한다는 사실은 다른 한편으로 학습자의 눈높이가 그만큼 올라간다는 점을 의미한다. 이런 점을 간과해서는 안 된다. 강의를 준비하는 입장에서는 그만큼 부담이 커지며 참신한 소재를 찾기가 더더욱 어려워짐을 의미한다. 그만큼 노력을 더 많이 요구하는 시대이기도 하다.

좋은 강의를 접할 기회가 많아지는 것처럼 젊은 세대나 대학생층도 강의를 할 기회가 많아지는 추세다. 대학에서도 주제 발표가 잦아지면서 자연스레 남 앞에 서게 되는 기회가 늘어났고, 이런 발표 경험이 강연 기회로 연장되기도 한다. 온라인 카페의 멤버들이 오프라인 모임을 활성화하면서 자연스레 돌아가며 주제 발표도 하고 전문 지식을 공유하며 점차 강사의 모습으로 변신해 나가기도 한다.

최근에는 자기 분야에서 전문성을 갖고 일하던 다수의 베이비붐 세대가 은퇴 전후 시기를 맞고 있다. 이들의 전문성이 사장되는 것은 매우 아까운 일이다. 이들의 풍부한 경험이 지적 자산으로 가공되어 후배들에게 전달된다면 국가적으로도 지적 유산이 전승되는 유익한 일이라 하겠다. 이러한 관점에서 누구나 자신이 보유한 전문성에 전달 능력만 잘 키운다면 눈높이가 올라간 학습자에게 도움을 주면서 자신도 보람을 얻게 된다. 이런 생각에 동의한다면 이제 자신이 명강사가 된 기분을 상상해 보는 것도 좋겠다.

"사람을 가르칠 때는 가르치지 않는 듯해야 하며,
그들이 모르는 것은 잊어버린 것으로 취급해 주어야 한다."
-포프

세 가지 '명강사'

명(名)강사란 이름이 알려진 유명한 강사를 의미한다. 이른바 핸드백이나 보석, 시계 등 명품에는 브랜드가 있다. 누구나 탐내는 유명 브랜드가 명품이다. 명품은 단순히 가격만 비싼 것이 아니다. 명품이 되기까지 그럴 만한 이유가 있기 마련이다. 예컨대, 양탄자 위에서만 고이 기른 송아지 가죽을 사용하여 명인이 한 땀 한 땀 한정 수량으로 만드는 핸드백이 최고의 명품이란 지위를 누리기도 한다.

명강사란 어떤 모습일까? 어떤 모습을 보여 줄 때 명강사라고 말할 수 있을까? 누구나 갖고 싶어 하는 명품처럼 많은 사람이나 조직이 강사로 모시고 싶어하는 '잘나가는 강사'를 명강사라고 할 수 있다. 명강사는 그렇게 불릴 만한 이유가 있다. 예컨대, '동기부여를 잘 시켜 학습자에게 몰입하게 만든다.'거나 '내용이 유익하면서도 재미가 있다.'와 같이 말할 수 있겠다. 하지만 베스트셀러가 스테디셀러만 못하듯이 한때 반짝하는 언어적 기교만 가지고 명강사라고 말하기에는 한계가 있다.

강사 세계로 입문하면서 대부분의 사람은 명강사가 되기를 꿈꿀 것이다. 강의를 마쳤을 때 교육생들이 줄지어 사인을 해 달라고 하거나 함께 인증샷을 찍

자고 하거나, 아니면 명함을 얻고 싶다는 반응이 반복된다면 어떨까? 여기저기 교육기관의 담당자들이 강의를 해 달라고 전화가 빗발치는 것을 상상한다면 기분이 어떨까? 남의 이야기가 아니라 내가 그런 모습의 주인공이라고 상상을 해 보자.

그렇다면 명강사에 걸맞은 기준은 과연 무엇일까? 어떤 요소를 갖추어야 명강사다운 명강사인지를 생각해 두면 좋겠다. 강사 생활 초반부터 잘나가기를 기대하기보다 시간을 갖고 천천히 준비를 하여 오래 발효된 집 된장처럼 진국이 우러나는 명강사로 거듭나기 바라는 마음으로 명강사를 다음 세 가지로 구분하여 설명해 본다.

사명감이 있는 명(命)강사가 되자

사명감이 있는 강사가 되어야 한다. 돈을 벌기 위한 강사, 돈 받은 만큼만 시간을 때우는 강사가 아니다. 적어도 교육자로서의 관(觀)이 뚜렷해야 한다. 이를 위해서는 세 가지가 필요하다.

성장을 돕는 교육관을 갖자

교육이란 사람의 성장을 돕는 일이다. 인간의 가장 고차원적인 욕구인 자기계발의 욕구를 해결해 주는 수단이 교육이다. 더 배우고 싶고, 잘 배우고 싶은 욕구를 채워 주기 위해 강사로서 무엇을 준비할 것인지를 염두에 두어야 한다. 강사는 자기가 알고 있는 것을 전달하는 것만으로 역할이 끝나지 않는다. 학습자에게 스스로 생각하는 힘과 참여하여 문제를 해결할 수 있는 힘도 길러 줘야 한다. 이 책의 제4부 '무엇을 준비할 것인가'를 살펴보면 좋겠다.

교육을 통해 궁극적으로 얻고자 하는 것은 변화다. 교육이 인식의 변화만을 의도했을 수도 있고, 행동의 변화, 나아가 조직 성과에도 영향을 미치기를 바랄 수 있기에 교육은 개인의 삶에 중요하며 사회적으로도 매우 가치 있는 일이다. 영재를 만나 키우는 것이 '군자의 낙'이라고 맹자께서 말씀하지 않았던가? 그런 강의가 처음으로 주어졌던 경험이나 앞으로의 일을 상상해 보자. 초심이 어떠해야 바람직할까?

긍정적 인간관을 갖자

사람에 대해 긍정적인 시각을 갖자는 말이다. 교육은 상호작용이다. 자신의 지식을 일방적으로 전달할 때에도 상호작용은 일어난다. 학습자를 어떤 존재로 인식할 것인지가 교육의 출발이다. 학습자의 태도나 역량이 부족하다고 하여 부정적인 존재로 보아서는 곤란하다. 학습자가 동기를 갖추면 스스로 내면의 잠재된 능력을 꺼내 사용할 것이라는 믿음이 중요하다. 서양에서 education이란 단어는 E(ex: 밖으로)+Duce(생산하다, 끄집어내다)의 어원에서 비롯된다고 한다. 교육을 통해 학습자가 자기 내면의 금은보화를 찾아내어 사용하도록 돕는다면 강사로서 얼마나 보람된 일일까?

예컨대, 스티비 원더(Stevie Wonder)라는 흑인 맹인 가수가 학창 시절에 "좀 도와줄래? 너는 남들보다 훨씬 잘 들을 수 있는 귀를 갖고 있지 않니?" 하며 자신의 약점이 아닌 강점을 인정해 준 선생님의 한마디 말이 자신의 삶을 전환한 모티브가 되었다고 한 이야기는 잘 알려져 있다.

어떤 학습자가 약점을 보일 때 어떻게 대응하면 좋을까? 예컨대, 활동적인 모습이 약하고 실행력이 약해 보인다면 그 사람에게 뭐라고 말하면 좋을까? 활동력이 약하다고 말할 것인가 아니면 소극적이라고 말할 것인가? 긍정적인 인간관을 갖고 있다면 그 사람에게 "사색적이고 생각이 깊은 분인가 봐요?" 하며 일단 인정부터 하면서 대화를 풀어갈 수 있다. 또한 집중력이 없다고 말하기보다는 "호기심이 많은가 봐요?"라고 말하는 건강한 인간관을 갖고 학습자와 교류하는 것이 바람직하다.

미래지향적인 인생관을 갖자

교육은 다분히 미래지향적인 일이다. 비판이나 문제만 열거해서는 곤란하다. 강의를 하는 동안 강사는 모델링 역할을 하게 된다. 강사 자체가 콘텐츠이기도 하다. 마음에 맞으면 강사를 멘토로 쉽게 받아들이기도 한다. 강사는 학습자가 과거를 답습하거나 현재에 머무를 때 그 시점을 미래로, 하나로, 세계로 데리고 가야 한다. 학습자로 하여금 미래를 낙관하도록 돕고 학습 의지를 갖도록 하여 그 에너지로 자기 삶과 일에 도움을 얻도록 가이드하는 것이 바람직하다.

흔히 훈련과 교육을 구분할 때, 훈련은 당장 필요한 기능이나 기술을 배우는 것이라면 교육은 미래 시점을 대비하여 필요 능력을 갖추는 것으로 구분한다. 우리 강사들은 학습자들이 현재뿐 아니라 미래의 기회를 발견하는 안목과 정보를 제공하려는 노력이 필요하다.

앞도 못 보고 듣지도, 말하지도 못하는 삼중고를 겪던 헬렌 켈러에게 설리번은 미래를 주었다. 설리번 역시 소녀 시절에 눈이 먼 상태로 정신 병동 지하 독방에 감금되었을 때 로라라는 간호사에게 구원을 받은 경험이 있었기에 헬렌

켈러의 가정교사로서 포기하지 않고 성장을 도왔다. 만일 설리번이 해도 잘 안 될 거라는 고정관념을 갖고 있었다면 어떻게 헬렌 켈러가 하버드 대학교에 진학할 수 있었을까? 그리고 세상에 빛과 같은 업적을 과연 남길 수 있었을까?

울림이 있는 명(鳴)강사가 되자

'아하!' 임팩트를 주는 인식 전환

몰랐던 것을 깨닫거나 통찰을 얻으면 '아하!' 하는 임팩트가 생긴다. 다음과 같은 이야기를 처음 들었을 때 크게 공감이 되었다. 글은 짧지만 우리가 일상에서 겪었던 일이기에 내용은 충격을 준다.

"가장 많은 관광객이 몰리는 나라가 프랑스입니다. '프랑스' 하면 예술이란 단어가 떠오르듯이, 프랑스 사람들은 불편한 것은 참아도 아름답지 않은 것은 못 참는다고 하지요. 한국 사람은 어떤가요? 자장면 맛이 없는 것은 참아도 늦게 오는 것은 용서가 안 된다고 합니다. 과연 이대로 계속 조급한 방식으로 나아가면 어떤 결과가 나타날까요?"

"약점을 고치려 해도 잘 되지 않습니다. 연초에 세운 신년 계획이 작심삼일에 불과해서일까요? 바로 약점을 목표로 하기 때문입니다. 약점을 목표로 세우면 오히려 스트레스와 무력감을 가져다줍니다. 차라리 평범에 치중하여 비범으로 나아가는 편이 훨씬 낫습니다."

"평범한 사람이 모여 비범한 실적을 내는 것이 조직입니다. 따라서 협업이 중요합니다. 자신의 강점을 제공하고 자신의 약점을 대체할 사람이 누군지를 파악하여 협업을 유도하는 것이 효과적입니다.”

“사람들은 의사결정을 할 때 사실에서 출발하지 않습니다. 일반적으로 자신의 견해에서 출발합니다. 따라서 견해를 갖기 전에 사실을 파악하려는 노력이 필요합니다. 예를 들어, 천안함 사건의 원인으로 조사된 사실은 사람들의 견해에 따라 수용되는 정도가 극명하게 나뉩니다. 한 번 형성된 견해는 좀처럼 바뀌지 않기에 대화로 풀어가기 어렵습니다.”

“내가 옳다면 화낼 필요가 없으며, 내가 틀렸다면 화낼 자격이 없다고 했던 간디의 이 말은 곱씹을수록 가슴에 와 닿습니다.”

가슴 울리는 목표나 스토리

가수들의 서바이벌 노래 경연장인 MBC TV의 〈나는 가수다〉를 보면 방청객이 눈물을 흘리는 장면이 종종 눈에 띈다. 〈친정엄마〉, 〈하모니〉나 〈7번방의 선물〉과 같은 영화를 보면 자신도 모르게 눈물이 넘친다. 감동했기 때문이다. 감동이란 마음이 움직인다는 의미다. 영어로도 ‘move’라고 한다. 강의를 통해 사람의 마음을 움직일 수 있다면 얼마나 좋을까? 강의 장면에서도 사람들은 감동을 받고 싶어 한다.

학습 장면에서 감동이 필요한 이유는 변화 의지 때문이다. 변화 의지가 생겨야 배운 것을 실행으로 옮길 가능성이 높아진다. 적어도 강의를 통해 얻은 유익함을 학습자가 가슴에 오래 새기고 싶거나 제3자에게 전달하고 싶거나 써먹고자 할 때 긍정적 영향을 미쳤다고 하겠다.

강의나 회의 장면은 1:n(다수)의 상호작용이다. 강의에 비해 회의(會義)에 대한 회의감(懷疑感)을 이야기하는 사람이 많다. 회의에서는 주로 사실을 전달하기에 감동, 즉 마음이 움직이는 일이 별로 없다. 회의가 일방적이라며 볼멘소리가 잦다. 회의를 하는 목적이 단순 전달이 아니라 실행력을 요구할 때가 많음에도 여전히 동기부여가 되지 못하는 이유를 고민한다면 의당 강의도 그러해야 한다.

학습자의 마음이 움직이는 경우를 살펴보면 학습목표 자체가 가슴을 떨리게 하거나, 내용이 감동적이거나, 나도 할 수 있다는 자신감이 커지거나, 가지고 있던 패러다임이 깨지면서 인식이 확 전환될 때 그렇다. 따라서 감동은 이론적 설명보다는 사례, 스토리텔링을 통해 얻기가 쉽다.

대체로 강의를 잘하는 사람들은 자기 경험을 예화로 든다. 그럴 경우 훨씬 감동을 주는 경향이 있다. 같은 재료로 요리를 해도 요리사에 따라 음식 맛이 차이가 나듯이, 같은 콘텐츠도 전달 스킬에 따라 감동의 차이가 있으므로 자기 스타일에 맞게 가공하여 맛을 더한다면 감동이 배가 될 것이다. 처음부터 요리를 잘하기 어려우니 요리의 달인을 보고 배우는 방법이 가장 쉽다. 필자의 가슴에 울림이 전해졌던 사례를 소개해 본다.

사례 1

처음부터 명강사는 없습니다. 아직까지 명강사가 아니라고요? 얼마나 강의를 했나요? 아직 명강사가 아닌 것이 당연합니다. 장수가 전쟁터에서 명장이란 타이틀을 얻기 어렵듯이 명강사가 되는 것도 어려운 일입니다.

위나라의 조조가 적벽대전에서 80만 대군을 잃고 진지로 돌아와 실의에 빠집니다. 어느 날 허저라는 장수가 살아 돌아와 자신 때문에 2,000여 명의 군사들이 죽음을 당했다며 큰 울음을 우는 소리를 조조가 듣게 됩니다. 조조 자신도 식음을 전폐하고 실의에 빠져 있었지만 자리에서 일어납니다. 허저가 울음을 멈추지 않자 조조는 말합니다. "2천 병사가 뭐 대수냐? 나는 네가 살아 돌아온 걸 보니 춤이라도 추겠다."라고 합니다. 포인트를 죽은 자가 아닌 살아 온 장수에 둡니다.

그리고 허저에게 북을 쳐서 부하들을 모으라 명하고 이내 연설을 합니다. "명의는 그냥 되는 게 아니다. 죽은 환자를 더 많이 겪어 볼수록 명의가 되는 것이다. 실수는 누구나 한다. 장수에게 전장에서의 실패는 병가지상사(흔히 있을 수 있는 일)다. 명장은 실패를 딛고 일어선 자이지 쓰러진 자가 아니다."라고 말합니다. 실수를 통해 배우는 것이 중요하다는 걸 실감하게 합니다. 혹시 강의에 대한 트라우마가 있나요? 만일 자신에게 이런 일이 벌어진다면 어떤 시도를 새롭게 해 보겠습니까?

사례 2

명강사란 강사료 단가로만 측정되는 것이 아닙니다. 돈과 상관없이 자신의 재능을 어려운 사람들에게 나누어 주는 명강사도 있습니다. 서울의 강남구 대치동 학원에서 고액 과외비로 엄청난 돈을 벌던 어떤 학원 강사가 어느 날 문득 깨달음이 생겼답니다. 자기의 재능을 돈 많은 소수에게만 전하는 것이 자신의 가치관과 맞지 않는다고 생각을 한 것이지요. 그는 학원 강사를 접고 교회에서 많은 학생에게 지식과 배움을 전달하며 적은 수강료에도 오히려 예전보다 만족하며 지낸답니다.

사례 3

아주 작은 규모의 고깃집을 운영했던 일입니다. 고깃집을 운영해서 1년을 버티지 못하고 90%가 망한다는 이야기를 들었기에 음식점 운영이 쉽지 않다는 걸 알고 시작했어요. 육고기를 구입하는 공판장에 가서 의아해했어요. 다른 사람들이 한 푼이라도 더 싼 고기를 찾는 것을 보고 이상하다는 생각이 들었어요. 좋은 고기가 더 맛이 있고 그만큼 손님들이 더 좋아할 것이 뻔하기에 나는 제일 비싼 고기를 달라고 했어요. 값은 다른 곳과 비슷했지만 고기 맛이 좋았기에 손님들은 4인분 먹을 것을 8인분 먹기도 하여 객단가가 아주 높았어요. 박리다매를 한 셈이지요. 고기 맛이 좋으니까 한 번 다녀간 손님들은 제각기 다른 손님을 모시고 또 오더라고요. 그렇게 하니까 6개월 만에 대기 번호표를 나눠 줄 정도가 되었어요. 그래서 남자 손님들에게는 1,000원씩 나눠 주면서 야구 연습장에서 연습하다가 전화하면 그때 오라고 했어요. 그렇게 하니 기다리는 손님도 즐겁고 안에서 먹던 손님도 부담 없이 먹고 가는 겁니다. 식당 운영을 하면서 손님에게 퍼 주면 결국 망하지 않는다는 걸 깨달았습니다. 고정관념을 깨니 내가 활용할 공간은 식당 밖에도 얼마든지 있습니다.

전달 스킬

감동 스토리를 전달할 때 스스로 자신감이나 확신에 차 있다는 느낌을 주는 것이 중요하다. 이야기를 어떤 방식으로 활용할 것인가에 대해 결정할 때는 다음과 같은 사항을 고려하면 좋다.

- 자기 스타일에 가장 편한 방법을 먼저 생각해 본다.
- 어떤 포인트가 감동을 주는지 핵심을 찾아 연습한다. 학습자가 어떤 생각을 하고 어떤 감정을 느낄지 예상해 본다.
- 이야기를 시각화하여 전달하고 특정 단어들에 생명력을 불어넣는다.
- 이야기 상황에 따라 목소리의 리듬, 강약, 고저를 고려하고 표정 연기도

가미하면 좋다.

• 사전 정보나 배경을 먼저 이해해야 하는 경우를 고려한다.

자신이 겪은 이야기가 가장 생명력이 있는 것은 물론이다. 그렇다고 자신이 겪은 이야기처럼 꾸미지 말자. 만약 누군가에게 들었거나 책에서 본 이야기라면 솔직히 말하면 된다. 자칫하면 강사의 영향력이나 신뢰를 무너뜨릴 수 있다.

의사소통을 잘하는 명(明)강사가 되자

표현력과 동기부여

강사는 메시지 전달자다. 그러기 위해서 발표하는 능력이 좋아야 한다. 언어적, 비언어적, 상징적 커뮤니케이션을 통해 학습자에게 자신의 메시지를 명확하게 전달해야 한다. 학습자가 내용에 공감하고 이해할 수 있도록 설득력 있게 전달하는 것이 생명이다. 소통을 잘하려면 표현력도 좋아야 하지만 귀를 열고 잘 알아들어야 한다. 단순히 듣는 것을 넘어 학습자의 기분이나 긍정적 의도까지 듣는 귀가 필요하다.

학습자: 선생님! 배운 것을 실천한다는 것이 말처럼 쉽지 않아요.

강사: '말처럼 쉽지 않다.'는 말에서 제대로 잘해 보고 싶다는 의지가 느껴지네요. 어떻게 하면 제대로 한 번 해 볼 수 있을까요?

강사의 역할은 배움을 돕는 일이다. 따라서 학습동기부터 분명히 이끌어야 한다. 자기 돈을 내고 강의를 듣는 자발적 학습자가 있는가 하면, 강제로 끌려온 학습자도 있기 마련이다. 좋은 강의 반응을 얻으려면 일단 동기부여자로서 역할이 관건이다. 강사가 강의 초반인 동기부여 단계에서 실패하면 아무리 좋은 내용을 준비했어도 전달 효과는 크게 떨어진다. 휴대전화에 시선을 뺏기거나 동료와 대화를 하는 등 몰입도가 약한 학습자의 태도로 인해 강사의 강의 의욕 역시 반감되는 경우가 많다.

관점을 전환하여 학습동기를 유발하는 사례를 보자.

서울대학교의 허성도 명예교수는 『놀라움이 가득한 나라, 조선의 재조명』에서 "학교교육을 통해 조선 시대에 양반제도, 사색당파, 쇄국정책 때문에 조선의 패망이 당연한 것처럼 배워 왔으나, 오히려 어떻게 조선이 518년이나 지속되었나 하는 점에 주목해야 한다. 한국은 특이한 역사를 가진 나라다. 신라부터 조선까지 각 왕조가 500년에서 1,000년을 지속했는데, 이는 세계 역사에서 유일하다. 그렇다면 우리 역사 속에 왕조를 그토록 오랫동안 지속시킨 강점이 무엇인지 살펴보자."라고 서론을 연다. 본론이 궁금하지 않을 수 없다. 한국 사람이라면 누구나 더 알고 싶은 충동이 든다. 학습동기가 명료해진다. 내용을 다 듣고 나면 우리 역사에 박수를 칠 수밖에 없다.

내용 구성의 프레임

학습자에게 교재나 파워포인트 교안을 제공한다 하여도 강사는 상당 시간을 말(언어)로 전달할 수밖에 없다. 아쉽게도 우리의 커뮤니케이션 수단인 언어는 한계가 있다. 강사가 3분간 전달한 내용을 한 문장으로 압축해 보라고 하면 학습자들은 반응이 제각각이다. 각자의 느낌과 생각이 다르기 때문이다. 따라서 강사는 핵심 전달에 문제가 생기지 않도록 중점 내용을 따로 정리하여 도입부나 종결부에서 강조할 필요가 있다. 명확하게 전달하기 위해 내용 구성에 대한 프레임을 갖게 되면 준비하는 강사나 학습자 모두에게 도움이 된다.

큰 그림을 먼저 보여 주고 점진적인 학습을 전개한 후 OPVRC의 순서로 강의를 설계하는 것도 학습자의 명료한 이해를 도와주는 방법이다. OPVRC는 오프닝(opening)-프리뷰(previewing)-뷰(viewing)-리마인드(reminding, reviewing)-클로징(closing)을 합친 단어로, 이에 대한 상세한 내용은 제4부를 참고하면 좋겠다.

학습 내용을 구성할 때에는 Why, What, How 세 가지를 포함하는 것이 기본이다. 학습자 입장에서는 왜 그것이 중요한지, 그것이 무엇인지, 어떻게 하면 좋은지(어떻게 했는지)를 알고 싶어 한다. Why를 통해 학습에 대한 동기부여가 일어나야 한다. 학습목표도 why에 해당한다. 만일 '명강사 되기'라는 강의 내용을 설계한다면 명강사가 되는 것이 어떤 목적인지(why), 왜 중요한지(why), 명강사란 어떤 사람을 말하는지(what), 무엇이 필요한지(what), 명강사가 어떻게 될 수 있는지(how), 되기 위해 어떤 준비가 필요한지(how)를 담는 것이다. 물론 이 책 내용도 이런 식으로 구성되어 있다.

전달 스킬

강사가 주어진 시간 동안 많은 내용을 전하는 것도 의미가 있겠지만 학습자 수준이나 입장을 먼저 고려해야 한다. 이해가 안 되거나 장기기억으로 전환이 안 되면 실행 단계에 별 도움이 되지 않는다. 학습장에서 적용해 보고자 하는 의지가 생기지 않으면 현장에서는 아무런 효과를 거둘 수 없다. 잘 써먹도록 돕기 위해서는 다양한 학습 방법을 동원해야 한다. 분명한 전달을 위해 고려할 점 가운데 하나가 전달 스킬이다. 예컨대, 편견과 선입견을 없애자는 메시지를 전달한다 하자. 이 경우에는 첫째로 당위성을 주입식으로 설명하는 방법이 있다. 왜 편견과 선입견을 없애야 하는지를 설명하는 것이다.

둘째, 직간접 경험 사례를 스토리텔링으로 전달하는 방법이 있다. 어떤 강의장에서 들었던 이야기다. "길에서 누군가 기다리다가 어떤 할머니가 호두를 팔고 있는 것을 보았어요. 호두를 사가는 손님들이 별로 없더라고요. 자세히 보니 원산지를 북한이라고 표시했길래, 얼른 다가가서 '원산지는 북한'이라고 쓰인 문구 옆에 '통일되면 국산'이라고 글자를 추가했어요. 한동안 관찰을 해 보니 손님들이 잘 사가더군요."

셋째, 비유를 활용하는 방법이 있다. "우리는 나이를 먹은 만큼 마음속에 두 마리 개를 키우고 삽니다. 그 개 이름이 뭔지 아시나요?"라고 질문을 통해 생각할 시간을 준 다음에 답(편견과 선입견이라는 개)을 이야기해 주면 훨씬 더 오래 기억을 하게 된다.

그 밖에도 여러 방법이 있다. 구구단을 외울 때 음률을 이용하거나 조선 왕의 순서를 '태정태세문단세~'로 반복해서 외웠던 것도 효과적인 학습방법이다. 왜냐하면 많은 사람이 성인이 되어서도 기억하기 때문이다. 과거 EBS TV에서 문단열 선생이 영어회화를 리듬으로 신나게 배우게 한 것도 재미를 이용한 학습법이다.

성인 대상의 강의를 진행하면서 강연식뿐 아니라 질의 응답 방식, 학습자 간 인터뷰 방식, 그룹 토의, Action Learning 방식, 실습, 역할 연기, 퀴즈, 카드 활용 등 다양한 방법을 상황에 맞게 섞어서 활용할 수 있다.

지금까지 설명한 내용을 요약하면 다음과 같다.

명(名)강사가 되자	세부 내용
사명감이 있는 명(命)강사가 되자.	성장을 돕는 교육관
	긍정적인 인간관
	미래지향적인 인생관
울림이 있는 명(鳴)강사가 되자.	인식 전환을 돕기
	가슴 뛰는 목표나 감동 스토리
	전달 스킬
의사소통을 잘하는 명(明)강사가 되자.	소통의 공식
	내용 구성(why-what-how)
	전달 스킬

이처럼 내용을 분명하게 전달하기 위해서는 도표나 그림, 동영상 등의 시청각 자료를 활용하는 것도 중요하다.

이상에 대해서는 제5부를 참고하여 연습하기 바란다.

강의 준비를 위한 명강사 체크리스트

순	구분	항목	점수				
			1	2	3	4	5
1	마인드	나는 학습자의 성장과 변화를 도울 준비가 되어 있다.					
2		나는 학습자 한 명 한 명을 인격체로 존중한다.					
3		나는 어떤 경우에도 학습자를 긍정적으로 바라보고, 중립적인 언어로 표현한다.					

4	마인드	나는 학습 내용에 대한 전문성이나 경험을 갖추고 있다.					
5		나는 학습장에서 학습자에게 모델링 역할이 된다.					
6		나는 교수활동 기회에 감사한 마음을 갖고 있다.					
7		나는 교수활동을 통해 얻고자 하는 목표를 알고 있다.					
8		나는 강의 목적, 배경이나 학습자 정보를 수집해 두었다.					
9		나는 시간 전에 학습환경을 체크하고 준비한다.					
10		나는 학습장에 미리 도착하여 학습자의 요구에 대해 추가 정보를 파악한다.					
11	학습설계	나는 학습자의 학습목표를 분명히 한다.					
12		나는 학습 주제와 관련한 나의 스토리가 준비되어 있다.					
13		나는 학습자에 맞는 어휘를 구사한다.					
14		나는 언어 습관이나 음성 전달에 문제가 없다.					
15		나는 전체 학습자에게 시선을 주면서 전달한다.					
16		나는 시청각 자료를 활용할 준비가 되어 있다.					
17		나는 학습자의 집중도를 높이기 위한 방법을 연습해 두었다.					
18		나는 학습자가 이해하기 쉬운 방법(도해, 상징, 약어, 비유 등)을 포함해 두었다.					
19		나는 학습내용의 핵심을 한 문장으로, 내용 구성에 대해 바로 말할 수 있다.					
20		나는 교수설계(시간 계획 포함)를 검토하였다.					

21	상호작용	나는 학습자와 친밀감을 높일 방법을 준비했다.					
22		나는 학습자가 참여할 수 있는 시간 안배를 하였다.					
23		나는 학습내용을 체계화시키는 프레임을 적용했다.					
24		나는 학습내용을 리뷰하고 성찰 시간을 갖도록 했다.					
25		나는 질의 응답 시간을 고려하여 시간설계를 했다.					
26		나는 판서 계획과 동선 계획을 염두에 두고 있다.					
27		나는 학습자 반응을 촉진하기 위한 방법을 갖고 있다.					
28		나는 학습자와 논쟁 발생, 학습자의 비협조 등의 문제에 대해 처리할 대안을 갖고 있다.					
29	평가	나는 학습 결과 평가에 대한 정보를 알고 있다.					
30		나는 학습자의 설문 결과에 대해 받아들일 수 있다.					

"기회가 오지 않음을 두려워하지 말고
준비가 되어 있지 않음을 두려워하라."

제2부

명강사 14명이 말하는 명강사가 되는 길

강부길 · 권장희 · 김경선 · 김광일 · 김성학 · 김애련 · 김희영

송은영 · 신정수 · 윤옥한 · 이상훈 · 이영민 · 이용섭 · 전미옥 · 한건수

따뜻한 강사

강부길(SBS PD/24hours@hanmail.net)

주요 수상 내역: 한국방송대상 최우수 작품상 수상(4회), 대한민국 대통령포장 수상, 휴스턴 국제필름페스티벌 작품상 수상 외 다수
프로그램: 그것이 알고 싶다, 모닝 와이드, 기아체험 24시간 외 다수

주로 어떤 분야를 강의하십니까?

저는 KBS, MBC, SBS에서 30여 년간 교양, 다큐멘터리 분야의 프로듀서로 근무했으며 오랜 프로듀서의 경험을 토대로 '창의력' '소통' '미디어와 커뮤니케이션' 등에 대하여 강의를 하고 있습니다.

어떻게 강사가 되셨습니까?

비공식 석상에서 제 경험을 토대로 연설을 한 적이 있습니다. 그 자리에 참석하신 지인(현직 강사)께서 제 스피치를 들으시고는 강의 제안을 하셨어요. '내가 무슨 강의를……?' 하는 생각에 여러 달 고사했는데 지식을 가르치는 강의가 아닌 '경험'을 나누는 '기부'라고 생각하고 한 번만 해 보라는 말씀에 강의를 시작하게 되었습니다.

떨리는 마음으로 첫 강의를 마쳤는데, 다행히도 반응이 좋았나 봅니다. (웃음) 조금 시간이 지나니 '더 잘할 수 있었을 텐데…….' 하는 아쉬움이 생기면서, 한 번 더 기회가 주어지면 좋겠다 싶었어요. 하지만 현직 프로듀서로서 저를 강사로 프로모션해야 하는 명분도 불확실했고, 또 누구에게 어떻게 해야 하는지를 전혀 몰랐기 때문에 마음을 접고 있었습니다.

그런데 며칠이 지나서 교육기관에서 저를 다시 불러 주셨습니다. 나름대로 아쉬웠던 부분을 보완해서 두 번째 강의를 마치고 나니 이번엔 교육담당자가 저를 다른 교육기관에 추천해 주시더군요. 이렇게 구전의 힘으로 강의 기회와 대상이 확장되다 보니 저를 믿고 추천해 주시는 분들께 실망시키지 않아야 한다는 부담도 상당합니다. (웃음)

나만의 독창적인 강의 준비나 방식이 있다면 어떤 것입니까?

강의할 때 저는 실제 경험에서 나온 사례를 듭니다. 프로듀서는 많은 사람을 만나고 다양한 상황을 접하게 됩니다. 예를 들어, 다큐멘터리 프로그램 인터뷰를 위해서는 인터뷰 대상들의 특별한 언어, 감성, 고충 등의 생활 전반에 대한 이해가 필수입니다. 발레리나를 만나서도, 국회의원을 만나서도, 넝마주이를 만나서도 사전 조사를 통한 예측과 그들을 이해하기 위한 많은 노력이 선행되어야 하지요.

이러한 '직업에서 오는 경험과 진정성'이 다른 사람들과 차별화되는 저만의 도구가 아닐까 싶습니다. 현장에서 몸으로 부딪히며 얻은 생생한 콘텐츠를, 마치 프로듀서가 방송 시청률을 잡는 것처럼(연령대, 성별, 하는 일, 관심사, 사회적 이슈 등을 검토하고) 이야기의 흐름 안에서 강약을 조절하면서 저와 학습자가 함께 공감할 수 있도록 강의를 준비하고 있습니다.

평생 잊지 못할 강의가 있다면 어떤 것이었습니까?

청소년 수련회를 주관하는 아동센터에서 창의력과 소통을 주제로 강연 의뢰가 들어온 적이 있습니다. '감수성이 예민하고, 게다가 가정환경이 넉넉하지 못한 아이들'이라는 주최 측의 안내는 제법 부담이 되었습니다. 강의는 깊은 산속 수련회장에서 진행되었는데, 다행히 걱정과는 달리 고맙게도 학생들은 제 이야기에 집중해 주었습니다. 신명 난 소통의 시간이 지나고 질의 응답 시간마저 끝나갈 무렵, 한쪽 구석에 수줍게 앉아 있던—유독 반짝이는 눈빛으로 내게 집중하던—한 소년이 망설임 끝에 손을 들었습니다. "저…… 강사님…… 방송국 피디가 되면 돈을 많이 버나요?"

귀가하는 내내 소년이 눈에 밟혀 아동센터에 연락을 했습니다. 열악한 가정환경에서도 밝고 정직한 아이라고 했어요. 하지만 돈이 가장 큰 관심인 아이이고, 돈만 해결되면 행복해질 수 있다고 생각하는 소년이라고 들었습니다. 순간 소년이 짊어진 삶의 무게에 가슴이 먹먹해지더라고요. 어떤 말이 그 아이에게 위로가 될까요. 저는 소년에게 작은 후원을 하기로 결정했습니다. 강의란 가르침이 아닌 나눔이라는 것을 일깨워 준 소년이었지요. 개인적으로 그 아이가 건강하게 성장해서 행복한 사회인으로 살아가는 모습을 기대해 봅니다.

명강사의 조건은 무엇입니까?

글쎄요…… 명강사는 '머리와 가슴이 공존하는 강의'를 해야 하지 않을까요? 머리는 콘텐츠, 가슴은 진실성이니까요. 제 강의도 창의력이든 소통이든 이 두 가지가 균형을 이룰 때 고개를 끄덕끄덕하면서 들을 수 있지 않을까, 그렇게 생각하면서 부단히 노력 중입니다.

강사로서 신념이나 가치관, 교육 철학, 좌우명이 있다면?

대상과 주제에 따라 다르겠지만, 제 이야기 중에 타산지석으로 삼을 만한 구석이 어딘가에는 있을 것이라고 생각합니다. 함께 경험과 삶을 나누는 과정에서 무엇 하나라도 건질 수 있기를 항상 소망합니다.

청중이나 수강생에게 한마디로 어떤 강사로 기억되고 싶으십니까?

따뜻한 강사, 느낌이 오래 남아서 어느 날 문득 생각나는 그런 강사이고 싶습니다.

평소 닮고 싶은 모델 강사가 있다면 누구이며, 어떤 점을 닮고 싶으신지요?

글쎄요…… (웃음) 저는 직업상 다른 것과 비슷하면 안 되는 환경에서 30년을 지내왔습니다. "어? 6개월 전에 ○○○에서 비슷한 것 봤는데?" 이런 평가를 받으면 절대 안 되다 보니 '나는 달라. 나는 다르게 해.' 이런 생각을 하게 되고, 결국 어떤 일에서건 늘 '다름'을 추구하는 습관이 생긴 것 같아요. 그 다름의 기준을 만들 수 있도록 인사이트를 주시는 많은 분이 제겐 닮고 싶은 모델 강사입니다.

강사가 되고 싶지만 길을 모르는 후배들에게 '강사가 되는 길'을 안내해 준다면?

사실 저도 아직은 그 '길'을 잘 몰라요. 대타로 시작해서 그럴까요? (웃음) 처음 강의 제안을 받고 나서 재미있겠다는 생각은 했었어요. 물론 '할 수 있을 것 같아.' 정도의 수준이었죠. "내가 나서서 해 봐야지."까지는 아니었기에 처음 강의 제안을 받고 많이 주저했던 거고요.

그럼에도 경험에서 얻은 작은 팁을 드리자면, 책으로 쌓은 지식보다는 다양한 경험과 체험이 지식과 어우러지는 본인의 '스토리'가 중요하다는 것입니다.

그 밖에 초보(예비) 강사들에게 들려줄 조언 한 말씀 부탁드립니다.

제가 건방지게요? (웃음) "Pay the Price!" 저는 대가를 치르라는 말을 대단히 좋아합니다. 대가를 치르지 않고는 아무것도 이루어 낼 수 없다고 생각해요. 무엇인가를 이루고 싶다면 투자하지 않는 한 아무것도 이룰 수 없습니다. 강사의 꿈을 이루기 위한 투자가 무엇인지 고민해 보시고, "Pay the Price!"를 기억하셨으면 좋겠습니다.

내 삶의 방향과 태도를 바뀌게 한 강사

권장희(놀이미디어교육센터 소장/helper@norimedia.com)

저서: 공부의 집중력을 확 높이는 우리 아이 게임 절제력(마더북스, 2010)

주로 어떤 분야를 강의하십니까?

저는 인터넷·게임·스마트폰 중독 예방을 위한 부모교육을 하고 있으며, 전문가 양성 교육을 비롯하여 청소년을 대상으로도 교육을 하고 있습니다.

강의 주제는 무엇인가요?

'인터넷 게임보다 공부가 재미있는 아이로 키우기' '스마트폰(중독)으로부터 우리 아이를 구하라!' '스마트 미디어 시대 자녀를 성공으로 이끄는 부모(교사) 코칭' '미디어 절제력 최고의 실력이다!' 등입니다.

자기 소개를 부탁드립니다.

저는 충북 괴산에서 태어나 청주에서 세광고등학교를 다녔고, 1987년에 고려대학교 정치외교학과를 졸업하여 숭실고등학교, 한영외국어고등학교에서 6년간 교사로 아이들을 가르쳤습니다. 한영외고 교사 시절인 1992년 10월에 '좋은교사운동'의 모태가 된 기윤실교사모임 창립을 주도하여 초대 대표로 활동했습니다.

1994년부터 시민운동가로 삶의 현장을 바꿔 기독교윤리실천운동에서 간사로 일하며 시민 참여를 통한 사회정의 실현을 위해 노력하였습니다. 1998년부터 국가청소년위원회 매체분과 정책자문위원, 영상물등급위원회 부위원장, 여성가족부 정책자문위원을 역임하면서 인터넷 게임 중독 예방과 학부모 교육을 위한 정책 자문 활동에 참여하고 있습니다.

2005년부터 우리나라 최초의 인터넷 게임 중독 예방 교육 민간기관인 '놀이미디어교육센터(www.norimedia.com)'의 소장을 맡아 청소년, 부모, 상담전문가, 교사 등 청소년과 청소년지도자에게 영상미디어 중독의 위험성과 예방법을 나누며 기쁘게 일하고 있습니다.

어떻게 강사가 되셨습니까?

1998년 이후 우리 사회가 산업사회에서 정보사회로 급속히 변화하고, 반도체 혁명에 따른 다매체, 다채널, 휴대형 미디어 기기들이 생겨나면서 미디어 중독 현상이 급속하게 확산될 것을 예측하고, 미디어의 재미에 빠져 중독되지 않고, 스스로 조절하며 잘 사용하도록 가르치는 일이 중요하다고 판단했습니다.

이에 2005년 우리나라 최초로 인터넷, 게임 등 미디어 중독을 예방하기 위한 전문기관을 설립하여 교육 콘텐츠 개발, 강사 양성, 중독 실태에 대한 모니터링 등 연구와 교육 사업을 시작했습니다. 미디어 리터러시, 사이버 윤리 교육을 넘어 미디어 절제력 교육을 학생뿐 아니라 가정에서 부모가 절제 훈련을 시킬 수 있도록 부모교육에도 힘쓰고 있습니다.

놀이미디어교육센터 설립 초기인 2005년만 해도 인터넷 게임 중독에 대한 사회적 인식이 부족했기 때문에 직접적인 인터넷 중독 예방 교육을 할 수는 없었습니다. 그 후 「학교폭력 예방 및 대책에 관한 법률」이 입법되어 이에 대한 교육 요구가 학교 현장에서 많이 이루어져 게임 중독이 학교폭력의 직접적인 원인이 된다는 점을 집중 연구하였습니다. 학교폭력 예방 교육 차원에서 폭력적인 게임 중독 예방 교육과 연계하여 교육하며 위험에 대한 인식을 높이고 있습니다.

지금까지 강사 활동을 해 오신 과정을 말씀해 주시겠습니까?

사단법인 놀이미디어교육센터에는 소장인 저와 함께 동역하는 10여 명의 훈련된 강사가 활동하고 있으며, 부모교육을 전문으로 하는 강사들과 아동청소년을 전문으로 하는 강사들로 나누어 전문성을 발휘하고 있습니다. 매년 5만여 명의 학생, 학부모, 지도자를 대상으로 교육 활동을 시행하고 있습니다.

나만의 독창적인 강의 준비나 방식이 있으시다면?

신문 스크랩이나 이미 나와 있는 자료를 이용하기보다는 현장에서 수집한 학생들의 이용 실태와 인터넷, 게임에서 경험되는 문제점을 직접 모니터링하여 통찰력 있게 문제점과 대책을 제시하기 때문에 다른 기관이나 전문가들이 제시하는 콘텐츠와는 차별화가 되어 있고, 전문성을 인정받고 있습니다.

TV에 방영된 뉴스나 다큐 영상 자료 등을 직접 편집, 제작하고 절제 있게 제공하여 강의 콘텐츠의 객관화와 설득력을 높이고, 파워포인트와 이미지를 탁월하게 활용합니다.

이론적인 나열보다는 실제 경험을 바탕으로 한 실천 가능한 대안 제시를 통해 강의를 듣는 사람이 구체적으로 행동으로 옮길 수 있도록 도전합니다.

평생 잊지 못할 강의가 있다면 어떤 것이었습니까?

〈세상을 바꾸는 시간 15분〉 247회 방송인 '스마트폰으로부터 우리 아이 구하기'입니다. 4개월 동안 유튜브에서 25만 명 이상 조회할 만큼 반응이 좋은 것도 있지만, 평소에 2시간 강의하는 내용을 압축하고 압축하여 15분에 해냈다는 것이 스스로 경이적으로 느껴졌습니다. 이 강의가 수많은 블로그에 링크되고 시청 소감이 댓글로 올라오는 것을 통해 15분으로 세상을 바꿀 수 있다는 것을 실감했습니다.

명강사의 조건은 무엇입니까?

명강사는 말을 잘하는 사람이 아닙니다. 말은 10분만 들어 보면, 유창함과는 상관없이 그 사람의 진실성을 보여 줍니다. 자신이 살아 낸 삶을 말할 때 그 말은 사람의 영혼을 터치하며, 행동의 변화를 이끌어 낼 수 있을 만큼의 힘을 갖습니다. 저는 강의를 할 때마다 강의를 듣는 사람들의 지식을 늘리는 교육이 아니라 삶을 변화시키는 교육이 되기를 기도합니다. 제 강의는 다림줄이라고 믿습니다. 벽돌을 쌓아 담이나 벽을 만들 때, 다림줄이 없으면 올바른 건축을 할 수 없습니다. 제 강의가 부모의 자녀교육에 다림줄이 되어 무너지지 않는 튼튼하고 올바른 건축이 될 수 있도록 돕는 다림줄이 되는 것이 목표입니다.

청중이나 수강생들에게 한마디로 어떤 강사로 기억되고 싶으십니까?

재미있고, 또 내 삶의 방향과 태도를 바뀌게 한 강사입니다.

평소 닮고 싶은 모델 강사가 있다면 누구이며, 어떤 점을 닮고 싶으신지요?

예수님. 일상의 소품과 쉬운 언어로 하늘의 가치를 이 땅에 풀어내십니다.

강사가 되고 싶지만 길을 모르는 후배들에게 '강사가 되는 길'을 안내해 준다면?

강사는 되고 싶은 것보다 자신에게 은사가 있어야 합니다. 가장 중요한 것은 무엇을 가르칠 것인가에 있어 자신만의 콘텐츠가 있어야 합니다. 남들이 할 수 있는 이야기, 남들도 하는 이야기를 해서는 성공하는 강사가 될 수 없습니다. 먼저, 자신이 다른 사람은 보지 못하고 깨닫지 못하는 영역을 가지고 있는가를 점검해 보세요.

두 번째는 말을 통해 사람을 설득하는 능력이 있는지 다른 사람을 통해 점검받아야 합니다. 평소에 주변 사람에게 "너는 정말 설득력이 있게 말한다."는 평가를 받는다면, 강사가 될 수 있는 7부 능선은 넘은 것입니다.

마지막으로 직업이나 돈벌이보다는 소명 의식이 있어야 합니다. 이 일은 내가 아니면 안 되고, 나는 굶어 죽더라도 이 일을 할 것이고, 이 일이 아니면 나에게 의미 있는 일은 아무것도 없다는 내적인 확신을 점검해 보세요.

그 밖에 초보(예비) 강사들에게 들려줄 조언 한 말씀 부탁드립니다.

강사의 길이 전망이 좋은 직업(?)이라서 뜻을 가졌다면 빨리 다른 길을 찾아보기 바랍니다. 한 분야의 전문가가 되어 누군가를 가르치는 입장이 되려면 자신의 삶을 현장에서 충분히 살아 내는 사람이 되어야 합니다. 탁월한 전문가가 먼저 되세요. 그러면 내가 찾지 않아도 사람들이 당신을 찾을 것입니다!

버려야 할 20가지 습관

1. 과도한 승부욕: 상황이 중요하든 중요하지 않든 간에 어떠한 상황에서도 이기려는 습관
2. 지나친 의견 추가: 모든 대화에 자신의 의견을 덧붙여야만 마음을 놓는 습관
3. 쓸데없는 비평: 자신의 기준을 강요하며 다른 사람을 평가하려는 습관
4. 파괴적인 말: 불필요한 조소와 날카로운 비평으로 상대를 공격하는 습관
5. 부정적 표현: 자신이 옳고 상대는 틀리다는 것을 은근히 강조하는 습관
6. 잘난 척하기: 자신이 똑똑하다는 것을 어떻게든 알리려는 습관
7. 격한 감정: 사람들을 통제하기 위해 격한 감정을 드러내며 말하는 습관
8. 반대 의견: 어떤 일이든 부정적인 이유를 먼저 내세우는 습관
9. 정보의 독점: 남들보다 유리한 위치에 서기 위해 정보의 공유를 거부하는 습관
10. 인색한 칭찬: 상대가 충분히 훌륭한데도 칭찬과 보상을 잘하지 못하는 습관
11. 남의 공 가로채기: 성공에 대한 자신의 공로를 과대평가하는 습관
12. 변명: 잘못된 행동을 고치지 않으려고 회피하는 습관
13. 핑계: 현재의 문제에 대한 원인을 과거에서 찾으려는 습관
14. 편애: 누군가를 불공평하게 대한다는 사실을 알아차리지 못하는 습관
15. 사과하지 않기: 자신의 잘못된 행동에 대해 책임을 지지 않으려는 습관
16. 경청하지 않기: 상대의 말을 듣지 않는 무례를 범함으로써 공격하는 습관
17. 감사하지 않기: 상대의 도움이나 호의를 무신경하게 받아들이는 습관
18. 엉뚱한 화풀이: 문제를 알고서 도와주려는 사람에게 화를 내는 습관
19. 책임 전가: 자신의 잘못을 인정하지 않고 다른 사람의 탓으로 돌리는 습관
20. 자기 미화: 자신에 대한 고정관념을 좀처럼 버리지 못하고 집착하는 습관

'끝나지 않았으면……' 하는 강의

김경선(희망경영 전문가/talkjockey@empal.com)

주로 어떤 분야를 강의하십니까?

제가 강의하는 분야는 '스스로 배우고 실천하며 얻은 깨달음'을 공유할 수 있는 분야, '직장생활을 하며 실제 성과를 냈던 방법'을 공유할 수 있는 분야, '장점인 언어 지능을 살려' 공유할 수 있는 분야, 이 세 가지입니다.

셀프리더십 — 행복신호등

기획/통찰 — 유지식 상팔자

강사과정 — 전설의 명강사

어떻게 강사가 되셨습니까?

IMF 이후 '행복이란 무엇인가?'라는 화두가 생겼고, 그것을 스스로 학습하고 적용해 보았습니다. 이후 희망경영 전문가가 되겠다는 삶의 미션을 세우고 대한민국 국민에게 (특히 학생들에게) 어느덧 잃어버린 자신만의 꿈을 찾아 실현할 수 있도록 돕는 삶을 살기로 결심하고, 지금까지 콘텐츠 개발과 강의를 하고 있습니다.

진입 과정, 강의 기회를 어떻게 얻으셨는지요?

교육 업체를 설립한 지인 분을 통해서 얻게 되었습니다.

지금까지 강사 활동을 해 오신 과정을 설명해 주세요.

총 3단계로 볼 수 있는데요, 1단계는 기업체 및 대학 강의 서비스, 2단계는 기업체 교육 콘텐츠 컨설팅 및 개발, 3단계는 주제별 전문가와의 커넥팅, 대한민국형 콘텐츠 개발 및 제공입니다. 현재는 콘텐츠를 개발하는 방법을 강사들에게 제공하고 있습니다. 그리고 드림리모델링센터를 건립하여 청소년을 대상으로 드림컨설팅을 하는 것과 '대한민국형 ASTD' '콘텐츠 박람회 개최'라는 향후 계획을 가지고 있습니다.

나만의 독창적인 강의 준비나 방식이 있으시다면?

저는 직장 생활 시절부터 오전에 저만의 시간을 2시간씩 가졌습니다. 저만의 일상이죠. 그 시간 동안 주제와 관련된 책을 읽은 후 정리합니다. 그리고 하루에 신문 5부를 보며 자료를 수집하고 분석합니다.

콘텐츠 개발에서 가장 중요한 것은 목적과 학습 고객 분석입니다. 구체적인 행동 변화에 대한 목적문을 작성하고 그것을 기준으로 이론, 자료, 교육방식을 결정합니다. 이러한 콘텐츠가 학습 고객의 눈높이에서 전달될 수 있는가를 고민하며 스토리와 교육방식을 지속적으로 수정합니다. 콘텐츠 개발에 있어 늘 잊지 않는 것은 현재 내가 할 수 있는 강의가 아니라 학습 고객을 위해 해야 할 강의를 해야 한다는 것입니다.

똑같은 이론도 기업의 특성과 학습 고객의 특성을 고려하여 선택하고 진행합니다. 교육담당자와의 인터뷰와 기업 특성 연구를 통해 사례와 전개 방식을 개발합니다.

평생 잊지 못할 강의가 있다면 어떤 것이었습니까?

폭설로 전기가 끊겨 강의 장비(빔 프로젝터, 마이크, 스피커)를 사용할 수 없게 되었을 때, 촛불을 켠 채로 화이트보드를 이용해 육성으로 강의를 진행하였습니다. 강단을 내려와 학습자 안으로 들어가 이야기를 나누다 보니 오히려 더 많은 교감을 나누게 되고 몰입도가 높아져 2시간이 마치 2분처럼 느껴질 정도였습니다. 학습의 주인공은 학습 고객이고 강의 진행의 중심은 강사라는 사실을 다시금 새기게 된 계기였습니다.

이 경험에서 알 수 있는 것들이 있습니다. 스스로 준비한 콘텐츠만이 자료와 강의 도구가 없어도 강의 진행이 가능합니다. 오감을 자극하는 것은 강의 도구가 아닌 강사입니다. 그리고 학습 고객을 생각하며 준비한 내용은 진심이 담겨 교감이 가능합니다.

명강사의 조건은 무엇입니까?

강의를 사명이라고 여기는 사람. 내 한마디 때문에 한 사람의 삶이 바뀔 수 있음을 기억하고 단어 하나, 자료 하나도 신중하게 사용할 수 있어야 합니다. 단순히 돈을 벌기 위한 직업이 아니라는 사실을 기억하고, 평가 잘 받겠다는 名강사가 아니라 배움과 실천을 지속하는 命강사여야 합니다.

이를 위해 제가 생각하는 원칙이 있습니다. 첫째, 이 세상엔 내가 아는 것보다 모르는 것이 더 많은 법. 가르치는 시간 이외에는 배우는 시간이어야 한다. 둘째, 강의는 하루에 한 건만. 스스로를 그날 만나는 학습 고객의 입장이라고 생각하고 그들에게 필요한 강의를 준비한다. 셋째, 컨설팅을 할 땐 고객사의 교육팀 직원이라는 생각으로 임한다. 넷째, 강의 전날 술을 마시지 않는다. 다섯째, 강의 평가는 스스로, 수정 사항은 즉시 반영한다.

청중이나 수강생에게 한마디로 어떤 강사로 기억되고 싶으십니까?

강사는 잊어도 강의를 듣고 긍정적 영향을 받았다면 그것이 삶의 기억으로 남길 바랍니다. 좋은 강의는 '끝나지 않았으면……' 하는 강의라고 생각합니다.

평소 닮고 싶은 모델 강사가 있다면 누구이며, 어떤 점을 닮고 싶으신지요?

많은 강사님이 각자의 훌륭한 목적과 장점을 지니고 계셔서 배울 점이 많습니다. 주기적으로 다른 분들의 강의를 들으며 통찰을 얻습니다.

강사가 되고 싶지만 길을 모르는 후배들에게 '강사가 되는 길'을 안내해 준다면? 그 밖에 초보(예비) 강사들에게 들려줄 조언 한 말씀 부탁드립니다.

지금도 강의를 하고 싶어 찾아오시는 강사님, 교육담당자 분이 계십니다. 그래서 1년에 2학기씩 개인 코칭 서비스를 하고 있습니다. 그때마다 제가 꼭 드리는 말씀이 있습니다. "자신만의 주제를 정하세요."

"저는 셀프 리더십도 하고, 리더십도 하고, 커뮤니케이션도 하고, 기획력도 하고 등등." 이렇게 말씀하시는 강사님들이 많이 있습니다. 제가 해 보니 이는 아닌 듯합니다. 모든 걸 하는 것은 아무것도 제대로 하지 못하는 것이라는 생각이 듭니다.

강사는 자신의 주제에 관한 정의를 한마디로 설명할 수 있어야 합니다. 그것이 왜 중요하며, 학습 고객에게 효과적인 학습방법도 개발할 수 있어야 합니다. 그러기 위해서는 나만의 주제를 정해야 합니다. 그 기준은 다음 질문에 의해 정해진다고 생각합니다.

"내가 살면서 가장 잘 알고 있다고 생각하는 것은 무엇인가?"
"그 지식과 경험이 학습 고객에게 어떤 도움을 줄 수 있는가?"
"내가 살면서 앞으로 꼭 배우고 실천하고 싶은 것은 무엇인가?"
"그 지식과 경험을 쌓으면 학습 고객과 내 삶에 어떤 도움이 되는가?"

행동과 과정으로 보여 주었던 도전하는 강사

김광일(러닝사이언스코리아 대표, CAC 원장/sangsangtheater@gmail.com)

저서: Prezian(프레지앙)(LabEvolution, 2013), 국가대표급 인재로 거듭나는 씨플레이어(부귀영화, 2010), 인디 지식인을 위한 학점 2.0(부귀영화, 2010), 기업 분쟁의 손자병법(한기분, 2011), 라이프 노트(러닝사이언스코리아, 2012)

주로 어떤 분야를 강의하십니까?

기획, 창의력, 문제 해결, 창업, 비즈니스 커뮤니케이션 등입니다.

어떻게 강사가 되셨습니까?

우연하게 강사가 되었습니다. 대학원 졸업 후 건축설계 관련 교육 사업을 생각하고 있었는데 우연히 첫 직장이 작은 경영 컨설팅 회사였고, 거기서 처음으로 기업 강의를 듣게 되었습니다. 그리고 강사님과 친해졌고 소개해 준 분과 만나다가 강의를 시작하게 되었습니다. 대학교에서 시간강사로 강의를 시작한 것이 본격적 계기가 되어 전업 강의를 하게 되었습니다.

한 신문사 교육센터에서 일반인 대상으로 강의를 했고, 다른 여러 강사님의 소개로 서서히 강의 시장에 진입했다고 볼 수 있죠. 큰 도움을 주신 분이 많이 있습니다. 아직 보답을 못하고 있는데요. 꼭 보답할 겁니다.

강의는 10여 년간 1,600회 정도 진행하였습니다. 여전히 어렵고요. 지난 시간을 생각해 보면 3:7 정도로 잘한 것과 못한 것을 구분할 수 있겠네요. 계속하면서 강의 기법이 개선되었습니다. 뭐든지 한 1,000번은 해야 하지 않을까 합니다. 저는 좀 늦게, 천천히 강의 능력을 갖추게 되었다는 생각입니다. 공부도 하고 학교도 다니고 말로 했던 것을 실천했습니다. 다양한 분야의 책을 썼습니다. 현재 6권 정도 출간되었고요. 박스원레이스 축제 같은 것도 기획해 보고, 기타 워크숍을 다양하게 진행하였습니다. 잘하건 못하건 경험은 중요한 것 같습니다.

나만의 독창적인 강의 준비나 방식이 있으시다면?

처음 접하는 분야는 주로 논문을 읽습니다. 그리고 책을 참고하죠. 인터넷 서핑은 제일 처음과 마지막에 합니다. 처음에 대략적인 개념을 빠르게 이해하려고 인터넷 서핑을 하고 본격적으로 공부나 연구를 할 때는 책을 봅니다. 사람도 만나 보고, 나중에는 사례를 찾기 위해 인터넷 서핑을 합니다.

콘텐츠를 개발하는 방법은 차별화, 실행을 통한 경험 학습입니다. 예를 들어, 박스원레이스나 카드보드아트컬리지 같은 것을 기획하고 실제로 결과를 만들어 낸 후 강의 스토리로 만들어 봅니다(참고: www.cardboardartcollege.com). 60개의 제품 개발과 120번의 제작으로 제품을 만들고 다양한 대상으로 교육을 해봅니다. 중·고등학생, 일반인, 대학생, 직장인, 시니어 대상으로 교육을 진행한 후 지속적으로 교육 내용을 개선합니다.

강의 방식은 상황에 따라 다릅니다. 교육생에게 물어보죠. 책에서 읽었는데 강사는 댄싱 파트너가 되어야 한다는 글을 읽고 가슴에 새기고 있습니다. 강의는 교육생과 함께 리듬과 박자에 맞게 춤을 추는 그런 것이라고 믿습니다. 배려하라는 말이죠. 열심히 준비하면 자연스럽게 배려하게 됩니다. 실력자의 여유죠. (웃음)

평생 잊지 못할 강의가 있다면 어떤 것이었습니까?

기억이 잘 안 납니다. (웃음) 사실 대부분의 강의는 잊게 됩니다. 잊지 못할 강의는 교육 결과가 주관적으로 매우 좋지 않게 나왔을 때겠죠. 떠올리기도 싫지만 사실 그러한 경험이 지금의 나니까 후회는 없습니다. 생각해 보면 잊지 못할 강의는 첫 강의죠. 첫 경험 같은 겁니다. 망쳤죠. (웃음) 그리고…… 진실하게 이야기했을 때 교육생들의 눈빛을 기억합니다. 일본의 장인 이야기인데요, 기모노의 얼룩을 지우는 사람이 한 "내가 하는 일을 아무도 모르지."라는 말이 생각납니다. 강의도 강사의 기억보다는 교육생 스스로 변화의 느낌과 지식, 동기부여로 달라지면 그만이죠. 저도 잊고 교육생도 잊었으면 좋겠습니다.

명강사의 조건은 무엇입니까?

어려운 질문인데요. 열정, 배려, 신념(철학), 노력(연구 능력), 경험이 아닐까요? 신념은 '교육은 백 년을 준비하는 것', 가치관은 '인간은 결국 어떻게든 변화한다.', 좌우명은 '계속 많이 하다 보면 끝내 이룸이 있다.'입니다. 1,000번은 도전하고 재능을 탓하자는 겁니다. 다작이 대작이다. 이런 식이죠. (웃음)

청중이나 수강생에게 한마디로 어떤 강사로 기억되고 싶으십니까?

행동과 과정으로 보여 주었던 도전하는 강사. (웃음)

평소 닮고 싶은 모델 강사가 있다면 누구이며, 어떤 점을 닮고 싶으신지요?

전 모든 분에게 배우고 싶습니다. 세 사람이 길을 가면 그중 반드시 내 스승이 한 사람은 있다고 하잖아요. 전 정말 부족한 게 많은 사람이거든요.

강사가 되고 싶지만 길을 모르는 후배들에게 '강사가 되는 길'을 안내해 준다면?

어려운 질문입니다. 짧게 말하자면 '인격+열정+호기심'이 있어야 합니다. 강사가 되려면 우선 인간이 되어야 하고(선생으로서의, 인본주의적 인격을 갖추어야), 전문성을 가져야 합니다. 전문성이란 물리적인 경험, 약 5만 시간의 시간 투자가 필요합니다. 구체적으로 몇 가지 언급하자면 스펙, 콘텐츠, 홍보입니다. 스펙은 학력(공부하는 힘이 중요합니다.)이나 교력(가방끈. 인정하기 싫지만 우리나라에서 중요합니다. 이것을 보고 1차 평가를 하죠.)이나 직장 경험이겠죠.

콘텐츠는 가치 있는 정보를 만드는 방법일 것입니다. 콘텐츠 부분에서는 글쓰기 능력이 가장 중요하죠. 홍보는 홈페이지, 책 출간, SNS, 공개 강좌, 보도자료 작성 등 다양한 방법이 있습니다. 자신을 알리는 전략이 필요하죠. 다들 이렇게 하지만…….

그 밖에 초보(예비) 강사들에게 들려줄 조언 한 말씀 부탁드립니다.

이런 말할 자격이 될지 모르겠지만, 누군가를 교육한다는 것은 어려운 일입니다. 우선 스스로가 인간이 되어야죠. 배움에 항상 겸손해야 하며, 경제적으로도 자립하여 생활을 할 수 있어야 합니다. 강의료가 투자한 것에 비해 정말 적거든요. 강사의 숙명이 사실 계속 배워야 하고, 자기 관리를 잘해야 합니다. 말만 잘하는 것이 아니라 하나라도 실천해 보는 것이 중요합니다. 열심히 하면 끝내 이룸이 있겠죠. 강사라는 직업은 연예인과 다를 바가 없습니다. 무대가 있고 보통 소속사 없이 프리랜서이고 대중의 평가를 받게 됩니다. 열심히 하세요.

참 멋있는 사람

- "할 수 있습니다." 하는 긍정적인 사람
- "제가 하겠습니다." 하는 능동적인 사람
- "무엇이든지 도와 드리겠습니다." 하는 적극적인 사람
- "기꺼이 해 드리겠습니다. 하는 헌신적인 사람
- "잘못된 것은 즉시 고치겠습니다." 하는 겸허한 사람
- "참 좋은 말씀입니다." 하는 수용적인 사람
- "이렇게 하면 어떨까요?" 하는 협조적인 사람
- "대단히 고맙습니다." 하며 감사할 줄 아는 사람
- "도울 일 없습니까?" 하고 물을 수 있는 여유 있는 사람
- "지금 해야 할 일이 무엇입니까?" 하고 일을 찾아서 할 줄 아는 사람

별짓을 다하는 강사

김성학(에듀웨이 대표/ksh0091@hanmail.net)

저서: 강의를 풍요롭게 하는 방법(새로운디자인, 2009)

주로 어떤 분야를 강의하십니까?

교수 기법, 셀프 리더십과 비전 세팅, 게임으로 배우는 조직 활성화 등의 강의를 하고 있습니다.

어떻게 강사가 되셨습니까?

세상에서 제일 재미없는 강의는 언제일까요? 바로 '학습자가 알고 있는 것을 강사가 진지하게 말할 때'입니다. 저는 2000년에 대학원을 졸업한 후 NGO 시민교육담당자일 때 이것을 가장 많이 느꼈습니다.

'시민교육을 좀 더 재미있게 할 수 없을까?'를 고민하던 중 독일 콘라드 아데나워 재단 초청으로 독일 시민교육 현장을 볼 수 있는 연수 기회를 얻었습니다. 그곳에서 배운 정치 교육 방법론을 한국적 교육 현실에 맞게 맞춤형으로 발전시킨 것이 '강의를 풍요롭게 하는 방법', 소위 '강풍법'입니다. 강풍법은 교수 기법이며, 주로 학교 교원, 기업교육 강사, 평생학습 강사, 자원봉사 강사 등을 대상으로 진행했습니다.

시민교육담당자로 독일에 가서 방법론을 배워 왔고, 그 좋은 방법론을 가지고 시민교육에 써먹었어요. 써먹으니까 내공이 강해졌고요. 그때쯤에 공공기관 소속의 어떤 강사가 강의를 펑크를 냈어요. 그래서 갑자기 제가 들어가게 됐죠. 시민교육을 했던 내공이 있으니까 그 내용을 써먹었어요. 주입식으로 강의만 듣던 분들에게 참여를 시켰더니 대박이 난 거죠. 강의 평가를 했는데 제가 1등을 했어요. 그래서 원래 강의를 했던 분 대신 10년 연속 제가 강의를 맡게 되었어요. 제 강의는 그렇게 '땜빵' 강의에서 출발했어요. 그런데 처음부터 '땜빵'이 아니라 어딘가에서 늘 뭔가를 하고 있었습니다. 시민교육은 어떻게 할 수 있었을까요? 어릴 때부터 교회를 다녔어요. 학생회, 청년회에서 수없이 앞에 나서서 이야기하고 진화하면서 내공이 쌓인 거라고 생각합니다.

나만의 독창적인 강의 준비나 방식이 있으시다면?

강의를 위해 1년에 한 번은 나만의 여행을 1주일 정도 떠납니다. 아무런 말도 하지 않고 멍하니 시간을 보내며 머리를 완전히 비우려고 애를 씁니다. 그리고 지난 강의안을 모두 지워 버립니다. 그 자료에 얽매이지 않기 위해서 말이지요.

강의를 할 때는 살짝 미칩니다. 강사가 미치면 학습자는 행복해집니다. 강사가 안 미치면 학습자가 미치거든요. 강의를 할 때 사람들이 많아 뒤편에 잘 안 보이는 사각지대가 생기면 어떻게든 보고자 애를 씁니다. 60여 명이 넘으면 의자 위에 올라가서 강의를 합니다. 강의하는 사람의 열정과 태도에 따라 학습자의 집중도가 달라지기 때문입니다.

평생 잊지 못할 강의가 있다면 어떤 것이었습니까?

2012년, 저는 한 강의에서 교사의 사명에 대해 열변을 토했습니다. 두 번째 쉬는 시간에 50대 중반 한 여교사가 다가와서 제게 이야기했습니다. "이번 학기 명예퇴직을 신청했는데 선생님 강의를 듣고 교사로서 용기를 얻었습니다. 명예퇴직을 철회하고 다시 한 번 교사의 사명을 감당해 보겠습니다." 이 말을 들었을 때를 잊을 수가 없습니다.

명강사의 조건은 무엇입니까?

학습자는 일방적으로 강사의 이야기를 듣기보다는 그 강의를 함께 듣고 있는 사람들이 그 주제에 대해 어떻게 생각하고 있는지가 궁금합니다. 학습자들이 서로 소통할 수 있도록 해 주어도 거기서 얼마든지 배울 수 있습니다. 그래서 저는 '만인선생설'을 주창하고 싶습니다. 강사만 선생이 아니라 강사를 포함한 모든 사람이 모두 선생이고, 선생일 수 있습니다.

청중이나 수강생에게 한마디로 어떤 강사로 기억되고 싶으십니까?

별짓을 다하는 강사입니다. 강사가 별짓을 안 하면 학습자는 딴짓을 합니다. 강사가 별짓을 하면 할수록 딴짓은 줄어들고, 별짓을 안 하면 딴짓은 늘어나기 마련입니다. 강의란 강사의 별짓과 학습자의 딴짓이 한 판 싸움을 벌이는 현장입니다. 강사는 별짓을 다해야 합니다.

평소 닮고 싶은 모델 강사가 있다면 누구이며, 어떤 점을 닮고 싶으신지요?

2년 전에 작고하신 에듀플랜의 고상준 선생을 닮고 싶습니다. 저의 파트너였습니다. 그분은 프레젠테이션을 매우 잘했어요. 연극배우였거든요. 게다가 서울대학교 교육학 박사과정을 하셨어요. 표현력도 좋고 서울대학교에서 공부도 하시고 아는 것도 많아서 깊이 있는 강의를 하시는 분이셨습니다.

강사가 되고 싶지만 길을 모르는 후배들에게 '강사가 되는 길'을 안내해 준다면?

현실적으로 조언하자면, 돈 안 되는 강의를 수도 없이 많이 하세요. 내공을 길러야 합니다. 예를 들어, 자원봉사 단체라든가 학교, 지역 아동센터와 같은 곳에서는 강의는 필요한데 자금은 부족합니다. 그런데 돈이 안 되니까 일반 강사들이 뛰어들지를 않습니다. 그럴 때 "제가 하겠습니다." 하고 찾아오면 얼마나 좋아하겠습니까?

그리고 할 수만 있다면 다양한 사람, 다양한 주제로 강의를 해 보세요. 그러면 내가 어떤 강의를 재미있어하는지 알게 됩니다. 그걸 알면, 또 그 강의를 치밀하게 준비해서 해 보세요. 그렇게 하다 보면 다른 주제는 쉽게 풀립니다.

정해진 내용을 똑같은 방식으로 가르치는 건 학교 교사입니다. 강사는 특이한 내용을 특이하게 가르쳐야지 시장성이 있는 것이 아닐까요? 내가 교육담당자라면, 똑같은 내용의 똑같은 강사를 쓸 수밖에 없다면 싼 사람을 쓰겠지요. 그런데 특이한 사람이 있다면? 다른 데는 없고, 꼭 이 사람이 해야 한다면? 그 사람은 관계가 완전히 달라집니다. 롱런할 수 있어요.

그 밖에 초보(예비) 강사들에게 들려줄 조언 한 말씀 부탁드립니다.

깊이가 없으면, 표현(프레젠테이션)이라도 열심히, 열정적으로 하세요. 별로 깊이는 없어도 '참 애쓴다.'라고 청중이 느끼도록 말이지요. 내용을 잘 전달한다는 것은 전투를 이기는 것이고, 학습자와 강사와의 관계를 잘 유지하는 것은 전쟁을 이기는 것입니다. 초보 강사들은 자기가 공부한 것을 가지고 내용 승부를 걸어 봤자 초짜라는 티가 납니다. 아무리 초보 강사가 전투(내용)를 이기려고 해도, 당신이 전투를 못 한다는 사실을 청중은 다 알아요. 그런데도 전쟁(관계)에서 이기려고 하지도 않는다는 것이죠. 결국 관계를 잘 유지해야 강의를 잘하는 것인데, 내용만 깊이 있게 하려고 하니까 내용을 전달해서 전투는 이긴다고 하더라도 관계에서는 졌기 때문에 그 사람은 전쟁에서 지는 것입니다. 그래서 강의를 오래 못하는 것입니다. 그냥 표현이라도 열심히, 열정적으로 하세요.

마하트마 간디의 사회적 죄악 7가지

1. 원칙 없는 정치
2. 일하지 않고 누리는 부
3. 양심 없는 쾌락
4. 인격 없는 지식
5. 도덕 없는 상행위
6. 희생 없는 신앙
7. 인간성 없는 학문

내 삶을 변화시켜 준 강사

김애련(글로벌인재평생교육원 원장/ark3116@hanmail.net)

저서: 성인 학습자의 학습성과 진단척도(교육과학사, 2006), 자녀의 진로 지도는 20년을 내다보고 하라(민영사, 2007), 명강사되기 33가지 핵심 전략(공저, 민영사, 2013), 2013년 대한민국 대표강사 33인의 대표강의(공저, 성공시대, 2013)

주로 어떤 분야를 강의하십니까?

평생교육, 이미지 메이킹, 자기계발, 부모교육 등을 강의하고 있습니다. 대표적인 강의는 '100세 수명 시대 평생교육이 답이다' '성공적인 이미지 메이킹 전략' '매력 있는 교수자가 되려면'입니다.

저는 이화여자대학교 평생교육원에서 25년 이상 성인 학습자들을 가르치고 상담하였습니다. 평생교육을 통해 많은 사람이 바람직한 방향으로 변화하고 성장하는 것을 보면서 이미지 메이킹 분야에 관심을 갖게 되어 평생교육과 이미지 메이킹을 접목시켜 강의 콘텐츠를 개발하였습니다.

현재 이화여자대학교 평생교육원, 건국대학교 일반대학원 강의뿐만 아니라 기업체, 지방자치단체, 평생교육기관 등 다양한 교육기관에서 강의를 하면서 글로벌인재평생교육원 원장으로 재직하고 있습니다. 평생교육 분야로 교육부장관상을 수상(1994년)하였고, 2013년 한국HRD협회 명강사 대상을 수여받았으며, 성공시대 대한민국 대표강사 33인에 선정(2013년)되었습니다.

어떻게 강사가 되셨습니까?

이화여자대학교 평생교육원을 비롯한 인천대학교, 숭실대학교, 연세대학교, 단국대학교 대학원, 건국대학교 대학원에서의 강의 경력을 바탕으로 학교 안에서의 강의뿐 아니라 외부 평생교육기관과 기업체, 지방자치단체에서 강의를 요청받으면서부터 자연스럽게 시작되었습니다.

이화여자대학교 평생교육원에서 성인 학습자들을 대상으로 강의를 하였는데, 제 강의를 들었던 수강생들이 다른 기관에 추천을 하였습니다. 그 후 스스로 교육 프로그램을 개발하여 강의를 해 왔습니다.

저의 경우는 이화여자대학교 평생교육원 교학실장(연구원 및 교수)으로 재직하면서 성인 학습자들을 가르치고 교육 프로그램을 개발하며 그들을 상담하는 역할을 하였습니다. 따라서 재직 기관에서 다양한 교육 프로그램을 운영하며 강의를 하게 되었고, 타 교육기관에서의 강의를 요청받으면서 본격적으로 외부 강의를 맡게 되었습니다. 25년 가까이 성인 학습자들을 교육하고 지도하며 평생교육으로 이미지가 변해 가는 성인 학습자들의 모습을 보면서 이미지 메이킹 분야에 관심을 가지게 되었습니다.

나만의 독창적인 강의 준비나 방식이 있으시다면?

콘텐츠 개발은 기본적으로 제 전공인 평생교육 분야를 기본으로 하고, 교육 대상과 사회에서 요구하는 교육 내용을 접목해 가면서 개발합니다. 자기계발을 위해서 책과 신문을 읽고 방송을 시청합니다. 필요한 경우 다른 분야 전문가의 강의를 듣습니다.

강의 준비는 교육 대상을 분석하여 그들의 눈높이와 요구에 맞게 파워포인트 자료로 준비합니다. 강의 방식은 주로 파워포인트로 준비하여 강의식으로 진행합니다. 필요에 따라 수강생이 참여할 수 있는 방법을 사용합니다.

평생 잊지 못할 강의가 있다면 어떤 것이었습니까?

이화여자대학교 이미지 컨설턴트 과정과 평생교육사 양성 과정입니다. 이 과정을 통해서 그들의 잠재 능력이 크게 향상되어 다양한 방면에서 성장하는 모습을 볼 수 있었기 때문입니다.

명강사의 조건은 무엇입니까?

사람을 귀하게 생각하는 인격적인 사람, 사명감과 전문성을 가지고 계속해서 공부를 하는 사람 그리고 무엇보다도 강의하는 것을 즐기는 사람입니다.

강의하는 것은 사람을 좋은 방향으로 변화시키는 위대한 일입니다. 따라서 강사는 전문직이어야 합니다. 오랫동안 준비해야 하고, 강의 경험을 쌓아야 하고, 계속해서 공부하는 자세가 필요합니다. 또한 자신이 하는 일에 사명감을 가지고 사람을 귀하게 생각하는 마음가짐이 중요합니다. 제 좌우명은 "할 수 있는 한 모든 이에게 최선을 다하라!"입니다.

청중이나 수강생에게 한마디로 어떤 강사로 기억되고 싶으십니까?

내 삶을 변화시켜 준 강사로 기억되고 싶습니다.

평소 닮고 싶은 모델 강사가 있다면 누구이며, 어떤 점을 닮고 싶으신지요?

각 분야에서 최선을 다하고 있는 많은 분이 모두 제 모델 강사입니다.

강사가 되고 싶지만 길을 모르는 후배들에게 '강사가 되는 길'을 안내해 준다면?

강의 분야를 먼저 정하고 그 분야의 강의를 잘하시는 분의 강의를 우선 듣는 것이 좋다고 생각합니다. 그러면 길이 보입니다.

그 밖에 초보(예비) 강사들에게 들려줄 조언 한 말씀 부탁드립니다.

먼저 준비하고 너무 서두르지 말고 강의 경험을 쌓으세요. 실패하더라도 포기하지 말고 우직하게 노력하면 반드시 좋은 강사가 될 수 있다고 생각합니다.

학습자들과 함께 아파하는 강사

김희영(사람과사람연구소 소장/sba02@hanmail.net)

주로 어떤 분야를 강의하십니까?

저는 커리어 컨설턴트, 취업 전문 강사입니다. 제가 진행하는 강의는 주로 취업 담당 전문가를 양성하는 커리어 컨설턴트 양성 과정, 집단상담 전문가 양성 과정 그리고 일반 구직자를 대상으로 한 이력서, 자기소개서, 면접, 경력 설계, 변화 관리, 직업 심리검사, 취업 전략 등에 대한 강의를 합니다. 취업 담당 전문가와 구직자를 대상으로 컨설팅도 병행하고 있습니다.

어떻게 강사가 되셨습니까?

취업현장에서 직업상담사로 근무할 때 집단상담 프로그램을 운영했습니다. 처음엔 프로그램을 운영하는 담당자로 참여했는데, 직접 구직자들을 만나 사례를 연구하고 대안을 고민하게 되었습니다. 이것이 계기가 되어 취업 전문 강의를 시작하게 되었습니다.

처음엔 직장 내에서 집단상담 담당자로 강의를 시작했습니다. 제 강의에 대한 반응이 기대 이상이어서 저 스스로 강사로서의 가능성을 발견하였습니다. 이후 꾸준한 독서와 공부를 통해 강사로서의 자질을 연마하였습니다. 그러던 중 제가 근무하던 여성새로일하기센터(일명 새일센터)에서 진행한 '현장 맞춤 강사 배출을 위한 교육과정'에 참여하였습니다. 교육이 끝나갈 무렵 교육생의 강의 평가가 있었는데, 본부장님에게 강사로서 좋은 자질을 갖추었다는 칭찬을 받았습니다. 이를 계기로 전국새일센터 실무자들을 위한 강의를 제안받았고, 이때부터 본격적으로 강의를 시작하게 되었습니다.

전국새일센터에 근무하는 직업상담사를 대상으로 직업상담에 대한 실무를 강의하면서, 새일센터 업무 매뉴얼 집필, 센터 컨설팅, 실무자에 대한 멘토, 취업 성공 사례 심사위원 등의 활동을 해 왔습니다. 이러한 활동을 거치면서 직업상담사들 사이에서 강의에 대한 좋은 평가를 받게 되었고, 제 이름도 조금씩 알려지기 시작했습니다. 이후 수도권을 중심으로 각 센터에서 강의를 의뢰하는 횟수가 점차 늘어나 지금은 전국여성새일센터, 전국일자리센터, 중장년일자리센터, 특성화고등학교, 대학교, 공무원연금공단, 직업전문학교 등에서 강의를 진행하고 있습니다. 특히 커리어 컨설턴트 양성 과정, 집단상담 전문가 양성 과정을 수료한 교육생이 실무 능력을 인정받아 높은 취업률을 기록하면서 큰 신뢰를 얻게 되었습니다. 현재 제가 진행하는 대부분의 교육과정은 직업상담사의 필수 교육과정으로 자리 잡아 가고 있습니다.

나만의 독창적인 강의 준비나 방식이 있으시다면?

강사로서 성공하기 위해서는 두 가지 조건이 필요합니다. 하나는 나만의 교육 콘텐츠입니다. 즉, 오직 나만이 할 수 있는 콘텐츠를 연구하고 개발하는 것이 필요합니다. 다른 하나는 한 번의 강의에서 교육생들의 공감을 불러일으킬 수 있는 강의 테크닉입니다. 첫 강의에서 교육생들의 공감을 얻으면 프로그램을 진행하는 실무자들에게 신뢰를 얻게 되고, 이들이 향후 강의 기회를 획득하는 데 든든한 버팀목이 되어 줍니다. 강의 시장은 믿을 만한 강사를 서로 추천하고 불러 주는 시스템입니다. 따라서 첫 강의에서 신뢰를 얻는 것이 중요합니다.

그런 면에서 저는 이 두 가지를 어느 정도 갖추고 있었다고 생각합니다. 먼저 풍부한 현장 경험을 바탕으로 실무자들은 물론 교육생들과 쉽게 소통할 수 있었고, 누구도 대신할 수 없는 현장감 있는 강의 콘텐츠를 갖출 수 있었습니다. 또, 한 번 찾아온 기회를 놓치지 않고 제 강의 능력을 충분히 보여 줌으로써 실무자들과 교육생들이 저의 든든한 지지자가 되어 주었습니다.

저는 철저한 현장 중심 강의를 진행하고, 교육생들이 새로운 직업을 얻을 때까지 꾸준히 개인 코칭 등의 사후 관리를 하고 있습니다. 이러한 제 열정과 진정성이 교육생들의 입을 통해서 퍼지면서 저에 대한 신뢰가 더욱 높아지게 되었습니다.

평생 잊지 못할 강의가 있다면 어떤 것이었습니까?

직장을 그만두고 첫 대외 강의였던 중앙여성새일본부의 직원직무연수 강의입니다. 고용노동부, 여성가족부 그리고 전국여성새로일하기센터 직원들을 위한 실무 강의였는데, 이 강의가 저에게 새로운 기회를 주었습니다.

명강사의 조건은 무엇입니까?

교육생들이 가장 필요로 하는 부분을 교육생의 언어로 표현하는 것입니다. 아무리 좋은 내용의 강의라 할지라도 교육생들이 가진 조건과 요구를 무시한 일방적인 강의는 공감을 얻을 수 없습니다.

교육생들의 현실적인 문제에 공감하고 함께 아픔을 나눌 수 있는 진정성을 가져야 합니다. 그러기 위해서는 교육생들에 대한 깊은 이해와 철저한 사전 준비가 반드시 필요합니다.

청중이나 수강생에게 한마디로 어떤 강사로 기억되고 싶으십니까?

교육생의 아픔을 진심으로 함께하는 강사.

평소 닮고 싶은 모델 강사가 있다면 누구이며, 어떤 점을 닮고 싶으신지요?

정토회의 법륜 스님입니다. 법륜 스님의 즉문즉설 강의는 제가 추구하는 교육생들의 현실적인 어려움을 함께 나눌 수 있는 가장 훌륭한 롤모델입니다. 인생에 대한 깊은 통찰과 인간에 대한 철저한 분석을 통한 명쾌한 강의는 진정으로 사람을 살리는 강의라고 생각합니다.

강사가 되고 싶지만 길을 모르는 후배들에게 '강사가 되는 길'을 안내해 준다면?

가장 먼저 끊임없는 공부와 연구가 선행되어야 합니다. 단지 화려한 겉모습만 보고 강사의 길에 들어서는 것은 위험합니다. 진정으로 강사가 되고 싶다면 인생에서 가장 가슴 뛰는 주제를 발견하고 그것을 현장에서 직접 경험해 보고 연구하며 해답을 찾는 과정을 거쳐야 합니다.

그 밖에 초보(예비) 강사들에게 들려줄 조언 한 말씀 부탁드립니다.

좋은 강의는 강사로서의 자질 50%와 인생에 대한 성찰 50%로 이루어진다고 생각합니다. 먼저 강사로서의 설득력, 표현력, 열정, 인간에 대한 관심이 있는지를 진지하게 고민해 보고 시작하길 바랍니다. 그런 자질을 갖추었다면, 내 인생을 모두 던져서 해결하고 싶은 삶의 주제를 찾기 바랍니다.

변화를 주는 강사

송은영(백석대학교 교수, 김경호 이미지메이킹센터 원장/image114@hanmail.net)

저서: 모든 것은 얼굴로 통한다(북스타, 2011)

주로 어떤 분야를 강의하십니까?

이미지 메이킹 분야를 하고 있습니다. 강의 제목은 '호감과 신뢰를 부르는 이미지 경영' '조직을 살리는 이미지 리더십' '사명감으로 이미지를 관리하라.' 등입니다.

어떻게 강사가 되셨습니까?

1989년부터 연극 활동과 함께 분장을 하면서 성격과 인상에 대한 공부를 하게 되었습니다. 2003년부터는 대학에서 메이크업과 분장, 이미지 메이킹을 강의하다가 멘토인 김경호 박사를 만나면서 본격적으로 이미지 컨설턴트로 활동하게 되었습니다. 지금은 얼굴 전문가이면서 이미지 컨설턴트 및 강사로 활동 중입니다.

대학 평생교육원에서 이미지 메이킹 과정을 만들어 운영하면서 관공서나 기업에서 강의 요청이 와서 자연스럽게 강의를 시작하게 되었습니다. 이미지 메이킹에 매력을 느껴 본격적으로 공부를 하면서 멘토를 만나 많은 도움을 받았습니다.

처음에는 청소년 강의로 시작해서 공무원 및 학부모와 교사들을 만나다가 지금은 전 직장인을 대상별로 만나고 있으며, 대학원 전임강사를 거쳐 방송에서도 고정 전문가 패널로 활동하였고 TV 특강도 다수 하였습니다. 현재 백석대학교 대학원에서 이미지 경영 교육을 맡아 후배를 양성하고 있으며, 아주대학교 평생교육원에서 이미지 메이킹 과정 주임교수로 활동 중입니다. 또한 이화여자대학교 이미지 컨설턴트 자격증 과정 전임강사이며, 김경호 이미지메이킹센터 원장으로 재직하고 있습니다.

나만의 독창적인 강의 준비나 방식이 있으시다면?

대부분 많은 강사의 콘텐츠는 다양하면서도 같은 분야를 들여다보면 비슷한 내용이 많습니다. 그래서 어떻게 하면 동기부여를 잘 시키고 더 재미있고 신선하고 자극적으로 전달할 수 있을까를 늘 고민합니다. 그래서 책을 읽고 뉴스를 듣고 다른 강사들의 강의를 들으며, 늘 메모하는 습관을 가지고 있습니다. 신선한 아이디어가 있을 때마다 메모를 해 뒀다가 독창적인 강의 기법이나 표현 방법, 단어 선택에 대해 고민할 때 참고하지요.

강의를 준비할 때에는 대상자와 니즈(needs)를 먼저 파악하고 근무 환경이나 회사 측 니즈를 파악하여 양측의 니즈를 어떻게 하면 다 만족시킬 수 있을지 우선 필요한 내용을 뼈대로 정하고 만족할 만한 부분을 채워 나갑니다. 그리고 아무리 좋은 강의도 흥미가 있어야 하고 현장에서의 변화를 유도할 수 있어야 하므로 늘 고민하고 연구하고 있습니다.

그래서 강의 방식은 이미지 메이킹이라는 콘텐츠에 맞게 구성하고, 현장에 따라 때로는 개별 이미지를 진단하고 컨설팅하기도 하고, 현장에서 이미지 변신을 시도하는 클리닉 시간을 가져 흥미와 동기부여 및 변화의 효과를 극대화합니다. 때로는 조별 활동이나 함께 훈련해 나가는 과정으로 지루하지 않고 강의 시간을 통해 조금이라도 발전할 수 있는 성장의 시간으로 만들고자 노력하고 있습니다.

평생 잊지 못할 강의가 있다면 어떤 것이었습니까?

한국경제 TV 〈명강사 명강의〉 특강을 했는데 방송이라는 매체에 처음 등장하는 거라서 무척 떨리고 흥분했던 기억이 지금도 생생합니다. 지금은 자주 나가다 보니 덤덤해졌지만 역시 첫 강의여서 가장 기억에 남습니다.

명강사의 조건은 무엇입니까?

명강사는 확실한 콘텐츠, 소통 능력, 건전한 사고, 투철한 사명감, 학습자에 대한 책임감과 사랑, 자기 관리 능력을 가져야 한다고 생각합니다.

강의는 일이 아니라 가장 사랑하는 나의 삶입니다. 평생 꿈꿔 왔던 교육자가 된 이상, 제 강의를 듣는 이들의 가슴속에 조금이라도 행복의 씨앗을 심을 수 있길 바라면서 정성으로 준비하고 열정과 사랑을 담아 강의를 하는 것이 제 신념입니다. 나로 인하여 누군가에게 변화가 생긴다면 내 일은 직업이 아니라 사명입니다.

청중이나 수강생에게 한마디로 어떤 강사로 기억되고 싶으십니까?

변화를 주는 강사로 기억되고 싶습니다.

평소 닮고 싶은 모델 강사가 있다면 누구이며, 어떤 점을 닮고 싶으신지요?

김경호 박사님입니다. 우선 명강사님이시며 따뜻한 마음과 바른 성품을 지니고 있고, 연륜에서 묻어 나오는 창의적인 아이디어와 순발력, 유머 감각, 사명감 등 제가 바라는 요소들을 두루 갖추신 분이십니다.

강사가 되고 싶지만 길을 모르는 후배들에게 '강사가 되는 길'을 안내해 준다면?

막연하게 강의를 하고 싶다는 생각으론 부족합니다. 내가 왜 강의를 꼭 해야만 하는지 이유를 점검하고 그 이유에 근거하여 가장 잘할 수 있고 적성에 맞는 자기만의 콘텐츠를 결정한 다음 관련 분야에 대해 자료를 수집하고 공부를 해 나가야 합니다. 공부를 하더라도 깊게 공부를 해야 전문가가 되므로 이왕이면 대학원에서 자기가 다루는 분야에 대해 연구논문을 쓰고 책을 집필하는 것이 전문가로서 인정받고 실력을 향상시킬 수 있는 방법입니다.

그 밖에 초보(예비) 강사들에게 들려줄 조언 한 말씀 부탁드립니다.

학습자들의 귀중한 시간을 보람과 변화와 감동으로 채우는 일이기 때문에 강의는 결코 쉬운 일이 아닙니다. 간혹 주변에 제자나 후배들만 봐도 강의를 쉽게 생각하거나 지나치게 빨리 강사가 되려는 분들을 많이 만납니다. 강의는 할수록 늘고 나이가 들수록 더욱 무르익어서 신뢰를 얻기 때문에 분명 비전이 있는 직업이지만, 많은 시간과 노력을 투자하여야 만족스러운 열매를 맺을 수 있습니다.

10년의 법칙을 생각하세요. 저도 꼬박 10년을 미친 듯이 올인하고 나서야 빛이 보였답니다. 분명한 것은 포기하지 않고 순수하게 열정과 노력을 투자한다면 정년이 없는 멋진 전문가가 된다는 것입니다. 성급함보다는 여유와 끈기로 천천히, 오래, 멀리 갈 생각으로 임한다면 분명 좋은 결과를 얻을 것입니다.

멘토를 정해서 수시로 대화하고 조언을 얻는 일은 매우 중요합니다. 모든 일이 그렇지만 절대 혼자만 잘나서 되는 일은 없으니까요! 그러므로 항상 인간관계를 잘 맺어 가시길 바랍니다. 그러기 위해서 이미지 관리와 매너를 갖추는 일도 중요합니다. 건승하시길 바랍니다.

늘 공부하고 연구하는 강사

신정수(대진대학교 취업전담교수/ibgsjs@hanmail.net)

저서: 위기의 한국기업 재창조하라(가림출판사, 2008), 삼성 기회 선점 경영(무한, 2007), 전략적 협상가(무한, 2006), 퇴출 두려워 마라 홀로서기에 도전하라(가림출판사, 2008), 취업 역량과 가치로 디자인하라(가림출판사, 2012)

주로 어떤 분야를 강의하십니까?

저는 현재 대진대학교 취업전담교수입니다. 저는 기업에서는 '경영 전략' '변화와 혁신' '전략적 협상력' 등을 강의하고, 대학에서는 '진로 지도', '100% 합격하는 역량 기반 지원서 작성법' '면접 스킬' 분야를 강의하고 있습니다.

어떻게 강사가 되셨습니까?

컨설팅 회사를 운영하다가 시간과 비용이 많이 든다는 생각이 들었습니다. 이것을 최소화하는 방법을 생각하다가 페이퍼 작업이 많은 서면 보고서보다는 심플하게 강의로 대체하는 것이 훨씬 효과적이겠다는 생각을 하면서 '컨설팅 강의'를 하게 되었습니다.

직장에서 인사팀 교육을 담당하면서 산업 강사의 세계를 알게 되었고, 한국 표준협회와 능률협회에서 전문 위원으로 강의 초반을 시작했습니다.

2003년까지는 기업 강의만 했습니다. 그러다 완전한 글로벌 경쟁으로 전환되면서 기업 경영 환경이 급속하게 변화했고, 새로운 블루오션을 생각하면서 대학이라는 시장을 발견하고는 지금은 대학생을 대상으로 '진로 및 취업 지도'에 관한 강의 및 카운슬러로 일하고 있습니다.

나만의 독창적인 강의 준비나 방식이 있으시다면?

'컨설팅 강의'를 준비합니다. 기업의 문제점을 지적하고 대안을 제시하거나 기존의 제품을 분석한 후 새로운 신상품에 대한 아이디어를 제공하는 강의를 합니다. 단순한 이론과 지식을 전달하던 시대는 끝났습니다. 클라이언트가 요구하는 니즈(needs)와 원츠(wants)를 추월하는 맞춤식 강의를 준비해야 성공할 수 있습니다.

평생 잊지 못할 강의가 있다면 어떤 것이었습니까?

부끄러운 에피소드입니다만 강의를 시작하는 초년생에게 도움이 될 것 같아 실패한 사례를 제시합니다. SK그룹 자회사로 콘텐츠를 개발하는 회사였습니다. 34명의 임원을 대상으로 IT 산업에 대한 미래 트렌드와 관련된 강의를 하면서

전자 지불 결제 시스템을 만들어 본 지식만으로 강의를 진행하다가, 전문가들의 호된 공격에 8시간 강의가 80시간보다 길게 느껴지는 쓴맛을 본 경험이 있습니다.

강의 후에 알게 된 사실은, 그 강의에 국내에서 박사학위를 받은 분이 60%, 외국에서 박사학위를 받은 분이 30%, 박사는 아니지만 콘텐츠 개발에 도사라 불리는 네 분이 계셨다는 것입니다. 이를 계기로, 교육생을 압도할 수 있는 역량을 갖추지 못하면 다시는 강단에 서지 못할 수 있겠단 생각을 했었습니다.

명강사의 조건은 무엇입니까?

첫째, 강사의 사명입니다. 강사의 길을 선택할 때 가장 먼저 생각했던 것이 '나는 어떤 강사가 될까?'였습니다. 여러 날 고민한 끝에 찾아냈던 것이 '컨설팅 강의를 하는 강사(facilitator)'로 결정했습니다. 사명! 그것은 강사의 가치를 높이고, 성공의 길로 안내하는 나침반과 등대 역할을 수행하는 것 같습니다. 강의 입문 전에 강사로서 간절한 소망을 담은 사명 하나는 꼭 만들었으면 좋겠습니다.

둘째, 한 분야의 전문성입니다. 저는 오늘도 한 교육기관에서 강의를 의뢰받았습니다. 강의 주제는 '리더십 또는 커뮤니케이션'에 관한 강의였습니다. 정중하게 거절하고 그 분야의 전문가를 추천했습니다. 이러한 판단을 내릴 수 있다는 것이 제가 계속 강의할 수 있고(長壽) 생존할 수 있는 길이라 여기고 있습니다.

셋째, 클라이언트의 요구에 따른 맞춤식 강의 준비입니다. 예전에는 남의 책을 읽고 내가 알고 있는 지식인 양 여기저기 다니면서 업종이 다르게 산업임에도 같은 내용으로 강의하고 다닌 강사가 많았습니다. 속된 말로 말발이 세면 강의를 잘한다고 인정받았던 시절이 있었습니다. 이제는 예전과 다르게 촌각을 다투는 경쟁, 차별화를 넘어 차등화 경쟁으로 환경이 바뀌었습니다. 남보다 새로운 신상품을 개발해야 하고, 가격과 디자인에서도 탁월해야 하며, 똑똑한 소비자의 고정관념을 뛰어넘는 상품을 출시해야 기업이 생존하는 시대입니다.

넷째, 탁월한 전달력입니다. 내 지식의 그릇이 100을 담고 있다 해서 명강사가 되진 않습니다. 내가 비록 50을 담고 있는 그릇이라도 전달력이 탁월하여 교육생이 200, 300을 그릇에 담아낼 수 있다면 그분이 명강사라 생각합니다. 이해하기 쉽고, 재미있게 설명하고, 유용한 정보가 현업에 도움이 된다는 사실을 명쾌하게 전달하는 강사가 성공한다고 확신합니다. 따라서 강의 스킬은 '전달하는 기술'이라 생각하고, 강의를 통해 얻은 사실을 실천할 수 있게 만드는 강사가 명강사라 생각합니다.

평소 닮고 싶은 모델 강사가 있다면 누구이며, 어떤 점을 닮고 싶으신지요?

제가 닮고 싶은 강사는 이의용 교수님입니다. 이의용 교수님은 '탁월한 강의 스킬'이라는 강점의 소유자입니다. 조용하면서도 임팩트 강한 강의 스킬을 지니고 계십니다. 강사의 목소리가 높다고 해서 힘 있는 강의가 되는 것은 아닌 듯합니다. 조용하게 진행하면서도 전달하고자 하는 내용을 명쾌하고 논리적으로 전달하는 면이 탁월합니다.

'폭넓은 지식'이라는 강점도 갖고 있습니다. 회사 경험도 풍부하지만 다양한 분야의 책을 쓰시고 교육생의 요구와 니즈를 충족시키기 위해서 항상 최신 버전의 새로운 내용을 담은 교재를 만들어 강의에 최선을 다합니다. 이런 모습이 강사로서 올바른 자세이며 강의를 하는 사람이 갖춰야 할 덕목이라고 생각합니다.

강사가 되고 싶지만 길을 모르는 후배들에게 '강사가 되는 길'을 안내해 준다면?

저는 강의를 시작하기 전에 4년 동안 준비하면서 1,264권의 서적을 모두 파워포인트로 교재 작업을 했었습니다. 그런 다음 제 강의 분야의 책을 쓰기 시작했고, 내가 만든 이론과 결과물을 가지고 강의를 시작했습니다. 충분한 시간을 투자한 다음 자신의 논리를 가지고 강의를 시작했으면 좋겠습니다.

그 밖에 초보(예비) 강사들에게 들려줄 조언 한 말씀 부탁드립니다.

강사는 늘 공부하고 연구해야 합니다. 남의 지식을 내 것인 양 전달하지 않기 바랍니다. 자신만의 고유한 가치 있는 브랜드를 만들어 존경받는 강사로 성장하시길 바랍니다.

물 흐르듯 편안한 강사

윤옥한(국민대학교 교수, ㈜하이컨설팅 대표/okaiyoon@kookmin.ac.kr)

저서: 평생교육 프로그램 개발론(양서원, 2014), 괜찮은 나 우리 만들기(교육과학사, 2012), 명강의 교수법(학지사, 2008), 자신있게 만나라(새로운 사람들, 2003), 능력 있는 나 만들기(새로운 사람들, 1999)

주로 어떤 분야를 강의하십니까?

저는 세화고등학교에서 교사 생활 후, 대림산업 인력개발팀에서 10여 년을 근무하였습니다. ㈜하이컨설팅 대표이며, 현재는 국민대학교 문과대학 교육학과에 교수로 재직 중입니다. 제가 하는 강의로는 특강으로 인문학적 요소를 가미한 리더십과 의사소통 관련 내용인 '괜찮은 나 만들기', 일반 강의로 도구 활용을 통한 체험식 의사소통인 '통·통·통'과 사내 강사 양성 과정으로 교수 기법 관련 내용인 '명강의 교수법' 등을 강의하고 있습니다.

어떻게 강사가 되셨습니까?

대림산업 인력개발팀에 근무하면서 다양한 강사를 접해 보았습니다. 회사에 근무하면서도 사내 강사로서 강의 활동을 했고, 우수한 강사로 인정을 받았습니다. 사내 강의를 통하여 강의에 대한 매력을 느끼게 되었습니다.

회사에서 부서장이 강의를 배정해 준 것도 있었지만, 사실은 자기계발을 통하여 강의 기회를 만든 것이 강의 기회를 얻은 결정적인 계기가 되었습니다.

외부 교육(교류 분석 프로그램)을 2박 3일 다녀온 후 그 내용 전체에 대하여 같은 부서 직원들에게 전달 교육을 했습니다. 전달 교육 내용에 대하여 부서장이 매우 좋아해서 그 내용을 사내 과정으로 도입하였습니다. 교류분석 프로그램을 사내 교육과정으로 맞춤식으로 직접 개발하여 강의를 하게 된 것이 강의 활동을 시작하게 된 결정적인 계기가 되었습니다.

나만의 독창적인 강의 준비나 방식이 있으시다면?

신문, 잡지, 방송, 인터넷, 동영상 등 다양한 내용 중 강의로 활용할 수 있는 내용을 항상 메모하였다가 메모한 내용을 중심으로 다시 편집하고 수정 · 보완하여 강의용으로 작성합니다. 나만의 강의 방식은 도입, 전개, 마무리를 분명히 합니다. 도입 시에는 주의집중, 전개 시에는 폭탄 활용을 합니다. 폭탄 활용이란 매 15분마다 학습자들을 환기시킬 수 있는 매력적인 내용을 찾아서 강의에 넣는 것입니다. 폭탄은 강의 내용과 관련 있는 것이 가장 효과적입니다. 강의 끝에는 감동적인 내용으로 마무리합니다.

평생 잊지 못할 강의가 있다면 어떤 것이었습니까?

몇 가지가 있습니다. 첫째, 괜찮은 나 만들기(○○ 백화점) 2박 3일 강의 후 한 학습자가 1주일 후에 강의가 너무 좋고 기억에 남는다면서 선물을 사 들고 직접 집으로 찾아왔던 기억.

둘째, 사내 강사 양성 과정(○○제철) 기본, 향상, 심화 과정을 통하여 기본 과정에서 떨면서 강의했던 학습자가 향상 과정과 심화 과정을 통하여 명강사로 거듭나는 과정을 보았던 강의. 그 강의를 통해 매년 때마다 문자로 감사하다고 지금까지 연락을 주고 있는 ○○제철 사내 강사 양성 과정.

셋째, ㈜하이컨설팅을 시작한 첫해 교육과정 개발 전문가 과정 공개 강좌 후 제안서를 요청받아 사업 시작 후 처음으로 과정 개발에 성공한 ○○제철 안전관리자 리더십 과정 120차수 강의.

이 강의는 마지막 시간에 대부분의 남자 학습자가 울면서 강의가 마무리된 강의입니다.

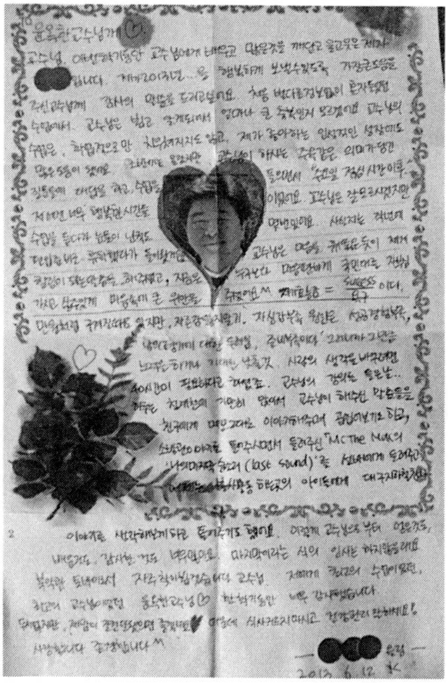

넷째, 국민대학교 부임 후 첫 학기 첫 교직 과정 강의의 마지막 시간. 떨리는 손으로 과자 한 봉지와 음료수 한 병 그리고 편지와 함께 학생이 고맙다고 한 첫 강의가 기억에 납니다.

명강사의 조건은 무엇입니까?

제가 생각하는 명강사는, 첫째로 태도(Attitude), 둘째로 내용(Contents), 셋째로 방법(Skill)을 갖춘 사람입니다. 태도는 열정, 사랑, 관심 등 강사로서 갖추어야 할 기본 마인드에 해당하는 것입니다. 아무리 강의를 잘해도 사회적으로 문제가 있는 사람들은 학습자 앞에 설 수 없습니다. 바로 이 부분을 말하는 것입니다. 내용은 강의하는 분야의 전문가가 되어야 한다는 것입니다. 자신도 잘 모르면서 가르친다는 것은 어불성설(語不成說)입니다. 그래서 강사는 계속하여 자기계발을 해야 합니다. 그다음은 전달 방법입니다. '어떻게 잘 전달할 것인가?'가 중요합니다. 같은 내용도 누가 강의하느냐에 따라 달라집니다. 명강사는 이 세 가지 조건을 모두를 갖추고 있어야 한다고 생각합니다.

명강사는 명연출자(PD)라는 신념이 있습니다. 명연출자가 연출한 아주 흥미 있는 드라마나 영화를 볼 때는 화장실 가기도 아깝고 화면에서 눈을 뗄 수가 없습니다. 강의도 마찬가지입니다. 한 시간 강의든 하루 강의든 학습자가 언제, 어떻게 시간이 가는지 모르게 강의가 끝나야 합니다. 그러기 위해서 '강의 전에 어떻게 교안을 잘 만들 것인가?' 하는 연출 준비를 먼저 잘해야 합니다. 교수 설계를 잘해야 한다는 뜻입니다.

강의 현장에서도 연출이 중요합니다. 3P 분석(목적 분석, 대상 분석, 장소 및 환경 분석)을 잘해도 현장에서 상황이 달라질 수 있습니다. 따라서 현장에서 명강사는 현장 장악력이 있어야 합니다. 현장 상황에서 연출력이 필요하다는 의미입니다. 강사라고 하여 단순히 강의만 하는 것이 아니라 현장 상황에서 강의장 환경, 학습자 환기, 조명, 매체 등을 적절히 잘 연출해야 강의가 살아납니다. 이 부분을 다른 사람이 아닌 강사가 해야 한다는 의미입니다.

청중이나 수강생에게 한마디로 어떤 강사로 기억되고 싶으십니까?

편안한 강사입니다. 너무 억지 춘향으로 쇼를 하거나 너무 감동을 주려고 티나게 애를 쓰는 것이 아니라 물 흐르듯 강의하고 끝나면 잔잔한 감동을 주는 그런 강사입니다.

평소 닮고 싶은 모델 강사가 있다면 누구이며, 어떤 점을 닮고 싶으신지요?

닮고 싶은 강사는 없습니다. 명강사가 없어서가 아니라 사실은 모든 강사의 장단점이 있기 때문에 꼭 누구를 닮아야 한다는 생각이 없다는 말입니다. 강사들의 장단점을 취사선택(取捨選擇)하여 나만의 강의를 창출하는 것이 중요하다고 생각합니다.

강사가 되고 싶지만 길을 모르는 후배들에게 '강사가 되는 길'을 안내해 준다면?

초보 강사들의 경우 강사 모임이나 각종 컨설팅 회사와 연계하여 강의 활동을 시작하면 됩니다. 아니면 컨설팅 회사에서 인턴이나 아르바이트로 교육 진행을 의뢰하는 경우가 다소 있습니다. 이럴 때 교육 진행을 나가서 다양한 강사가 강의하는 모습과 내용을 접할 수 있습니다. 처음부터 강의할 수 있는 기회가 별로 없기 때문에 교육 진행을 많이 해 보면서 다양한 강사를 만나고 다양한 내용을 접하면서 자신에게 맞는 강의 내용과 강의 스타일을 찾아보는 것이 필요하다고 생각합니다. 실제 이런 경험을 통하여 현재 강의 활동을 하는 우수 강사가 많이 있습니다.

그 밖에 초보(예비) 강사들에게 들려줄 조언 한 말씀 부탁드립니다.

나만의 독창적인 강의 콘텐츠를 개발하여 한 분야만 강의할 것인지 아니면 기업체에서 일반적으로 하는 의사소통, 리더십, 고객 만족 등 다양한 내용의 강의를 소화할 수 있게 활동할 것인지를 분명히 정하는 것이 좋습니다. 나만의 독창적인 강의만 할 경우와 다양한 내용의 강의를 소화할 경우 둘 다 장단점이 있습니다. 이를 고려하여 어떤 전략을 선택할 것인지 고민이 필요하다고 생각됩니다.

성공한 사람들이 결코 하지 않는 말

언어는 삶을 보는 방식, 사고방식, 성취감 등에 강력한 영향을 미친다. 다른 사람들보다 더 많은 성취감을 느끼고 성공적인 삶을 살아가는 사람들이 결코 하지 않는 말 9가지를 미국의 경제 잡지 포브스가 소개했다.

1. 그건 불가능해!(It's impossible!)

성공하는 사람들은 어떤 문제든 반드시 해결책이 있다는 것을 알고 있다. 창조적이 되면 불가능이란 있을 수가 없다. 이루기가 힘든 목표가 있을 때라도 성공하는 사람들은 차분히 이에 대응한다. 그들은 한 단계 한 단계 접근하다 보면 결국 목표에 도달하리라는 것을 잘 알고 있다.

2. 신경 안 써!(I don't care!)

성공하는 사람들에게는 정열이라는 DNA(유전자)가 있다. 혁신자들은 절대 "나는 내 일이 싫어."라든지 "상관 안 해. 될 대로 되라지."라는 말을 하지 않는다. 비전과 짝을 이루는 정열을 가지고 있지 않다면 결코 도전을 이겨낼 수 없고, 사업을 혁신하고 발전시킬 수가 없다.

삶과 직업에 도움을 주는 강사

이상훈(쿨 디자인 대표/fleeguy@naver.com)

저서: 파워포인트 노하우 129(성안당, 2005), 회사에서 바로 통하는 파워포인트 2010(한빛미디어, 2010), 프레지 기본 활용 실무 테크닉(성안당, 2011)

주로 어떤 분야를 강의하십니까?

성공 프레젠테이션의 기술, 파워포인트/프레지 실무 활용, 멀티미디어 활용 교수법 등에 대해 강의하고 있는 프레젠테이션 전문 강사입니다. 2005년에는 국내에서는 처음으로 마이크로소프트 파워포인트 MVP를 수상했습니다.

어떻게 강사가 되셨습니까?

1992년 첫 직업은 잡지·서적 디자이너였고, 가끔 파워포인트 문서를 보기 좋게 만들어 주는 일을 했습니다. 고객사의 요청으로 가끔 파워포인트 강의를 했지만 주업은 역시 디자인이었습니다.

1999년 MS-Office 프로그램 교육컨설팅을 주 사업으로 하는 오피스튜터가 창립되면서 오피스 전문가가 필요하게 되었고, 제가 파워포인트 강사로 발탁되었습니다. 단순 기능 위주가 아닌 프레젠테이션 디자인 경험을 바탕으로 한 강의를 했고, 교육생들에게 최고의 피드백을 받게 되었습니다. 이후, 삼성SDS멀티캠퍼스, 크레듀, 한국리더십센터 등과 같은 교육전문기관을 통해 삼성전자, 현대 등 대기업 직원을 대상으로 강의를 할 수 있게 되었습니다.

2007년에는 행정자치부(현 안전행정부)의 의뢰로 공무원을 대상으로 한 '브리핑 능력 향상과 프레젠테이션'이라는 사이버 강좌를, 2008년에는 검찰청의 '파워포인트를 활용한 법정 증거의 시각 자료화 기술'이라는 사이버 강좌를 각각 제작하면서 강의 범위를 공무원으로 확대하게 되었습니다. 2008년에는 한국대학교육협의회(대교협) 고등교육연수원에서 전국 대학 교수들을 대상으로 강의를 하게 되었고, 교육에 참석한 교수님들의 소개로 전국 각 대학교에서도 강의를 하게 되었습니다. 즉, 교육전문기관에서 출발해, 대기업, 정부, 대학에 이르기까지 강의 범위를 점점 넓히고 있습니다.

나만의 독창적인 강의 준비나 방식이 있으시다면?

가장 중요한 것은 강사의 경험이라 생각합니다. 20년이 넘게 프레젠테이션 디자인해 온 경험과 노하우를 최대한 강의를 통해 전달하려 노력합니다. 작업 속도를 두 배 이상 빠르게 하는 방법, 명품 디자인 기술, 학습자의 관심을 이끌어 내는 방법 등을 개발했으며, 이론을 설명한 후 실제 사례를 실습해 봄으로써 교육생들의 경험치를 두 배 이상 향상시킬 수 있도록 해 줍니다.

좋은 강의를 위해 프레젠테이션과 관련된 서적, 강연 등을 섭렵하고 있으며, 교육생들이 현업에서 즉시 활용할 수 있는 아이템 및 템플릿 등을 만들어 제공하며, 교육 내용을 고스란히 담은 최고 품질의 교재를 제공합니다.

결과적으로 제 교육을 받은 분들은 강사의 소중한 경험과 노하우와 고품질의 소스·교재를 제공받게 되는 것이죠.

평생 잊지 못할 강의가 있다면 어떤 것이었습니까?

2006년 가을 검찰청에서 검사들을 대상으로 강의를 하게 되었는데 강의 대상에 대한 부담감 때문에 많이 긴장했던 것이 생각납니다. 하지만 개인적인 편견과 달리 강의에 참석한 검사들은 마치 대학생처럼 제 안내에 잘 따라 주셨고, 다른 어느 곳보다 좋은 강의를 할 수 있게 되었습니다. 당시 경험을 통해 직업과 상관없이 모두 똑같은 사람(교육생)이라는 것을 깨달았고, 이후 어떤 자리에서도 떨지 않고 자신감 있게 강의를 진행할 수 있게 되었습니다.

명강사의 조건은 무엇입니까?

강의 분야에서 최소 10년 이상의 실전 경험이 있으며, 자신의 경험과 노하우 중에서 현실적으로 적용 가능한 것만 선별해 정확하게 전달할 수 있는 강사. 이를 위해 '좀 더 나은 방법은 없는가?' '이 방법이 최선인가?' '전달할 수 있는 더 좋은 소스는 없는가?' 하고 항상 생각하고 연구합니다.

청중이나 수강생에게 한마디로 어떤 강사로 기억되고 싶으십니까?

프레젠테이션 최고 전문가로 교육생의 삶과 직업에 도움이 되는 강사.

평소 닮고 싶은 모델 강사가 있다면 누구이며, 어떤 점을 닮고 싶으신지요?

스티브 잡스. 강사는 아니지만 제가 하고 있는 분야인 프레젠테이션의 본질을 정확하게 알려 줬다는 점에서 가장 본받고 싶습니다.

강사가 되고 싶지만 길을 모르는 후배들에게 '강사가 되는 길'을 안내해 준다면?

일단 해당 분야의 전문가가 되라고 조언해 주고 싶습니다. 관련 커뮤니티에 열정적으로 참가하세요. 그러면 기회가 주어질 것입니다. 그리고 주어진 첫 번째 강의를 잘해 내야 합니다. 그래야 다음 기회가 주어지니까요. 일단 시작하면 다음은 어렵지 않습니다.

그 밖에 초보(예비) 강사들에게 들려줄 조언 한 말씀 부탁드립니다.

강사로서 가장 중요한 것은 '전문성'과 '현실성'의 균형입니다. 아무리 좋은 내용이라도 현실과 동떨어져 있다면 무의미합니다. 학습자의 수준과 니즈를 파악하고 현실적으로 적용할 수 있는 해법과 유용한 소스를 제공해 주세요.

그리고 교육생들이 숨 쉴 수 있는 '여백'을 줘야 합니다. 초보 강사들이 가장 많이 하는 실수는 의욕과 열정이 넘친 나머지 자신의 모든 것을 전달하면서 휴식 시간도 거의 주지 않고 강의 시간을 넘기는 것입니다. 교육생은 기계가 아니라 사람입니다.

적절한 휴식은 강의 몰입도를 높여 주며, 일찍 끝내는 것을 싫어하는 청중은 없습니다.

“Earn more, Learn More!”

이영민(액션러닝코리아 대표/actionlearningkorea@gmail.com)

저서: 리더십 대탐험(다만북스, 2006), 강사를 살리는 아이스 브레이킹 101(한국리더십센터, 2013), 강의를 살리는 스팟 테크닉 101(한국리더십센터, 2013), 조직 활성화를 위한 팀 빌딩(베이스캠프, 2006)

주로 어떤 분야를 강의하십니까?

저는 액션러닝과 코칭 리더십의 조화를 꿈꾸는 액션러닝 퍼실리테이터이며, ‘교수법—창의적 액션러닝 교수법’ ‘리더십—브라이언 트레이시 성취 심리 세미나, 사람을 살리는 코칭 리더십 게임 A to Z’ ‘팀빌딩—조직을 살리는 팀 빌딩 게임 A to Z’ 이 세 가지가 제 강의 진행의 80%가 되지요.

어떻게 강사가 되셨습니까?

1999년 가을에 3박 4일 성취 심리 리더십 강의와 2000년 봄, '성공하는 리더들의 일곱 가지 습관' 강의를 들으면서 강의 세계에 발을 딛게 되었습니다.

브라이언 트레이시(Brian Tracy)의 Maximum Achievement 강의를 매월 재수강하면서 강사 과정의 기회를 갖게 되었습니다. 같은 방식으로 '7 habits 강사 과정'을 이수하면서 성공하는 십 대를 위한 7가지 습관 과정 개발과 강의를 하게 되었고, 성취 심리 강의를 기업과 공무원, 대학에서 하면서 자연스럽게 2박 3일 과정에 요구되는 강사의 퍼실리테이팅 스킬과 강의 기술에 대한 관심이 지금의 액션러닝 교수법 강의로 연결되었습니다. 한국리더십센터, 브라이언 트레이시코리아, 중앙공무원교육원, 대학교육협의회 고등교육연수원, 기업연수원, 교육부 연수원 등에서 강의를 해 오면서 여기까지 오게 되었습니다.

나만의 독창적인 강의 준비나 방식이 있으시다면?

콘텐츠 개발은 강사에게 전부입니다. 결국 자기만의 색깔을 가지고 자기 브랜드가 될 수 있는 콘텐츠를 찾거나 만들어야 하는데, 강사 자신이 좋아하거나 강의를 잘할 수 있는 정말 좋은 콘텐츠가 있다면, 그 콘텐츠를 일반 과정과 강사 과정을 통해 자신의 것으로 만들 수 있는 것이 최상이라고 생각합니다. 이것저것 짜깁기한 특강이나 그런 식으로 과정을 개발한 아류들은 들을 때뿐이지 결국 청중에게 영향이나 감동을 주지 못합니다. 책 읽기와 세미나 참석을 통한 자기계발은 강사로서 기본적으로 가져야 할 습관인데 이것을 가지게 된 것이 행운이지요.

강의 준비는 전체 큰 틀에서 세부적인 내용으로 강의 내용을 이해하고 체험할 수 있는 좌뇌·우뇌 학습이 되도록 준비합니다. 강의 방식은 액션러닝으로 액션 50%, 러닝 50%로 학습 참여자와 함께하는 체험학습으로 진행하려고 많은 노력을 합니다.

평생 잊지 못할 강의가 있다면 어떤 것이었습니까?

강의를 시작하면서 강사로서 많은 경험과 강의에 대한 통찰력을 얻게 된 것은 2001~2002년(20개월)에 하이닉스 전 직원에게 2박 3일로 진행된 피닉스챌린지 리더십세미나였습니다. 이는 잊을 수 없는 강의 기회였습니다. 매주 2회씩 이천, 청주, 구미에서 진행된 강의를 통해서 강사로서의 기본 자세를 익히고 훈련을 잘 받을 수 있었습니다. 지금은 이런 기회를 얻기가 쉽지 않다는 것이 아쉽습니다.

명강사의 조건은 무엇입니까?

먼저 명강사라는 말에 대한 정정을 하고 싶습니다. 강사면 되었지, 명강사라는 이익 집단을 만든다든가 한 주간의 시간을 거쳐서 명강사라는 호칭을 줌으로써 명강사가 만들어지는 것은 아니라고 생각합니다. 제가 생각하는 강사의 조건은 '강사로서의 비전과 목표가 구체적이고 분명한 사람이냐?' 하는 겁니다.

강사로서의 신념이나 가치관이 책 읽기를 즐겨 하고 배우는 것이 기쁜 사람, 사람들을 만나는 것이 좋은 사람이어야겠지요. 강사로서의 자기 철학이 세워지고 교육을 통해서 리더가 세워지고, 배우고 깨닫는 것을 다음 세대에게 섬기는 리더로 임한다면 정말 좋은 강사가 되리라고 생각합니다.

강사로서 저의 좌우명은 "Yes, We are here to Serve You!"와 "우리는 개인과 조직의 잠재 능력을 열어 목표 달성을 돕는다!"입니다.

평소 닮고 싶은 모델 강사가 있다면 누구이며, 어떤 점을 닮고 싶으신지요?

평소 닮고 싶은 모델 강사는 브라이언 트레이시입니다. 목표 달성을 돕는 강사로서 철저한 현장 경험과 규율적인 독서와 세미나 운영을 통해 자기계발에 성공한 그가 나의 마음속 롤모델입니다. 그의 저술 활동과 과정 개발에 대한 창의적인 아이디어는 충분한 롤모델이 됩니다.

강사가 되고 싶지만 길을 모르는 후배들에게 '강사가 되는 길'을 안내해 준다면?

요즘 강사가 되고 싶다는 수많은 분을 만납니다. 그러나 강사가 되는 길이 그렇게 쉽지만은 않지요. 자신이 하던 일이 무엇이든 강사라는 영역으로 들어올 때 준비하고 겪어야 할 경험과 배움이 3박 4일이나 한두 달의 속성 과정으로 만들어지는 것은 아니라고 생각합니다.

적어도 도제 시스템으로, 자신이 강의하고 싶은 영역이나 주제에 롤모델을 찾아서 다양한 청중과 대상을 경험하고 강의 그 밑에 깔려 있는 수많은 것을 보고 듣고 느끼면서 체험하는 그런 러닝과 티칭이 필요하다고 생각합니다. 몇몇 이름 있는 강사의 특강으로 방송과 언론 플레이를 통해서 보이는 것에 현혹될 필요도 없고, 자칭 명강사 양성의 최고 기관이라고 하는 것을 거치면 금방이라도 강사로 세워져 강의할 수 있는 것처럼 조급해 해서도 안 됩니다.

한국리더십센터, 피닉스리더십센터, 데일카네기센터, 크리스토퍼 리더십센터, 존맥스웰리더십, 기타 수많은 리더십센터와 코칭 센터를 통해서 수천 명의 강사와 코치가 양성되지만, 현실적인 직업으로서의 강사나 이상적인 강사로 역할을 제대로 해내기가 만만치 않다는 것이 강사의 세계입니다.

그 밖에 초보(예비) 강사들에게 들려줄 조언 한 말씀 부탁드립니다.

'No Pain, No Gain!' 고통 없이 얻는 것이 없다고 하지요. 너무 쉽게, 너무 빨리, 너무 의존적으로 강사가 되려고 하지 마십시오. 계획과 준비 없이 강사의 세계에 뛰어들려고 하지 마시고, 체계적으로 덤비는 것이 좋습니다. 특히 부탁드리고 싶은 것은 (몇몇 컨설팅 회사를 제외하고는) 거의 대부분의 강사를 관리하고 강의를 주는 중간 업체에 휘둘리지 말라는 것입니다. 강의 콘텐츠를 가지고 강사로서의 브랜드를 만들기도 전에, 빨리 강의 세계에 뛰어들기 위해 영혼 없는 기간을 보내지 말라는 이야기입니다.

강사 양성을 하고 강사들에게 강의를 주면서 일정 기간 정말 말도 안 되는 강사료로 강의를 시키는 그런 곳도 너무나 많습니다. 그래서 시간을 가지고 자신이 정말 강의해 보고 싶은 분야와 대상을 탐색하여 꼭 배우고 싶거나 본받고 싶은 롤모델을 정하라고 말씀드린 것입니다.

"Earn more? Learn More!" 더 많이 벌고 싶으세요? 그럼 더 많이 배우세요! 강사가 되기로 마음을 결정했다면, 먼저 책을 읽는 습관을 규율적으로 가지세요. (책을 읽지 않는 강사가 많더군요.) 두 번째로, 습관적으로 다른 사람의 강의를 들으세요. (오디오, MP3 파일로 들을 수 있는 좋은 강의가 많습니다.) 세 번째로, 강사로 세워지기 위해서 리더십, 코칭, 인문학 등(순수학문)과 진단, 교수법, 서비스 등(응용학문)에 대한 강좌를 지속적으로 수강하세요. (두드리고, 찾고, 물어보면 가르쳐줍니다.) 네 번째로, 강사로서의 자기 성찰과 사명을 가지고 있는 순수한 꿈을 가지고 있는 강사들과 모임을 가지려고 노력하고 그 속에 정기적으로 참여하세요. (많은 자극과 반성을 할 수 있는 기회가 주어집니다.) 마지막으로, 하루하루 순간순간을 제때 제대로 시작하고 마무리하세요. (자신과의 싸움에서 승리하시기를 기대합니다.)

이 책을 손에 들고 강사의 세계에 첫발을 디딘 여러분에게 행운이 함께하기를!

강사는 '을'이다

이용섭(중앙선거관리위원회 선거연수원 교수/ysgood@korea.kr)

주로 어떤 분야를 강의하십니까?

저는 중앙선거관리위원회 선거연수원에서 교수로 재직하고 있습니다. 일반 행정직 공무원이지만 최초로 직위 공모를 통해 교수가 되었습니다. 정당·선거 관계자를 대상으로 유권자의 마음을 사로잡는 방법, 유권자인 전 국민을 대상으로 '사회적 가치 실현을 위한 민주시민의 역할' '주권의 가치와 참여' 등에 대하여 강의하고 있습니다. 주요 강의 대상은 정치인, 정당의 당직자, 공무원, 대학생, 교사, 시민단체 회원 등입니다. 선거연수원 외부 초빙 교수를 양성하고 강의 콘텐츠를 개발하여 보급하기도 합니다.

어떻게 강사가 되셨습니까?

나이 사십에 첫 강의를 했습니다. 2001년 사무관으로 승진을 해서 경기도 의정부시선거관리위원회 사무과장 발령을 받았을 때입니다. 경기도 제2청에서 선거 담당자 교육을 해 달라는 요청이 있었는데, 교육이 20일도 남지 않은 상황이었습니다. 학창 시절에는 그 흔한 학급 회장도 한 번 해 보지 않았고 공직생활은 행정 업무만 하다 보니 마이크 잡을 기회조차 없었습니다.

새벽 5시에 일어나 산에 올라가 연습을 했습니다. 2시간 출퇴근길을 일부러 걸어 다니면서 연습했습니다. 당연히 사무실에서도 연습했습니다. 퇴근 후에도 밤늦게까지 연습했습니다. 하루에 15시간 넘게, 100번을 넘게 연습했더니 강의가 처음부터 끝까지 술술 풀렸습니다. 이렇게 첫 강의가 끝났습니다.

그러자 경기도청에서 '이용섭'이라고 찍어서 강의 요청이 들어왔고, 경기도 내 선거 담당자 교육, 읍·면·동장 교육 등을 하게 되었습니다. 경기도선거관리위원회에서 소문을 듣고 직원들에게도 강의해 달라고 요청했고, 선거연수원에도 소개해 줬습니다. 선거연수원에서 직원 대상 강의를 하게 되었고 국회, 정당, 경찰청, 지방행정연수원, 해양경찰학교, 대학, 시민단체 등에 강의할 기회도 주어졌습니다. 8년 동안 맡은 업무도 하면서 강의를 다녔습니다.

2008년 12월 중앙선거관리위원회에서 선거연수원 교수 직위 공모를 했습니다. 한 자리였는데, 그것이 지금의 나를 있게 했고 운명을 바꿔 놓았습니다. 강의는 처음이 마지막입니다. 첫 강의가 실패했더라면 지금의 나는 없었을 것입니다. 성공한 이유는 한 가지입니다. 수요자가 필요로 하는 강의를 했기 때문입니다. 10여 년 동안 선거 범죄를 단속하면서 경험한 노하우가 공무원이 업무

수행 시 발생할 수 있는 위반 사례별 궁금증을 해결해 줄 수 있었고, 예방할 수 있는 방법까지 알려 줄 수 있었습니다. 선거 범죄 단속과 강의는 전혀 상관없다고 생각할 수 있지만, 한 분야만 팠던 것이 남들과 차별화되는 강점이 되었습니다.

나만의 독창적인 강의 준비나 방식이 있으시다면?

저는 항상 가방을 들고 다닙니다. 책 한 권, 필기구와 메모지, 휴대전화가 들어 있습니다. 메모하고 사진 찍는 일을 24시간 할 수 있습니다. 읽은 책에 그어 놓은 밑줄 하나, 책상 앞에 붙인 포스트잇 메모 하나, 신문 기사, 지하철 광고 카피, 페이스북 글, 술자리 대화 등 일상이 강의 자료입니다. 이 모든 것이 콘텐츠 개발입니다.

평생 잊지 못할 강의가 있다면 어떤 것이었습니까?

2010년 제5회 지방선거를 앞두고 전국을 다니면서 후보자와 선거 사무소 관계자를 대상으로 강의를 했습니다. 그동안은 선거법을 몰라 위반하는 사례가 없도록 안내해 왔습니다. 그런데 법을 지키면서도 자신을 충분히 알릴 수 있다면 굳이 법을 어길 이유가 없을 것이라는 생각이 들었습니다. 그래서 처음으로 유권자에게 자신을 알릴 수 있는 방법에 대하여 강의를 했습니다. 기존의 강의 틀을 깬 것입니다. 강의가 끝난 후 박수 소리 하나면 알 수 있습니다. 그 강의는 지금도 가슴을 뛰게 합니다.

명강사의 조건은 무엇입니까?

강사는 '을'입니다. 이것 하나만 생각하면 답이 나옵니다. 선거연수원 초빙 교수 양성 과정에서 전하는 메시지입니다. '을'이 된다는 것은 스스로 낮추는 것입니다. 청중을 이해하고 감동을 주고 행동하게 하여 삶의 가치를 창조하겠다는 의지인 것입니다. '국민을 섬기는 정치인' '정치인을 자랑하는 국민'이 제게는 화두입니다. 여러분도 화두 하나쯤 가져 보시기 바랍니다. 그럼 '을'이 될 수 있습니다.

평소 닮고 싶은 모델 강사가 있다면 누구이며, 어떤 점을 닮고 싶으신지요?

모델 강사가 꼭 강사일 필요는 없다고 생각합니다. 한 분야에 일가를 이룬 사람은 명강사라고 생각합니다. 일만 시간의 법칙을 아십니까? 한 분야에서 전문가가 되기 위해서는 일만 시간이라는 노력이 필요하다는 것입니다. 일만 시간은 하루에 3시간씩이면 10년입니다. 『행복한 고집쟁이들』(박종인, 나무생각)에 나오는 지구촌에 살고 있는 누구라도 눈물을 흘려 줄 음식을 만들기 위해 30년간 자장면을 만드는 사람, 두 손이 없는 불편한 몸으로 염전 일을 하면서 15년 동안 독거노인과 복지단체에 소득의 10%를 기부하는 사람, 이런 분들이 바로 그러한 예입니다.

강사가 되고 싶지만 길을 모르는 후배들에게 '강사가 되는 길'을 안내해 준다면?

강의에 푹 빠져 살았습니다. 걸어 다니면서 큰 소리로 발성 연습도 하고 제스처 연습도 했습니다. 눈을 뜨면 화장실에 들어가 거울을 보고 웃는 연습을 했습니다. 아파트 엘리베이터 거울을 보고 연습을 하고, 지하철 검은 벽면을 보고도 연습을 했습니다. 사무실 책상에 탁상 거울을 두고 전화를 하거나 틈만 나면 '씨익' 웃었습니다. 발음 교정을 위해 아침마다 30분씩 젓가락을 물고 동화책을 읽기도 했습니다. 강사 양성 과정도 다니고 주말에는 강의 세미나를 찾아다녔습니다. 2009년도에는 중앙공무원교육원에서 개최하는 강연경연대회에 출전해 입상도 했습니다. 초시계로 시간을 재면서 1,000번을 넘게 연습했습니다. 지금까지 강의하고 배운 것보다 더 많이 배우고 느꼈습니다. 강의하시는 분은 꼭 해보시길 권합니다. 왕도는 없습니다.

그 밖에 초보(예비) 강사들에게 들려줄 조언 한 말씀 부탁드립니다.

결과에 일희일비(一喜一悲)하지 마십시오. 작은 일에 기뻐하고 성장하는 과정을 즐기십시오. 10년이면 됩니다.

新머피의 법칙

- 치통의 법칙: 치통은 치과 문 닫는 토요일 오후부터 시작된다.
- 수면의 법칙: 코를 심하게 고는 쪽이 항상 가장 먼저 잠든다.
- 라디오의 법칙: 라디오를 켜면 언제나 좋아하는 노래의 마지막 부분이 나온다.
- 메모의 법칙: 펜이 있으면 메모지가 없고, 메모지가 있으면 펜이 없고, 둘 다 있으면 메모할 일이 없다.
- 바코드의 법칙: 사면서 좀 창피하다는 생각이 드는 물건일수록 계산대에서 바코드가 잘 찍히지 않는다.
- 인체의 법칙: 들고 있는 물건이 무거울수록, 그리고 옮겨야 할 거리가 멀수록 코는 그만큼 더 가렵다.
- 버스의 법칙: 버스 안에서 간만에 좋은 노래가 나올라치면 꼭 안내방송이 나온다.
- 아이디어의 법칙: 좋은 아이디어는 꼭 샤워할 때나 용변 볼 때 떠오른다. 메모할 수가 없어서 아이디어를 놓치고 만다.

밝은 영향을 주는 강사

전미옥(CMI연구소 대표/sabopr@hanmail.net/SNS: www.facebook.com/jeonmiok.com)

저서: 通하는 사람이 이긴다(백산출판사, 2014), 상사 동료 후배 내 편으로 만드는 51가지(마일스톤, 2013), 취업 필승 전략 119(끌리는책, 2013), 오래 뜨겁게 일한다(나무발전소, 2012), 여자의 언어로 세일즈하라(갈매나무, 2011), 스무살 때보다 지금 더 꿈꿔라(지훈, 2010)

주로 어떤 분야를 강의하십니까?

강의 분야는 '자기계발, 리더십, 역량 강화' '커뮤니케이션' '퍼스널 브랜드' 이렇게 크게 세 가지로 분류합니다. 리더가 되고자 하는 사람과 리더를 대상으로 하기에 끊임없는 자기계발과 역량 강화가 필요하고, 조직 내외의 사람들과의 관계를 위한 커뮤니케이션을 통해 자신만의 퍼스널 브랜드가 생긴다는 전제

하에 콘텐츠를 기획, 개발, 확산하고 있습니다.

어떻게 강사가 되셨습니까?

직장생활을 하면서 상사인 멘토에게 "당신은 전문가로 살 사람이다."라는 조언을 들으면서 강의를 하게 되었습니다. 당시 저는 기업 홍보실에서 사보를 만들고 있었고, 이의용 교수님이 쌍용그룹 홍보팀장이었습니다. 업계의 선배님의 길을 더듬어 보니 강의를 하고 책을 쓰셨기에, 자연스럽게 저도 그 길을 걷게 되었습니다. 처음에는 제가 하고 있는 영역인 사보 분야에서의 전문가를 꿈꿨고, 모 협회에서 사보 사례 연구라는 제목으로 강의를 시작하게 되었습니다. 서른 살부터 강의를 시작했습니다.

처음에는 제 업에서의 전문성을 키우기 위한 강의를 시작했습니다. 이후 대우중공업에 근무했는데, 대우 사태가 나면서 서울경제신문 어린이 서울경제신문 편집장으로 재직했고, 이 신문이 분사를 하면서 자연스럽게 독립을 하게 되었습니다. 앞으로 5년 후, 10년 후 내 미래는 어떻게 될 것인가, 나에게 스타 비즈니스는 어떤 것인가를 고민할 즈음, 저에게 경쟁력 있는 부분은 '일하는 여성'이라는 생각을 하게 되었습니다. 이후 책을 내게 되었고, 저자 특강을 하면서 본격적으로 전문 강사로서의 직업을 갖게 되었습니다.

저는 책–칼럼–방송–강의 등으로 연계되는 원소스 멀티유즈(One Source Multi Use)를 고민하면서 콘텐츠를 기획합니다. 칼럼이 모아져서 책이 되고, 책으로 강의를 하고, 다시 칼럼의 한 테마를 방송으로 연계하는 과정입니다. 그렇기에 욕심을 내서 책을 발간하고 강의를 해 오고 있습니다. 저만의 콘텐츠를 고민했던 것이 지금까지 강사로 자리 잡는 계기가 되었다고 생각합니다.

나만의 독창적인 강의 준비나 방식이 있으시다면?

책을 발간하기 위한 기획 자체에 강의도 기획하고 준비합니다. 책의 한 챕터 한 챕터는 강의의 한 모듈 한 모듈로 연결되어 기본적으로 원데이 교육을 할 수 있도록 기획합니다. 책이 나올 즈음 출간 기념 강연회나 토크쇼를 기획하고 책 마케팅을 하면서 강의의 시작을 알렸습니다. 제 경우는 '저자 특강' 형식으로 2시간 기준의 특강을 많이 했기에 책과 출판사를 통해 저를 알리는 홍보와 마케팅을 했습니다.

최근 몇 년 동안은 연극을 배우고 연극 무대에 서 보면서 강의 방식에 대해 고민하는 시간을 많이 가졌습니다. 혹은 매주 서너 개의 TV와 라디오 프로그램에 출연하면서 강의 무대에서의 자신감을 만드는 시간을 가지기도 했습니다.

평생 잊지 못할 강의가 있다면 어떤 것이었습니까?

저자로서의 첫 강의, 교보문고에서 첫 책 저자 강연회를 가졌던 2003년입니다. 떨리는 마음으로 저자 사인을 위해 만년필까지 준비했으니까요. 지금 펼쳐 보면 허술한 강의 자료였지만, 그간의 전문 분야가 아닌 다른 분야로의 터닝 포인트가 되는 시간이었기에 제게는 굉장히 소중한 시간이었습니다.

CEO를 대상으로 하는 조찬 강연도 있습니다. 아침 조찬 강연회에서 경영자들을 대상으로 한 강의를 하게 되었고, 이 강의 내용은 모 방송국에서 라디오 특강으로 진행하는지라 녹음도 되는 상황이어서 한 시간 특강 내내 긴장했어요. 한 경영자께서 독일 병정처럼 차렷 자세로 어떻게 말은 술술 잘하냐고 하시는데, 식은땀도 흐르고 긴장을 많이 했던 시간이었습니다. 덕분에 최고경영자 과정 강의를 할 수 있게 되었고요. 나중에 라디오 방송으로 나오는 제 목소리를 들으면서 뿌듯했던 기억이 있습니다. 그렇게 '첫' 경험들은 저에게 아름다운 기억으로 남았고, 저를 성장하게 만든 디딤돌이 되었네요.

명강사의 조건은 무엇입니까?

이의용 교수님의 말씀처럼 명강사는 明강사가 되어야 한다고 봅니다. 다른 사람들에게 밝은 영향을 줄 수 있는 강사. 본인의 말 한마디 한마디가 수강생들에게 큰 영향을 미치기에 본인 스스로 밝고 환한, 긍정적인 가치를 품고 살아야겠지요. "하늘은 스스로 돕는 자를 돕는다."가 아니라 "하늘은 남을 돕는 자를 돕는다."가 제 좌우명입니다.

청중이나 수강생에게 한마디로 어떤 강사로 기억되고 싶으십니까?

밝은 영향을 주는 강사입니다.

평소 닮고 싶은 모델 강사가 있다면 누구이며, 어떤 점을 닮고 싶으신지요?

이의용 교수님. (웃음) 사보 기자 시절부터 업계 선배로 그분처럼 전문가가 되기 위해 노력해 왔지요. 멘토의 끊임없는 자기계발 노력(책 발간, 칼럼 저술, 강의, 신앙 생활), 강사로서의 콘텐츠 발굴 노력(동영상 자료 포함), 후배–후학–제자들을 위한 사랑에서 비롯되는 강의 교과목 커리큘럼을 닮고 싶습니다.

강사가 되고 싶지만 길을 모르는 후배들에게 '강사가 되는 길'을 안내해 준다면?

자신만의 킬러 콘텐츠를 만드세요. 강의 스킬은 이후에 충분히 쌓아갈 수 있습니다. 자신만의 콘텐츠는 요즘은 블로그 등에 칼럼으로도 연계될 수 있습니다. 내가 제일 잘하는 것, 관심 있는 것, 다른 사람들도 좋아하는 것, 앞으로 5년 후를 준비할 수 있는 것 등으로 공통 범위를 만들면서 나만의 콘텐츠를 만들어 보세요. 저 역시 앞으로 3년, 5년 후를 바라보면서 계속 고민하고 도전하고 있습니다. 그러려면 열심히 공부, 자기계발을 해야겠지요.

그 밖에 초보(예비) 강사들에게 들려줄 조언 한 말씀 부탁드립니다.

나는 왜 강의를 하는가? 이런 질문에 답을 찾아보세요. 저는 전문가가 되고 싶었고, 그런 과정 중에 강의가 있었거든요. 강의를 한다면, 누구를 대상으로 한, 어떤 주제의 강의를 하고 싶은지를 고민해 보세요. 그것은 내 인생의 목적과도 연결되고 직업적인 만족감과도 연결될 겁니다.

물이 주는 7가지 교훈(노자)

1. 낮은 곳으로 흐르는 '겸손'
2. 막히면 돌아가는 '지혜'
3. 구정물까지 받아 융합하는 '포용력'
4. 어떤 그릇에도 담기는 '융통성'
5. 바위도 뚫는 '인내와 끈기'
6. 장엄한 폭포처럼 투신하는 '용기'
7. 유유히 흘러 바다를 이루는 '대의'

삶을 통해 강의를 하자

한건수(불평 없는 세상 만들기 대표/gshan@cfwkorea.org/blog.naver.com/cie978)

저서: 평생감사-실천편(공저, 생명의말씀사, 2012)

주로 어떤 분야를 강의하십니까?

저는 예닮이란 호를 가지고 있고, 예닮은 저의 삶의 중요한 가치를 표현한 단어로 '예수님을 닮아가기'란 뜻을 표현해 줍니다. 그 표현 그대로 저는 삶의 중요한 가치를 느끼고, 실천할 수 있는 강의를 주로 합니다.

주 강의 분야는 핵심 가치 중심의 조직 문화와 가치 중심의 커뮤니케이션입니다. 개인 차원에서는 비전이나 시간관리와 같은 셀프 리더십 강의를 주로 합니다. 자주 하는 강의 제목은 '감사로 힐링하라.' '불평 없는 조직 만들기' '감사로 시간을 경영하라.' 등이 있습니다.

어떻게 강사가 되셨습니까?

제가 본격적으로 강의 활동을 하게 된 것은 2006년 정도로 기억합니다. 한국리더십센터의 시간관리 관련 강의로 데뷔하여 제가 컨설턴트로 담당하던 공기업에서 특강을 하게 되었고, 그 이후로 성공하는 리더들의 일곱 가지 습관(The 7 habits of highly effective people) FT(facilitator)가 되어 글로벌 명품 프로그램을 강의할 수 있는 기회가 생겼습니다.

저의 학부 전공은 제어계측공학입니다. 빌 게이츠(Bill Gates)가 되겠다고 들어갔던 대학이었고, 남들보다 빨리 코딩을 시작해서 군대 대신에 병역 특례로 프로그램 코딩을 전문적으로 시작했습니다. 2011년 내비게이션 개발을 전문으로 하는 IT 회사에 공채 1기로 입사하여, 밤낮으로 코딩을 한 기억이 있습니다.

이후로도 회사를 옮겨 24시간 실시간 레코더인 DVR(Digital Video Recorder)을 개발하였습니다. 그런 과정에서 프로그램 개발자로서의 일상이 익숙해질 무렵, 뭔지 모르는 두려움이 생기기 시작했습니다. 그 두려움은 능력의 한계에서 오는 불투명한 미래에 대한 두려움이었습니다. 그래서 미래에 내가 어떤 일을 하면 행복할지 생각해 보았습니다. 그때 저에게 했던 질문이 '살아오면서 언제 가장 행복했는가?'입니다. 그 단순한 질문에 저도 모르게 순간적으로 두 가지 키워드가 떠올랐습니다. '프레젠테이션'과 '리더십'. 리더 자리에 있을 때의 순간과 대학교 4학년 때 선배들 앞에서 졸업 작품과 관련된 프레젠테이션을 하는데 선배들이 행복해하는 모습이었습니다.

그러고 나서 이 두 가지 키워드를 아주 잘하는 회사를 생각해 보았고, 당시 프랭클린 플래너를 활용하고 있던 저는 한국리더십센터를 검색했습니다. 이후 한국리더십센터에서 일하는 사람들을 보다가 문득 상담을 받고 싶어서 그 자리에서 이메일 한 통을 보냈습니다. 김경섭 회장님이 감사하게 회신을 주셨고, 그것이 계기가 되어 한국리더십센터의 IT를 담당했던 '웹플랜'이란 회사에서 IT 담당자로 있다가 1년 만에 한국리더십센터로 부서를 옮겨 컨설턴트의 길을 걷게 되었습니다. 다양한 기업의 니즈에 맞는 교육을 진행하면서, 탁월한 교수님들의 강의를 많이 접하게 되었고, 교수님들에게 마인드와 스킬을 배울 수 있었습니다. 이후 사내 프랭클린 플래너 시간관리 강사로 데뷔해서 대형 문고에서 시간관리 강의를 진행하였으며, 클라이언트였던 공공 부문의 사내 특강으로 강의를 진행하게 되었습니다.

이후 '성공하는 리더들의 일곱 가지 습관' 같은 워크숍을 2박 3일 과정으로 진행하며, 특강에서 벗어나 워크숍 형태의 교육을 진행하게 되었습니다. 처음엔 나이가 젊어서 청소년 대상의 강의를 많이 진행하였습니다. 이후 유학을 위해 퇴사를 결심하였고, 유학이 연기되면서 '불평 없는 세상 만들기'라는 글로벌 캠페인을 연계한 '서울형 사회적 기업'을 시작하게 되었습니다. 공개 과정으로 성인을 대상으로 불평 없는 세상 만들기 캠페인 특강과 강사 양성 과정을 진행하였고, 이후 감사(gratitude)란 가치 중심의 기업교육을 전문적으로 진행하게 되었습니다.

나만의 독창적인 강의 준비나 방식이 있으시다면?

콘텐츠 개발은 어떤 콘텐츠를 전달할 것인가와 어떻게 전달할 것인가가 중요합니다. 우선 잘 전달하기 위해서 저는 창의적 교수법을 바탕으로 설계합니다. 창의적 교수법이란 밥 파이크(Bob Pike) 목사가 개발한 교수법으로, 성공하는 리더들의 일곱 가지 습관 같은 명품 프로그램의 설계에 근간이 되었으며, 이 교수법을 통해 참가자 중심의 참여적 기법으로 콘텐츠를 잘 전달할 수 있는 지혜를 배웠습니다.

콘텐츠 선택을 위해서는 책을 보면서 어떤 콘텐츠가 나에게 맞는 것인지를 생각해 봅니다. 중요한 것은 이 콘텐츠는 내가 전달할 때 더 잘 전달할 수 있는 것인지를 질문하며 시험해 보는 것입니다. 예를 들면, 콘텐츠를 개발하기 전에 누군가를 만나 내가 읽었던 책의 내용을 자연스럽게 전달하고 있는지를 체크해 봅니다. 그때의 반응도 체크해 봅니다.

공개 과정을 열어 시범으로 강의를 진행해 보면 가장 확실하겠지만, 그런 환경에 놓이기가 힘들다면, 주변에 있는 가장 가까운 사람에게 그 콘텐츠를 이야기 식으로 전달해 보는 것도 좋은 방법입니다. 그러면서 내가 예상했던 반응과 어느 정도 일치하는지를 봅니다. 자신에게 잘 맞는 콘텐츠는 삶에서 추구해 온 가치와 해당 콘텐츠의 내용이 어느 정도는 일치합니다. 그런 콘텐츠는 전달할 때 남다르다는 생각을 상대방에게 불러일으킵니다.

자기계발은 독서와 성찰을 통해 합니다. 독서 후에 콘텐츠를 강의안으로 바로 만들어 강의할 수 있다면 좋겠지만 성찰을 통해 자기 것으로 만드는 기간이 반드시 필요합니다. 제 경우 가치에 대한 강의를 주로 하다 보니 짧게는 한 달, 길게는 수개월에 걸쳐 개발하고 시도하는 콘텐츠도 있습니다. 오랜 성찰이 주는 임팩트가 있다는 것을 반드시 기억하셨으면 합니다.

평생 잊지 못할 강의가 있다면 어떤 것이었습니까?

중·고등학교에서부터 글로벌 기업교육까지 다양한 대상을 교육하면서 많은 사람을 만나며 행복한 순간이 많았지만 스스로에게 평생 잊지 못할 강의를 뽑으라면 교도소 재소자들을 대상으로 했던 강의입니다. 인성 감화를 목적으로 진행되었던 교육으로, 일반적인 환경이 아니어서 긴장이 많이 되었던 강의로 기억됩니다. 그러나 재소자들의 태도와 달라진 표정을 보고는 정말 감사했습니다.

'감사'의 가치에 대한 강의로 진행되었는데, 한 재소자는 처음엔 엎드려 잠을 자고 경청하지 않다가, 오후 강의에서는 눈이 나빠서 그런지 찡그리면서 스크린을 유심히 쳐다보고 옆 사람과 대화까지 하는 모습까지 볼 수 있어서 가슴 아프면서도 감사한 마음이 들었습니다.

나에게 주신 '감사(gratitude)'란 주제의 강의가 새로운 생명을 위한 마중물이 될 수 있다고 생각하니 이 강의를 할 수 있도록 인도하여 주신 하나님께 마음 깊은 곳으로부터 감사하지 않을 수 없었습니다.

명강사의 조건은 무엇입니까?

'언행일치'라고 생각합니다. 저의 강의 철학은 "예수님을 닮은 사람으로서, 강의를 위해 강의를 하지 말고 삶을 통해 강의를 하자!"입니다.

청중이나 수강생에게 한마디로 어떤 강사로 기억되고 싶으십니까?

예수님을 닮은 강사.

평소 닮고 싶은 모델 강사가 있다면 누구이며, 어떤 점을 닮고 싶으신지요?

이의용 교수님. 그분의 창의성과 열정을 본받고 싶습니다. 같은 현상도 다른 각도에서 보려고 노력하시며, 떠오른 생각을 메모하는 습관을 통해 자신만의 콘텐츠를 만들어 가시는 모습이 닮고 싶은 모습이며, 교수님의 비전인 대학생을 세우고 섬기는 일에 삶을 바치는 모습이 아름다워 보이기 때문입니다.

강사가 되고 싶지만 길을 모르는 후배들에게 '강사가 되는 길'을 안내해 준다면?

강사의 길은 정해져 있지 않습니다. 강사가 되고자 하는 길을 찾을 경우 너무나도 많은 길이 있다는 것입니다. 그렇기 때문에 강사를 꼭 해야 한다는 열정이 있다면 그 길에 도달할 수 있습니다.

여기에서 중요한 것은 내가 강사가 되었는지 아닌지가 아니라 누구와 함께 그 길을 가는지입니다. 함께 가는 사람의 가치가 그 여행의 질을 결정할 것입니다. 강의도 내가 어떤 강사를 만나서 그 길을 함께 가는 동역자가 되는지에 따라 마지막 종착지가 달라질 것입니다. 세상을 밝히는 강사를 만나십시오. 그리고 그와 함께 천천히 그 길을 가십시오.

그 밖에 초보(예비) 강사들에게 들려줄 조언 한 말씀 부탁드립니다.

강사의 꿈을 가진 분들에게 저는 자신만의 삶을 표현할 수 있는 도구로 강의를 선택했으면 좋겠다는 말씀을 드리고 싶습니다. 즉, 사명이 있는 강사를 통해 강의는 힘을 발휘하게 되고, 누군가의 마음 밭에 뿌려져 열매를 맺는 씨앗이 될 것입니다. 여러분이 누군가의 삶에 가슴 뛰는 설렘을 줄 수 있는 그런 사명감 있는 강사가 되길 기대합니다.

제3부

강사 파견 기관의 교육 전문가 7명이 말하는 명강사의 조건

김건우 · 김정숙 · 박경희 · 박성 · 박효정 · 정종식 · 한순덕

사람을 사랑하고 사람 만나는 걸 좋아해야

김건우(㈜굿파트너컨설팅 팀장/www.goodpartner.co.kr)

소속 기관을 소개해 주세요.

저는 ㈜굿파트너컨설팅에서 팀장으로 근무하고 있습니다. ㈜굿파트너컨설팅은 오프라인 기업교육 업무를 10년째 하고 있는 베테랑 교육컨설팅 기관입니다. 과정 개발, 리더십 분야, 계층별 교육, 비즈니스 직무 분야, 조직 활성화, 특강 관련 부분에 대한 교육 서비스를 제공하고 있습니다.

소속 기관에서 선생님이 하시는 일은 구체적으로 무엇인가요?

프로그램 기획 및 운영, 과정 개발, 강사 선발 등에 관한 업무를 주로 하고 있습니다.

이 일을 하게 된 계기는 무엇인가요?

기업교육에 관심이 있어서 교육컨설팅 기관에 면접을 보고 취업하게 되었습니다.

이 일의 어려운 점과 보람 있는 점을 말씀해 주세요.

고객의 요구가 점차 더 세부화·다양화되고 있으며 고객의 기대 수준도 생각보다 굉장히 높아 기대를 맞추기가 어려워지고 있습니다.

교육의 목적은 '변화'에 있다고 봅니다. 교육이 지식, 스킬, 태도를 긍정적으로 변화시키는 데 도움을 주고, 교육을 마치고 교육생이나 교육담당자가 긍정적인 변화를 이루는 데 도움이 되었다는 피드백을 받을 때 가장 보람이 있습니다.

일을 진행하면서 아쉬운 점은 무엇인가요?

강사분들이 교육 전 정보 파악이 미비하거나(교육 회사, 과정 내용, 교육생 정보에 대한 파악이 부족), 교육 콘텐츠의 내용이 요구 사항에 미치지 못할 때입니다.

교육담당자로서 강사를 선정하는 기준이나 교육을 진행하는 신념이나 가치관, 교육 철학, 좌우명 등이 있다면?

학습자의 태도 변화는 가장 중요한 HRD의 목표입니다. 강사를 선정하는 문제에 있어서나 교육생들의 역량을 성장, 변화시키는 데 있어서도 태도가 가장 중요한 기준입니다.

수강생이 강사에 대해 평가할 때 가장 관심을 갖는 것은 어떤 점인가요?

학습자에 대한 진심 어린 마음과 교육 대상자들에게 부합하는 교육 내용(콘텐츠)입니다.

강의 피드백에 자주 나타나는 강사의 문제점은 주로 어떤 것인가요?

학습자들과의 호흡 부족, 전달 스킬 부족(상황에 맞지 않는 교육 내용, 상호 소통되지 않는 일방적인 교육 방법 등)입니다.

좋은 강의 반응을 얻기 위해 강사는 어떤 점에 중점을 두어야 한다고 생각하세요?

교육생들과의 호흡(가르치는 것이 아니라 교육생의 성장을 도와주는 사람), 학습자의 상황에 부합하는 교육 콘텐츠 및 운영 방식

다시 초청하고 싶은 강사, 다시는 부르고 싶지 않은 강사는 어떤 유형인가요?

다시 초청하고 싶은 강사는 회사와 학습자에 대해 사전에 숙지하고 와서 상황에 맞게 전달하고 진심 어린 마음으로 열정적인 강의를 하는 강사입니다. 다시 부르고 싶지 않은 강사는 앞 내용과 반대인 강사입니다.

최근 자주 요구하는 강의 주제(트렌드)는 무엇인가요? 앞으로 전망 있는 분야는 무엇이라 생각하시나요? 그렇게 생각하시는 근거는 무엇인가요?

최근에는 기업들이 경영상의 어려움을 많이 겪고 있기에 비용이 성과에 얼마나 기여하는가에 큰 관심을 기울이고 있습니다. 이에 모든 부분에서 '성과'라는 측면을 요구할 수밖에 없고요. 따라서 그냥 재미있는 교육이 아닌 성과 향상에 도움이 될 수 있는 분야 쪽이 좋을 것 같습니다. 그냥 폭넓은 교육보다는 직무에 연관되는 한 분야를 세부적으로 연구하고 학습하는 것이 좋을 것 같습니다.

중요하게 생각하는 명강사의 조건은 어떤 것입니까?

첫째, 교육생과의 소통은 기본입니다. 제일 안 좋은 강의는 혼자 열심히 하는 강의입니다. 교육생이 어떻게 생각하든 혼자만 열심히 하는 것은 교육생들에게 별 도움이 되지 않습니다.

둘째, 교육생이 강의를 듣고 스스로 생각하게 만듭니다.

셋째, 적합한 사례를 활용합니다.

넷째, 강의를 열정적으로 합니다.

어떤 사람이 강사로 적합하다고 생각하시나요?

첫째, 사람을 대상으로 하기에 사람을 사랑하며 사람 만나는 것을 좋아하는 사람입니다.

둘째, 상대방의 말을 잘 들어주고, 본인의 말을 잘 전달할 수 있는 장점을 가진 사람입니다.

셋째, 자신의 관심 분야를 끊임없이 연구하고 공부하기를 좋아하는 사람입니다.

앞으로 교육 시장은 어떻게 전망하시나요?

앞으로 교육 시장은 양적 성장에서 질적 성장으로 변화할 것 같습니다. 어려운 경제 상황에서 양적 성장을 기대하기보다는 주어진 예산에서 얼마나 다양하고 전문적인 교육을 할 수 있는가에 초점을 맞추어야 할 때입니다. 이에 좀 더 각 분야에서 전문적인 프로그램과 이를 뒷받침할 수 있는 강사의 육성과 성장도 필요하다고 봅니다.

명강사를 꿈꾸는 이들은 어떻게 해야 강사로 데뷔할 수 있을까요?

교육컨설팅 업체와의 만남 자리나 다양한 프로그램에 참여하는 것을 권하고 싶습니다. 교육컨설팅 업체나 〈세바시〉나 〈강연 100℃〉 같은 강사로 진출하는 기회를 얻기도 합니다. 책을 집필하는 것 또한 강사 생활에 도움이 됩니다. 다양한 사람과의 만남을 통해 트렌드를 파악하면서 자신의 콘텐츠를 미리미리 정리하고 보완해 두는 것도 필요하겠지요.

초보(예비) 강사들에게 들려줄 조언 한 말씀 부탁드립니다.

강사(講師)라는 글자에서 강(講)이 의미하는 것은 '외우다, 배우다, 익히다, 연구하다, 설명하다'라는 의미를 가지고 있으며, 사(師)는 스승이라는 의미를 갖습니다. 이는 누군가를 일방적으로 가르치는 직업이 아닌, 항상 배우고 연구하는 스승이라는 속뜻이 있는 것이지요. 이에 강사는 남 앞에 서는 직업이기에 부단히 공부하고 배우며 사람들과의 인연과 시간을 소중히 생각할 줄 알아야 합니다.

손의 십계명

1. 때리고 상처 주는 데 사용하지 않고, 등을 두드리며 격려하는 데 사용하겠습니다.
2. 싫은 일을 남에게 미루는 데 사용하지 않고, 궂은일을 솔선수범하는 데 사용하겠습니다.
3. 단점을 지적하는 데 사용하지 않고, 부족함을 채워주는 데 사용하겠습니다.
4. 차갑게 거절하는 데 사용하지 않고, 따뜻하게 두 손을 꼭 잡아주는 데 사용하겠습니다.
5. 받기만 하는 데 사용하지 않고, 베풀고 나누어 주는 데 사용하겠습니다.
6. 정보를 퍼오는 데만 사용하지 않고, 알찬 정보를 제공하고 소통하는 데 사용하겠습니다.
7. 일곱, 개인의 출세를 목적으로 사용하지 않고, 우리라는 공동체를 위해 사용하겠습니다.
8. 여덟, 대충대충 일하는 게으른 손이 아닌, 야무지게 일하는 손으로 사용하겠습니다.
9. 아홉, 요행과 투기에 사용하지 않고, 성실히 땀 흘리는 데 사용하겠습니다.
10. 열, 있는 듯 없는 듯 무의미한 손이 아닌, 창의성을 발휘하는 데 꼭 필요한 손으로 사용하겠습니다.

10년 뒤에도 이 교육이 필요할까

김정숙(디큐브아카데미 HRD 사업부 실장/www.dcubeacademy.com)

소속 기관을 소개해 주세요.

디큐브아카데미는 대성산업과 파인드강사가 제휴해서 만든 성인 평생교육 기관으로, 주로 직무교육과 강사 양성 과정을 진행하고 있습니다. 제공하는 교육 서비스 분야는 직장인 대상 직무교육, 강사 대상 강사 양성 및 스킬 업 교육, 성인 대상 취미 및 자기계발 과정 등입니다.

소속 기관에서 선생님이 하시는 일은 구체적으로 무엇인가요?

과정 기획 및 홍보 마케팅입니다.

이 일을 하게 된 계기는 무엇인가요?

한국리더십센터에서 근무하면서 교육 사업에 비전을 갖게 되었고, 그 후로 관련 커리어를 쌓게 되었습니다.

이 일의 어려운 점과 보람 있는 점을 말씀해 주세요.

교육과정을 런칭(개설)했는데 홍보 부족으로 제대로 고객 모집이 안 되어서 과정을 폐강시킬 때 어려움을 느낍니다.

보람 있을 때는 고객들이 과정을 들은 후 인생에 정말 도움이 되었다는 피드백을 남길 때입니다. 직업인데도 선한 영향을 끼칠 수 있다는 데 보람을 느낍니다.

일을 진행하면서 아쉬운 점은 무엇인가요?

아무래도 유명한 강사의 강의를 런칭하다 보면 가격대가 올라갈 수밖에 없는데, 그럴 경우엔 널리 보급할 기회를 놓치는 경우도 있어서 좀 아쉬운 기분이 듭니다.

교육담당자로서 강사를 선정하는 기준이나 교육을 진행하는 신념이나 가치관, 교육 철학, 좌우명 등이 있다면?

첫째, 10년 뒤에도 이 교육이 필요한가?

둘째, 사람들의 인생에 선한 영향을 줄 수 있는 교육인가?

셋째, 디큐브아카데미가 진행할 이유가 있는 교육인가? (이미 충분히 잘하는 기관이 있다면 그 기관을 응원하는 쪽으로 결정한다.)

넷째, 내가 고객이라면 그만한 돈을 들이고 수강했을 때 과연 아깝지 않은 교육인가?

수강생이 강사에 대해 평가(피드백)할 때 가장 관심을 갖는 것은 어떤 점인가요?

'제시한 강의 주제에 충실하였는가?'를 우선으로 검토합니다.

강의 피드백에 자주 나타나는 강사의 문제점은 주로 어떤 것인가요?

제시한 강의 주제와 거리가 있는 내용을 더 많이 했을 경우, 강사가 고객 입장보다 자신의 입장에서만 얘기할 경우 등입니다.

좋은 강의 반응을 얻기 위해 강사는 어떤 점에 중점을 두어야 한다고 생각하세요?

정말 고객에게 필요한 내용이 어떤 내용인지 그리고 솔직한 의견 제시입니다.

다시는 부르고 싶지 않은 강사는 어떤 유형인가요?

다시 부르고 싶지 않은 강사는 시대가 바뀌었는데도 아직도 옛날 얘기만 고집하는 강사, 고객의 입장을 고려하지 않고 자신의 경험이 전부인 것처럼 얘기하는 강사입니다.

최근 자주 요구하는 강의 주제(트렌드)는 무엇인가요? 앞으로 전망 있는 분야는 무엇이라 생각하시나요? 그렇게 생각하시는 근거는 무엇인가요?

요즘은 교육생도 교육의 ROI를 무척 따지는 경향이 있습니다. '이 교육을 들은 후 얼마나 활용 가능한가?' '그 교육비만큼의 효용 가치가 있는가?' 그래서 자격증을 준다든지, 장래 커리어에 도움이 되는 교육을 선호합니다. 강사 양성과정의 경우 인기가 많은데, 이는 콘텐츠와 스킬을 둘 다 얻을 수 있기 때문인 듯합니다.

중요하게 생각하는 명강사의 조건은 어떤 것입니까?

항상 겸손하고, 계속 강의안을 업데이트하는 것입니다.

어떤 사람이 강사로 적합하다고 생각하시나요?

노력하는 사람, 커뮤니케이션이 잘 되는 사람, 독보적인 경험과 스토리가 있는 사람입니다.

앞으로 교육(강의) 시장의 성장은 어떻게 전망하시나요?

평생교육 시장은 계속 성장할 것으로 전망합니다.

명강사를 꿈꾸는 이들은 어떻게 해야 강사로 데뷔할 수 있을까요?

자신만의 스토리와 차별성을 가지라고 말씀드리고 싶습니다. 자신만의 스토리에는 독보적인 스토리와 진정성이 담보되어야 하겠지요. 또한 파트너를 잘 골라야 할 듯합니다.

초보(예비) 강사들에게 들려줄 조언 한 말씀 부탁드립니다.

강의를 빨리 한 건 두 건 더 하는 것이 중요한 것이 아니라 내공을 쌓는 것이 훨씬 중요합니다. 준비된 자는 결국 시장에서 인정을 받습니다. 유행하는 책만 골라서 강의안을 만들다간 금세 바닥납니다. 자신만의 스토리를 준비하십시오. 그리고 이 바닥이 워낙 좁으니 돈보다 신의를 좇으십시오.

강의 내용이 실질적인가

박경희(대전평생교육진흥원/www.dile.or.kr)

소속 기관을 소개해 주세요.

저는 대전평생교육진흥원에서 근무하고 있습니다. 대전평생교육진흥원은 '대전광역시 평생교육 기반 구축 및 평생교육 전문가 양성'을 하고 있습니다. 주로 제공하는 교육 서비스 분야는 대전시민대학, 배달강좌, 평생교육 강사 직무 연수 등입니다.

소속 기관에서 선생님이 하시는 일은 구체적으로 어떤 것인가요?

평생교육 강사 역량 강화 사업, 직업 교육 개발 및 운영, 학습 동아리 양성 사업입니다.

이 일을 하게 된 계기는 무엇인가요?

평생교육이 제 사명이라 생각하고 있어 9년째 이 분야에 종사하고 있습니다.

이 일의 보람 있는 점을 말씀해 주세요.

강사 등 교육 수혜자의 긍정적인 변화가 관찰될 때 보람을 느낍니다.

교육담당자로서 강사를 선정하거나 교육을 진행하는 신념이나 가치관, 교육 철학, 좌우명 등이 있다면?

기존의 충분한 강의 경험과 참여했던 학습자들의 만족도가 명확하게 확인될 때 강사를 선정합니다.

수강생이 강사에 대해 평가할 때 가장 관심을 갖는 것은 어떤 점인가요?

담당자로서는 '강의 내용이 실질적인가?'에 가장 관심을 가집니다.

강의 피드백에 자주 나타나는 강사의 문제점은 주로 어떤 것인가요?

강의 내용과 학습자를 연결시키지 못하는 점입니다.

좋은 강의 반응을 얻기 위해 강사는 어떤 점에 중점을 두어야 한다고 생각하세요?

강의를 듣는 학습자가 원하는 내용과 바라는 바가 무엇인지를 정확히 파악하는 것입니다.

다시 초청하고 싶은 강사, 다시는 부르고 싶지 않은 강사는 어떤 유형인가요?

다시 초청하고 싶은 강사는 배울 내용이 많았고, 또 배울 내용이 많을 것 같은 강사입니다. 이와 반대로 다시는 부르고 싶지 않은 강사는 자기 얘기만 하거나 자기 자랑만 늘어놓는 강사입니다.

최근 자주 요구하는 강의 주제(트렌드)는 무엇인가요? 앞으로 전망 있는 분야는 무엇이라 생각하시나요? 그렇게 생각하시는 근거는 무엇인가요?

최근 강의 주제는 교수법, 강의 자료 만들기입니다. 그리고 전망 있는 분야는 강사의 인성과 태도, 학습자의 이해라고 생각합니다. 학습자를 배려하는 마음이 없는 강사의 인성과 태도로 많은 문제가 부각되므로 앞으로는 이러한 인문학적 강사 교육이 중요할 듯합니다. 특히 강사가 전하는 지식은 매체에서 쉽게 구할 수 있기 때문에 사람(강사)과 사람(학습자) 간의 관계에 중점을 두게 될 것입니다.

중요하게 생각하는 명강사의 조건은 어떤 것입니까?

명강사는 '남을 가르치는 선생으로서 태도와 의식을 가진 자'라고 생각합니다. 수강생을 충분히 배려하고 그들의 요구대로 강의를 이끌어 가는 것이 강사가 갖춰야 할 기본이라는 생각이 듭니다.

앞으로 교육 시장은 어떻게 전망하시나요?

훌륭한 강사 인력풀을 갖춘 기업체가 많이 생겨날 듯합니다. 그 기업체의 성공 요인에는 소속 강사의 지속적인 역량 개발이 주요할 듯합니다.

명강사를 꿈꾸는 이들은 어떻게 해야 강사로 데뷔할 수 있을까요?

초보 강사의 경우 나에게 오면 정보(지식)를 주겠다는 방식보다는 먼저 내가 가진 지식을 풀어내서 나를 알리고, 나는 더 많은 지식을 쌓아 가는 홍보 전략이 좋습니다. 초기에는 무엇보다도 철저하고 체계적으로 강의 지식을 쌓는 것이 중요합니다.

초보(예비) 강사들에게 들려줄 조언 한 말씀 부탁드립니다.

강사라는 직업을 권위를 세울 수 있는 직업으로 생각하기보다는 학습자를 위해 낮은 자세로 학습자에게 다가가고 그들에게 도움이 되는 사람이 되자는 마음을 가졌으면 좋겠습니다.

경험과 진정성을 갖춘 유니크한 전문가

박성(PSI컨설팅 오픈러닝센터 팀장/www.psiconsulting.co.kr)

소속 기관을 소개해 주세요.

저는 PSI컨설팅 오픈러닝센터에서 팀장으로 근무하고 있습니다. PSI컨설팅은 진단 · 컨설팅 · 교육 관련 온 · 오프라인 통합 솔루션을 제공하는 기관입니다. 주로 제공하는 교육 서비스 분야는 리더십, 스마트 워크, 창의 문화, HRD 컨설팅, 이러닝 등입니다.

소속 기관에서 선생님이 하시는 일은 구체적으로 어떤 것인가요?

오픈러닝센터 총괄(공개 교육, e러닝 사업 총괄) 업무입니다.

이 일을 하게 된 계기는 무엇인가요?

마케팅, 프로모션 관련 업무로 직장생활 3년을 마치고 MBA를 하게 되었는데, 이후 HRD로 주 관심사가 바뀌어 방향을 변경하였습니다.

이 일의 어려운 점과 보람 있는 점을 말씀해 주세요.

어려운 점은 관련 트렌드가 빠르게 변화하지만 그 안에 내재되어 있는 근본 원인과 뿌리는 바뀌지 않기 때문에 트렌드와 기본 뼈대 두 가지를 모두 갖추어야 하는 점입니다. 인재 양성을 통해 기업에서 성과 창출을 만들어 내야 하는 것이 HRD의 존재 이유이기 때문에 내가 제공한 솔루션으로 이런 성과를 거둘 때 보람을 느낍니다.

일을 진행하면서 아쉬운 점은 무엇인가요?

최근 대기업 계열사들이 관련 분야에 진출하면서 비즈니스에 집중하는 모습이 많아 업의 본질이 흐려지고 있고, 기업의 교육담당자들도 HRD를 재무적인 관점에서 측정하는 것에 치우치는 경향이 높아져 아쉬움이 있습니다.

교육담당자로서 강사를 선정하는 기준이나 교육을 진행하는 신념이나 가치관, 교육 철학, 좌우명 등이 있다면?

'A rolling stone gathers no moss.'라는 영어 속담이 있습니다. 이 말은 두 가지로 해석됩니다. '열심히 굴러서 이끼가 끼면 안 된다.'라고 해석할 수도 있지만, HRD 입장에서는 반대로 해석해야 합니다. 일관된 철학과 HR(인적 자원) 분야에 전문가가 될 수 있도록 한 우물을 파야 합니다. 전문성이라는 이끼가 잔뜩 끼어 있는 멋진 바위가 되어야 합니다.

수강생이 강사에 대해 평가할 때 가장 관심을 갖는 것은 어떤 점인가요?

'실질적인 업무 성과 향상으로 이어질 수 있는가?'입니다.

강의 피드백에 자주 나타나는 강사의 문제점은 주로 어떤 것인가요?

최근에는 업종이나 직무 분야의 전문성에 민감합니다. 따라서 책이나 정보를 얻는 수준이 아닌 실제 업무 경험을 요구합니다.

좋은 강의 반응을 얻기 위해 강사는 어떤 점에 중점을 두어야 한다고 생각하세요?

다른 것 없습니다. 철저한 준비뿐이지요. 교육생이 누구인지 파악하고 그들이 진정 원하는 게 무엇인지 철저하게 고민해야 합니다.

다시 초청하고 싶은 강사, 다시는 부르고 싶지 않은 강사는 어떤 유형인가요?

다시 초청하고 싶은 강사는 '다시 부르고 싶지 않은 강사'가 아닌 강사일 것입니다. 다시 부르고 싶지 않은 강사는 수강생 피드백만 받아 보면 바로 알 수 있습니다. 즉, 수강생들의 기대 수준에 80% 이상 충족되지 못하면 낙제입니다.

최근 자주 요구하는 강의 주제(트렌드)는 무엇인가요? 앞으로 전망 있는 분야는 무엇이라 생각하시나요? 그렇게 생각하시는 근거는 무엇인가요?

명성이 높은 특강 강사들에게는 그들이 가진 독특한 콘텐츠를 원합니다. 강의 주제가 무엇이니 맞춰 달라고 하는 것은 그 자체가 전망이 없는 강의입니다. 자기만의 차별화된 강의를 할 수 있는 강사의 전문 분야가 전망 있는 분야입니다.

중요하게 생각하는 명강사의 조건은 어떤 것입니까?

앞서 말한 독특한 경험, 노하우 그리고 진정성입니다.

어떤 사람이 강사로 적합하다고 생각하시나요?

솔직히 HR 관련 종사자로서 이런 말 하기는 부끄럽지만, 신입 사원 때부터 HR 관련 업무를 하신 분들은 HR 직무교육 이외에는 강의를 하면 안 됩니다. 그런데 주변의 HR 관련 출신들을 보면 눈으로 혹은 머리로만 익혀서 이것저것

웬만한 분야의 강의를 다 하고 다니십니다. 이런 상황이 아니면 강사로 적합한 것입니다.

앞으로 교육 시장은 어떻게 전망하시나요?

더 좋아지지도 더 나빠지지도 않을 것으로 보입니다. 다만, 끊임없이 변화하는 교육기관, 강사, 컨설턴트만 좋아지고, 그렇지 않은 쪽은 나빠질 것입니다.

명강사를 꿈꾸는 이들은 어떻게 해야 강사로 데뷔할 수 있을까요?

자기 경험을 충분히 정리하고 블로그나 책 등으로 전파하는 방법이 있습니다. 재능 기부나 저술(책뿐만 아니라 칼럼, 기고 등)도 효과적인 방법이 될 수 있지요. 강의 스킬은 부수적인 부분입니다. 진짜 실력(경험)을 갖추어야 합니다.

초보(예비) 강사들에게 들려줄 조언 한 말씀 부탁드립니다.

강사와 퍼실리테이터를 구분해야 합니다. 앞으로 누구나 할 수 있는 강의는 퍼실리테이터 정도의 역할만 할 수 있으면 됩니다. 진정한 강사가 되려면 경험과 진정성을 갖춘 유일한 전문가가 되어야 합니다.

학습자와 소통을 즐기는 강사

박효정(한국생산성본부 팀장/www.kpc.or.kr)

소속 기관을 설명해 주세요.

한국생산성본부는 전문화된 지식 서비스를 기반으로 교육 훈련, 컨설팅, 자격 인증, 국가 생산성 연구·조사 및 공익 사업의 통합적 솔루션을 제공하고 있습니다. 즉, 기업교육 전 부문을 서비스하고 있습니다. 예컨대, 경영·직무 교육, 계층·리더십·역량 교육, 온라인 모바일 교육, 최고경영자 교육, 취업·전직 교육, 해외 연수 등입니다.

소속 기관에서 선생님이 하시는 일은 구체적으로 어떤 것인가요?

교육 기획 및 과정 개발, 운영, 고객사 관리 등을 하고 있습니다.

이 일을 하게 된 계기는 무엇인가요?

전공과 연계하여 업무를 수행하게 되었습니다. 그리고 새로운 교육과정을 기획·운영하는 과정에서 사람들을 만나고 네트워크를 형성하는 과정이 성향과 잘 맞아 업무를 지속하게 되었습니다.

이 일의 어려운 점과 보람 있는 점을 말씀해 주세요.

한국생산성본부의 특성상 고객 발굴을 위한 제안 업무를 수행하게 되는데, 제안 과정에서 갖게 되는 긴장감, 교육기관 간에 일어나는 치열한 경쟁 과정에서 발생하는 스트레스가 어려운 점이라 할 수 있습니다.

보람 있는 점은 참 많아요. 교육이라는 업무가 기업과 임직원의 성장과 발전을 돕는다는 관점에서 그 모습을 실제 현장에서 보고, 확인할 때 가장 보람을 느낍니다.

일을 진행하면서 아쉬운 점은 무엇인가요?

대상별로 아쉬운 점을 하나하나 짚어보자면, 먼저 강사의 경우 강의가 가능한 분야와 핵심 콘텐츠 구성이 명확하지 않다는 점과 강의 중 사용하는 강의 자료의 질이 낮다는 점입니다. 일부 강사의 경우 출처가 불명확하고, 개인의 연구에 의한 교안 개발보다는 카피한 경우가 많습니다. 예를 들어, 계층 교육(리더십 등)의 경우, 직급별 요구되는 역량과 그 역량을 기르기 위한 모듈 구성 등 체계적이고 차별화된 프로그램과 목표, 이를 달성하기 위한 모듈 구성 및 활동 등이 있을 수 있는데, 대부분 프로그램 명칭은 동일하지만 다루는 콘텐츠는 차별화되지 않은 상황입니다.

또, 일부 교육생의 경우 일과 달리 교육의 성과나 결과 활용에 대한 의지가 약하고, 교육 현장에 오는 것을 쉬러 오는 것으로 생각하는 경향이 있어 교육 결과를 현업에서 제대로 활용하는 데 어려움이 있습니다.

에이전시는 연구 개발(R&D)의 부족으로 교육과정 개선의 주기가 느립니다. 고객 기업의 경우 자사 임직원에 대한 분석과 요구 조사가 미흡합니다. 대기업의 경우 진행이 잘되는 편이지만, 중소·중견기업의 경우 임직원 교육 요구 조사가 미흡한 경우가 많습니다.

교육담당자로서 강사를 선정하는 기준이나 교육을 진행하는 신념이나 가치관,

교육 철학, 좌우명 등이 있다면?

강사 선정 시 가장 중요한 것은 해당 분야에 대한 전문성, 기존 강의에 대한 학습자의 만족도, 학습자와의 상호소통 역량 등입니다.

수강생이 강사에 대해 평가할 때 가장 관심을 갖는 것은 어떤 점인가요?

강좌의 '매력성'과 관련된 부분으로 강의가 흥미로웠는지, 지루했는지에 대한 의견이 많습니다. 학습한 내용이 자신의 업무에 도움이 되는지, 되지 않는지 등 강좌의 '현업 적용성'도 많이 논의합니다. 강사의 성실성에도 많은 관심을 갖습니다.

강의 피드백에 자주 나타나는 강사의 문제점은 주로 어떤 것인가요?

강좌의 흥미 요소 부분, 강의 스킬과 관련된 부분입니다.

좋은 강의 반응을 얻기 위해 강사는 어떤 점에 중점을 두어야 한다고 생각하세요?

전달하고자 하는 내용이 잘 전달될 수 있도록 동기부여할 수 있는 콘텐츠가 있고 이를 통해 주의를 환기시키는 것이 중요하다고 생각합니다. 학습 대상자에 따른 강의 난이도와 전달하고자 하는 내용의 분량 조절도 염두에 두어야 합니다. 자기계발을 통한 매력도를 높이는 것도 역시 중요합니다.

다시 초청하고 싶은 강사, 다시는 부르고 싶지 않은 강사는 어떤 유형인가요?

다시 초청하고 싶은 강사는 강의의 질이 좋고 학습자의 반응이 좋은 강사, 콘텐츠가 명확하고 메시지 전달이 있는 강사입니다. 이에 반해 학습자와 소통하지 못하고, 동기 유발을 잘하지 못하는 강사는 초청하고 싶지 않습니다.

최근 자주 요구하는 강의 주제(트렌드)는 무엇인가요? 앞으로 전망 있는 분야는 무엇이라 생각하시나요? 그렇게 생각하시는 근거는 무엇인가요?

성과 창출형 리더의 리더십과 관련된 부분, 창의적 사고와 발상, 개인과 삶의 조화로운 경영 등이며, 이 부분은 고객사의 많은 요청이 있습니다.

중요하게 생각하는 명강사의 조건은 어떤 것입니까?

주제가 명확하고, 전달하고자 하는 메시지가 간단하되 강력하면서 전달력이 높아야 합니다. 특히 강의에서 사용하는 다양한 사례가 최신의 정보이거나 생생한 스토리로 구성되어야 합니다.

어떤 사람이 강사로 적합하다고 생각하시나요?

자신이 가지고 있는 것을 말과 글로 표현하는 것 중 말로 표현하는 강점이 있고, 사람들과 소통을 즐기는 사람이라고 생각합니다.

앞으로 교육 시장은 어떻게 전망하시나요?

일-학습 병행제, 평생학습 등의 패러다임으로 교육 시장은 계속 성장할 것으로 기대하고 있습니다.

명강사를 꿈꾸는 이들은 어떻게 해야 강사로 데뷔할 수 있을까요?

자신의 이야기를 책이나 웹에서 편집하여 노출의 횟수를 높이는 방법이 있습니다. 각 교육기관별로 강사 모집 시 자신의 콘텐츠를 중심으로 어필하여 지원해 보는 방법도 있습니다.

강사로 초기 진입하기 위해서는 네트워킹이 가장 중요할 것 같은데, 초기에는 프리랜서로 도전하기보다는 특정 회사나 기관에 소속되어 강의를 할 수 있는 기회를 찾는 것이 중요합니다. 특히, 최근 기업교육에서 인기 있는 강사들의 특징은 본인이 현업에서 좋은 경력과 성과를 창출한 사람이라는 점입니다. 자신이 관심 있는 분야의 현업에서 성과를 내면서 자연스럽게 강의의 기회를 찾는 것도 하나의 방법이라고 생각합니다.

초보(예비) 강사들에게 들려줄 조언 한 말씀 부탁드립니다.

강의 내용과 메시지에 대한 끊임없는 연구 개발이 중요합니다. 강사는 대중 앞에 설 일이 자주 있기 때문에 자기 단련을 통한 정돈된 자기 이미지가 신뢰를 주는 데 중요합니다. 그리고 적어도 자신이 강의하는 분야에서만큼은 평생학습하시길 바랍니다.

간디와 사탕

한 아이의 어머니가 간디를 찾아왔다. 그리고는 부탁을 했다.
"저희 아이에게 사탕을 먹지 말라고 얘기 좀 해 주세요."
간디는 보름 후에 다시 오라고 했다.
보름 후, 그 어머니가 다시 와서 부탁했다.
"저희 아이에게 사탕을 먹지 말라고 얘기 좀 해 주세요."
간디는 아이에게 "사탕은 몸에 해로우니 먹지 마라!"라고 일러주었다.
아이 어머니는 그 간단한 걸 왜 지난번에 안 해 주고 다시 오라고 했는지를 물었다.
간디는 이렇게 말했다.
"그때에는 저도 사탕을 자주 먹었어요. 저도 보름 만에야 사탕을 끊었습니다."

해당 분야의 깊은 전문성을 쌓은 후에 강의하세요

정종식((주)엑스퍼트컨설팅 부사장/www.exc.co.kr)

소속 기관을 소개해 주세요.

엑스퍼트컨설팅은 '글로벌 컨설팅 사의 아웃풋을 능가하는 맞춤형 컨설팅 모델의 개발' '경영과 향상에 직결되는 인재 육성 프로그램 개발' '온라인 성과 향상에 초점을 둔 이러닝의 구현' 등 끊임없는 창조 정신으로 사람을 통한 성과 향상을 선도합니다. 주로 제공하는 교육 서비스 분야는 리더십, 업무 성과, 조직 활성화, 영업 등입니다.

소속 기관에서 선생님이 하시는 일은 구체적으로 어떤 것인가요?

강의, 컨설팅, 매니지먼트 업무를 맡고 있습니다.

이 일을 하게 된 계기는 무엇인가요?

평소 관심 분야였다가 지인의 권유로 시작하게 되었습니다.

이 일의 어려운 점과 보람 있는 점을 말씀해 주세요.

민감한 사람들을 상대하는 업무라 어렵지만, 인재를 육성한다는 사명감이 보람을 느끼게 합니다.

일을 진행하면서 아쉬운 점은 무엇인가요?

에듀테인먼트라는 구실로 교육을 재미나 흥미 위주로만 생각하고 강의를 진행하려고 하는 점이 아쉽습니다.

교육담당자로서 강사를 선정하는 기준이나 교육을 진행하는 신념이나 가치관, 교육 철학, 좌우명 등이 있다면?

인재를 육성하는(인간을 이롭게 하는) 사명감이 있어야 합니다. 단순한 돈벌이의 직업으로는 곤란합니다. 그저 웃기고 인기에만 영합하려는 강사는 No.

수강생이 강사에 대해 평가할 때 가장 관심을 갖는 것은 어떤 점인가요?

안타깝게도 '재미와 흥미' 위주입니다. 내용을 중시해야 하는데 말입니다.

강의 피드백에 자주 나타나는 강사의 문제점은 주로 어떤 것인가요?

일반적으로 전문성이 부족하거나 준비 부족, 재미나 흥미 유도 부족 등이 지적됩니다.

좋은 강의 반응을 얻기 위해 강사는 어떤 점에 중점을 두어야 한다고 생각하세요?

철저한 강의 준비, 학습자의 육성에 초점을 둔 깊이 있는 내용 전달에 염두를 두어야 한다고 생각합니다.

다시 초청하고 싶은 강사, 다시는 부르고 싶지 않은 강사는 어떤 유형인가요?

다시 초청하고 싶은 강사는 '해당 분야의 전문성이 뛰어나고 많은 준비를 한 강사'이고, 다시는 부르고 싶지 않은 강사는 '재미로만 일관하는 강사'입니다.

최근 자주 요구되는 강의 주제(트렌드)는 무엇인가요? 앞으로 전망 있는 분야는 무엇이라 생각하시나요? 그렇게 생각하시는 근거는 무엇인가요?

최근 자주라기보다 지난 몇 년 동안 꾸준한 주제는 리더십과 핵심 가치, 조직 활성화입니다. 근거는 기업의 성과에 도움이 된다는 판단입니다.

중요하게 생각하는 명강사의 조건은 어떤 것입니까? 잘나가는 명강사는 무엇이 다른가요?

교육에 대한 사명감과 철저한 준비, 학습자에 대한 애정이 있습니다.

어떤 사람이 강사로 적합하다고 생각하시나요?

앞의 답변을 실천할 수 있는 사람입니다.

앞으로 교육 시장은 어떻게 전망하시나요?

정체되거나 약간 성장할 것으로 전망됩니다.

초보(예비) 강사들에게 들려줄 조언 한 말씀 부탁드립니다.

언어 유창성이나 강의 스킬만으로 강의를 하려 하지 말고, 해당 분야의 깊은 전문성을 쌓은 후에 강의를 하도록 권하고 싶습니다. 단순히 웃기는 말 몇 마디로 인기를 얻어 돈을 벌려는 자세는 바람직하지 않다고 말하고 싶습니다.

'이뻐유'-Easy, Fun, Useful

한순덕(주)이비씨에듀 대표/www.ebcd.co.kr, www.gebc.co.kr)

소속 기관을 소개해 주세요.

이비씨에듀는 다양한 교육 프로그램과 네트워크 그룹을 활용한 온-오프 포털 솔루션을 제공하고 있습니다. 주로 제공하는 교육 서비스 분야는 기업교육 컨설팅, 강사 파견, 도서 출판 등입니다.

소속 기관에서 선생님이 하시는 일은 구체적으로 어떤 것인가요?

대표이사를 맡고 있으며, 교육기관에 강사 파견 업무를 하고 있습니다.

이 일을 하게 된 계기는 무엇인가요?

남편이 운영하던 사업을 제가 맡아 운영하면서 본격적으로 교육 사업에 매진하게 되었습니다.

이 일의 어려운 점과 보람있는 점을 말씀해 주세요.

어려운 점은 인적 네트워크 구축의 한계입니다. 지속적으로 변화하고 진화하는 사회 트렌드와 발맞추어 가는 것에도 어려움이 있습니다.

감사 전화나 메일을 받았을 때, 조직이 필요로 하는 정보와 지식을 전달하여 성과 창출에 기여했다고 인정받았을 때 보람을 느낍니다.

일을 진행하면서 아쉬운 점은 무엇인가요?

자신의 전문 분야가 아니면서도 할 수 있다고 하며 고객의 소중한 시간과 비용을 빼앗는 강사들이 있습니다. 강사는 자신이 잘하는, 잘할 수 있는 전문 분야를 강의해야 한다고 생각합니다. 자신의 몸값을 정해 놓고 그 가격 이하는 하지 않겠다고 고집하는 강사도 아쉽기는 마찬가지입니다. 상황에 따라 재능 기부 등 무료 강의를 하는 강사들이 더 각광을 받고, 그들에게 더 많은 기회를 제공합니다.

수강생의 경우에는 자신이 왜 참여했는지를 모르거나, 강사에게 호응이 부족한 수강생들을 볼 때 안타까운 마음이 듭니다.

동일 업종의 일을 하는 사람들의 경우 필요한 정보만 가져가거나 타 업체에 의뢰하여 이중 수수료를 부과하게 만드는 업체 담당자들이나 강사와 일정을 확정해 놓았는데 일정 변경 등을 요구하는 기업 고객들도 일을 어렵게 만들지요. 강사들의 경우 강의 시간이 곧 수입으로 직결됨에도 불구하고 갑자기 회사 사정을 사유로 취소하거나 변경하는 경우가 발생합니다.

교육담당자로서 강사를 선정하는 기준이나 교육을 진행하는 신념이나 가치관, 교육 철학, 좌우명 등이 있다면?

3D 영화 〈아바타〉는 극장 수입만으로 27억 달러의 흥행 신기록을 세웠습니다. 여기에 DVD 방송권, 캐릭터 상품 등 부가 수입 25억 달러 등을 합하면 총 52억 달러 정도의 매출을 기록했다고 봅니다. 여기에 부가판권 매출액은 90%라는 순이익률을 적용하면 전체 순이익은 30억 달러 안팎이 될 것입니다. 이는 현대자동차가 순이익 30억 달러를 얻기 위해서는 2만 달러의 쏘나타 300만 대(순이익률 5% 적용)를 수출해야 한다는 계산이 나옵니다. 이처럼 무형의 지식 산

업과 문화 콘텐츠 산업은 우리가 창출해야 할 산업이고 가치 산업입니다. 교육은 그 효과를 측정하기 어렵지만 교육이 이루어지지 않으면 그 조직은 도태되고 맙니다. 이와 관련하여 콩나물 시루 이론과 모죽 이론이 비유적으로 활용됩니다. 이비씨에듀는 성과 창출의 전략적 파트너로서 찾아가는 서비스로 고객의 만족을 도모하고자 합니다.

수강생이 강사에 대해 평가할 때 가장 관심을 갖는 것은 어떤 점인가요?

Easy, Fun, Useful(쉽고, 재미있고, 유용한—'이뻐유')입니다. 자신의 전문 지식을 잘 전달하고 성인 학습을 주도하는 강사로서, 고객의 니즈와 특성을 잘 분석해서 무언가 남을 수 있게 하는 것이 중요하다고 생각합니다.

강의 피드백에 자주 나타나는 강사의 문제점은 주로 어떤 것인가요?

전문 지식의 부족, 강의 준비 부족, 불성실(지각, 복장 불량), 지나친 사투리, 반말 또는 막말, 정치, 종교와 관련된 이야기를 강의에 포함하는 경우 등입니다.

좋은 강의 반응을 얻기 위해 강사는 어떤 점에 중점을 두어야 한다고 생각하세요?

한 시간의 강의를 위해서는 최소 네 시간의 준비가 필요합니다. 타고난 강사라 할지라도 수강생의 사전 정보를 파악하고 철저한 준비로 강의에 임하는 것이 중요합니다.

다시 초청하고 싶은 강사, 다시는 부르고 싶지 않은 강사는 어떤 유형인가요?

다시 초청하고 싶은 강사는 강사료에 상관없이 자신의 지식을 나누어 주는 것을 즐기는 강사, 수강생에게 아낌없이 주는 강사입니다. 이와는 반대로 한 번

만든 강의 교안으로 평생을 우려먹는 강사, 자신의 스펙만 자랑하는 강사는 다시 강의를 요청하기가 힘듭니다.

최근 자주 요구하는 강의 주제(트렌드)는 무엇인가요? 앞으로 전망 있는 분야는 무엇이라 생각하시나요? 그렇게 생각하시는 근거는 무엇인가요?

올해의 화두가 힐링이어서인지 힐링에 관련된 책과 창조 경제에 적합하게 창조성을 고양할 수 있는 방법을 전해 줄 강사를 많이 찾았습니다. 강의도 사회 전반의 트렌드와 연계되는 것이 현실입니다. 그럼에도 미래 트렌드를 알 수 있는 전망 관련 강의는 지속적으로 요구되는 경향이 있습니다.

중요하게 생각하는 명강사의 조건은 어떤 것입니까?

긍정적입니다. 항상 노력하고 준비합니다. 자신이 부족한 점을 찾기 위해 노력하고 매스미디어를 잘 활용합니다.

어떤 사람이 강사로 적합하다고 생각하시나요?

이론과 실무를 겸비하여 실질적인 도움을 줄 수 있는 사람입니다. 즉, 경험도 있고 이론적 무장도 갖춘 강사가 각광을 받습니다. 물론 강사로서의 기본 강의 스킬 등은 이수하는 것이 바람직합니다.

앞으로 교육 시장은 어떻게 전망하시나요?

미국 등 선진국의 사례를 보았을 때 지식 산업인 교육 시장은 확장되고 성장 가능성은 무한합니다. 그럼에도 교육 산업 자체가 경기에 민감하게 반응하고, 기업이나 조직도 비용 절감을 위해 자체 강사 양성과 컨설팅을 통한 자체 과정 개발 및 내부 강사의 진행이 증가하고 있어 강사를 전업으로 생활하기에는 어려움이 있을 것으로 예상됩니다. 실무 업무를 하면서 강의를 병행하는 강사들이 더 유리하고 각광받을 것입니다.

명강사를 꿈꾸는 이들은 어떻게 해야 강사로 데뷔할 수 있을까요?

무료 강의를 통해 피드백과 평가를 받고, 고객을 통한 입소문 마케팅을 전개하는 방법이 있습니다. 책을 출간하여 자신의 전문성을 부각하거나 매스미디어 노출을 강화하는 방법도 있습니다(예 : 자유 기고, 블로그, 카페 활용, 〈세바시〉 참여 등).

강사 양성 과정 훈련에 참여하고 강의 기법 관련 도서를 꾸준히 읽는 것도 강사가 되기 위한 준비 과정입니다. 주변인의 피드백 등도 경청하여 자신의 강의를 되돌아보는 기회로 삼아야겠지요.

초보(예비) 강사들에게 들려줄 조언 한 말씀 부탁드립니다.

강사로 성공하고자 하는 꿈을 꾸는 사람들은 많습니다. 그러나 성공한 사람은 적습니다. 고객은 매번 좋은 강사를 찾습니다. 기업에서 필요로 하는 인재는 없고, 사람들은 취업할 기업이 없다고 하는 것과 비슷합니다. 실무를 잘 정리하여 이를 이론과 접목하여 강의할 수 있다면 가장 좋은 방법입니다.

또 하나의 방법은 통섭입니다. 자신이 잘하는 것을 사회적 트렌드와 연계하는 것입니다. 음악을 하는 사람이 음악과 강의를 연결한다든지 건축을 하는 사람이 건축과 독서를 연결한다든지 다양한 통섭적 방법을 적용하는 것입니다. 그러나 이것이 자신에게는 이론일 수밖에 없습니다. 다양한 경험을 하고 이론과 접목이 필요합니다.

가장 우선되어야 하는 것은 기초 공사겠지요. 많은 독서를 통해 기본 지식을 쌓아야 합니다. 책을 읽고 한 권의 책을 파워포인트를 이용해 한 장의 슬라이드로 정리한 강사를 보았습니다. 그는 마르지 않는 샘처럼 다양한 분야의 강의에서 호평을 받았습니다.

처음 강의를 하는 사람은 아무리 지식이 많아도 서툴고 어색할 수밖에 없습니다. 그러한 사람들도 자주 강단에 서면 실력이 향상되는 것을 경험하였습니다.

요약하면, "첫째, 기초 지식을 쌓기 위해 책을 읽고 내용을 정리하세요. 둘째, 실무 경험을 이론과 접목하세요. 마지막으로 강단에 자주 서 보세요."라고 말씀드리고 싶습니다. 성공하는 강사로 거듭나기 위해 당신이 믿을 수 있는 확실한 한 가지는 당신의 노력입니다. 그것만이 당신의 성공을 보장합니다.

제4부

무엇을 준비할 것인가

강의의 목적과 목표를 명확히 하라 / 학습자를 분석하라 / 콘텐츠가 힘이다 / 강의를 설계하라 / 창조적인 교안을 만들라 / 최적의 강의 환경을 조성하라 / 충분한 리허설로 자신감을 만들라

강의의 목적과 목표를 명확히 하라

목적과 목표

어떤 일을 할 때에는 반드시 목적이란 게 있기 마련이다. 기획서나 보고서를 작성할 때에도 제목 다음으로 목적을 작성한다. 목적이 '왜?'라는 방향에 해당된다면 목표는 '어디까지?'라는 지점에 해당된다. 강의에도 목적이 있고 목표가 있다. 강의 목적을 가장 잘 드러낸 것이 강의 제목이다. 예컨대, '마음 부자로 행복 나누기'라는 강의 제목이 있다면 그 강의의 목적은 '행복을 나누며 잘 사는 법'임을 짐작할 수 있다.

사격이나 양궁에 임하는 선수들은 누구나 표적에 집중한다. '표적'이란 단어에는 목표와 목적이란 의미가 담겨 있다. 표적을 눈으로 보아야 하듯이 학습자에게 표적을 알려 주고 시작해야 학습자도 같은 표적을 바라보게 된다. 어느 종목이나 최고 점수가 가능한 한가운데를 목표로 한다. 하지만 목적은 제각기 다를 수 있다. 어떤 사람은 대표 선수로 선발되기 위해, 누구는 단지 즐기기 위해, 아니면 신체 단련을 위해서 한다. 목적은 목표보다 상위 개념이다. 목적에 따라 목표 수준이 달라진다.

지금 이 책을 심심풀이로 읽는 사람은 없을 것이다. 왜냐하면 심심풀이가 목적이라면 이 책은 재미를 전하기에는 턱없이 부족하기 때문이다. 이처럼 목표는 목적을 이루기 위한 수단이 된다. 만일 유능한 강사가 되기 위해서 이 책을 읽는다면 그런 목적에는 부합한다. '나도 누군가의 가슴에 울림을 남기는 명강사가 되고 싶다.'는 생각 혹은 1년 안에 국내 '명강사 리스트 100인'에 들기를 원하는 마음이 있다면 그것을 목표 수준으로 정하면 된다.

강의를 준비하면서 자신이 '강의를 왜 하려고 하나?'를 기반으로 강의 목적을 구상하고, '학습자가 뭘 얻어야 하나?'에서 학습목표를 세울 수 있다.

강의를 왜 하려고 하나?(목적)	학습자가 뭘 얻어야 하나?(목표)
정보나 지식을 전달하려고	태도: 인식의 변화 긍정 마인드 고취
동기를 부여하고 설득하려고	지식: 문제 해결 능력 이해
변화를 이끌거나 변화에 도움을 주려고	스킬: 효과적 사용법 습득
실행력을 키우려고	행동: 팀원 간의 협동과 실행력 향상

'강의를 왜 하려고 하나?'라는 항목에서 만일 자신의 가슴이 두근대는 목적을 찾거나 스스로 목적을 세웠다면 매우 다행스러운 일이다. 적어도 명(命)강사가 되기 위한 조건을 갖춘 셈이다. 강사가 강의를 하는 목적이 학습자가 목표로 하는 방향과 일치해야 함은 당연하다. 학습자를 강사 자신의 목적에 꿰어 맞출 것이 아니라 학습자가 무엇을 원하는지를 알고 강사가 학습자 쪽으로 다가가는 것이 바람직하다.

학습목표는 행위 동사로 표현하라

일반적으로 교육을 하는 목적은 학습자의 변화를 도모하는 데 있다. 강의는 교육을 전개하는 수단 가운데 하나다. 그렇다면 강의를 통해 어떤 변화를 이루려고 하는 것일까? 가장 궁극적으로 추구하는 변화는 행동의 변화다. 행동은 눈으로 관찰이 가능하다. 하지만 행동이 변화하기 위해서는 수면 아래, 즉 보이지 않는 영역에서 변화가 먼저 일어나야 한다. 바로 인식의 변화가 선행될 때 새로운 것을 받아들이려 하기 때문이다. 그렇게 되면 긍정적 태도가 형성되어 필요한 지식을 받아들이려 하고 배운 것을 반복 연습하는 과정을 거치게 된다. 태도의 변화, 지식의 변화, 스킬의 변화 세 가지가 이루어진다. 이른바 KSA(Knowledge, Skill, Attitude)라고 한다.

학습목표는 행동의 변화를 목표로 하기 때문에 태도, 지식, 스킬, 행동에 중점을 두어 표현하면 좋다. 행위 동사로 표현해야 하는 이유가 여기에 있다. 예를 들어, 강의명(학습 과목)이 '소통 능력 향상'이라고 가정해 보자. 이때 학습목표는 학습자를 주체로 기술하되 행위 동사로 표현하는 것이 중요하다. 만일 학습목표를 '경청법을 이해할 수 있다.'로 기술한다면 이해했을 때의 모습이 어떤지 아직 뚜렷하지 않으므로, 이를 구체적으로 명시해야 학습자들이 학습을 마치고 나서 어떤 행동을 해야 하는지 분명해진다.

학습목표를 행위 동사로 바람직하게 기술하는 예를 들어 보자.

- (중요성)을 설명할 수 있다.
- (경청과 경청이 아닌 것)을 비교할 수 있다.
- (경청법이 필요한 시점)을 선택(결정)할 수 있다.

• (경청이 잘 된 사례)를 전달할 수 있다.
• (경청 3단계)를 시연(역할 연기)할 수 있다.
• (경청에 대한 피드백 수준)을 측정할 수 있다.

예시에 나타난 행위 동사는 '설명한다, 비교한다, 선택한다, 사례를 전달한다, 시연한다, 측정한다'와 같이 눈에 보이는 행동이다. 이런 식으로 학습목표를 미리 정해 놓는다면 학습 시간 양에 따라 학습 수준을 결정할 수 있고, 학습 종료 후 체크리스트를 통해 학습자 자기 평가나 학습 결과 측정도 용이하다.

학습자와 학습목표를 조율하라

강의를 시작하면서 학습자들에게 "이번 시간에 어떤 것을 배우고 싶으세요?"라고 학습목표를 물어보고 시작하면 학습자의 기대가 무언지 알게 된다. 더욱이 학습자 스스로 학습의 주체임을 자각하게 하는 효과도 있다. 강의 주제 범위 안에서 각자가 원하는 하위 목표를 정하게 하거나 다음 질문을 활용하는 것도 좋다. 특히 동료와 대화를 나누게 하면 강의 중에 참여가 활발해지고 더 집중하게 된다. 예를 들어, '소통 능력 향상'이라는 강의 주제가 있는 경우 하위 목표를 묻는 방식이다. "어떨 때 소통 능력이 향상되면 좋을까요?" 혹은 "누구와 소통을 잘하고 싶은가요?" "소통이 잘되면 어떤 일을 해 보고 싶은가요?" 등이다.

학습자가 자신의 학습목표로 "아내와 소통을 잘하고 싶어요."라고 말했다고 가정하자. 소통을 잘한다는 말은 아직 추상적이다. 소통이 잘되는 모습이란 어

떤 상태인지 좀 더 명료하게 정하도록 요청할 수 있다. 예컨대, "배우자와 서로 웃으면서 대화를 마치고 싶어요."로 구체화하면 더 좋다. 대부분 학습목표를 "배우자와 만족한 상태로 대화를 마치고 싶어요."라는 식으로 추상적으로 답할 때가 많다. 가급적 만족한 상태가 어떤 것인지 명료하게 한다거나 학습목표를 수치화하면 좋다. 그렇게 하면 학습 종료 시점에 자신이 원하는 수준에 도달했는지 확인할 수 있다.

- 배우자와 대화를 웃으면서 마무리하고 싶다고 했는데 지금은 10점 만점에 몇 점 정도에 해당하나요?
- 지금 6점 정도는 된다고 말했는데, 그렇다면 소통할 때 어떤 점을 의식하고 있나요?
- 향후 3개월 안에 몇 점까지 되면 좋을까요?
- 8점까지 되면 좋겠다고 말했는데, 그렇다면 8점은 어떤 상태를 의미하나요?
- 그렇게 되면 어떤 것들이 좋아질까요?

• 그렇게 되기 위해 필요한 게 뭘까요?

이 질문들을 강사가 1:n(학습자 전체)으로 직접 해도 좋고, 학습자 상호(2인 혹은 그룹) 간에 인터뷰 대화를 통해 사고를 전개시킨 후 샘플 사례를 점검하여 학습자들에게 피드백해 줄 수도 있다. 현재 상태와의 차이를 인식시키고 바람직한 행동을 스스로 정의하도록 한 후 실습에 참여시키면, 목표 설정 없이 시도한 경우와 판이한 차이를 보인다. 이런 작업은 쌍방향 소통(two-way communication)이며 학습자가 직접 참여하므로 지루하지 않고 효과적인 결과를 얻는 방법이기도 하다.

긍정적인 목표로 서술하라

학습목표에 대한 동의를 구하기 위해 지금 상태가 어떤지를 물어보면 자신의 기대나 열망을 부정적으로 표현하는 사람들이 꽤 많다. 예를 들면, "조직 생활에서 어떤 점이 개선되면 좋을까요?"라고 물었을 때 "맨날 야근을 하니 애들한테도 미안하고 안팎으로 스트레스를 받아 힘드네요." 혹은 "직원들이 약속한 보고서가 늦어지면 스트레스를 받아 화를 자주 냅니다. 이걸 고쳐 보고 싶어요." 와 같은 표현이 이에 해당한다. 이처럼 문제라고 표현한 말을 긍정적으로 뒤집으면 목표가 된다. 차근차근 생각해 보자.

• "말씀을 듣고 보니 조직에서 성과도 내고 가정생활도 잘해 보고 싶다는 기대가 담겨 있네요. 그렇게 되기 위해 어떤 게 필요할까요? 오늘 강의 주제

인 '스마트 워킹'을 통해 어느 정도 답을 구할 수 있는데, 어떻게 생각하세요? 함께 답을 찾아보시겠습니까?"

- "화를 자주 낸다는 말은 일에 대한 책임감과 열정이 많아서 그런 것 아닌가요? 그렇다면 팀장님의 책임과 열정을 직원들이 받아들이면서 인간관계도 증진시키는 방법이 이 시간에 제공된다면 도움이 되겠습니까?"

TIP

강의 목적에 따라 강사가 준비할 점

〈지식이나 정보 전달이 목적인 강의에서 주안점〉

- '아하!' 하는 느낌이 전해지도록 인식이 전환될 기회를 제공
- 성공이나 실패했던 실제 사례 제시
- 학습함에 따른 유익함을 제공
- 적절한 시각 자료를 활용
- 지식을 잘 분류하여 서로 의미 있고 체계적으로 배열
- 주어진 시간에 비해 너무 많은 지식을 전달하지 않음
- 비유를 활용하여 이해를 도움
- 핵심 포인트를 자주 반복

〈스킬 향상이 목적인 강의에서의 주안점〉

- 실습에 참여할 때 학습자 간 지켜야 할 상호 약속(ground rules)을 미리 합의하여 실습 시간을 관리
- 잘한 점에 대해 인정과 칭찬을 통해 자신감 고취
- 부족한 점에 대해 지적당하는 느낌을 주기보다 질문을 활용하거나 원 포인트(One Point) 피드백으로 성찰 기회를 제공

학습자를 분석하라

당신 손 안에 있는 휴대전화가 울리기 시작한다. 전화를 받아 보니 잘 아는 분이 당신에게 처음으로 강의를 요청하는 반가운 전화였다. '와우!' 기쁜 마음으로 전화 통화를 하는데, 강의 날짜만 확인하고 강의와 관련된 궁금한 내용은 나중에 이메일로 물어보라고 한다. 당신은 이메일로 어떤 정보를 요청할 것인가? 궁금한 정보를 빈칸에 적어 보자.

예) 강의 날짜 및 시간, 강의 장소, 강의 내용, 강의 대상 등

당신이 요청하고 싶은 정보 중에 참가자와 관련된 정보가 있는가? 있다면 강의 관련 참가자의 어떤 정보를 구체적으로 알기 원하는가? 우리는 강의를 요청받을 때, 주로 강의 날짜와 시간, 강의 장소, 강의 대상, 강의 주제 정도를 전달받는다. 여기에는 무엇보다 중요한 정보가 빠져 있다. 그것은 바로 강의를 듣

는 학습자에 대한 정보다.

학습자와 관련된 정보가 얼마나 중요한지, 소개팅 상황을 예로 들어 설명해 본다. 한 솔로 남자가 소개팅 주선자에게 아주 괜찮은 분을 소개해 주겠다는 이야기를 전달받고 소개팅을 하기로 결심하였다. 이 남성은 정말 이 소개팅에서 좋은 결과를 만들고 싶은 마음이 가득한 상태다. 소개팅을 성공적으로 이루어 내기 위해 여러분이 이 남성이라면 어떤 준비를 하겠는가?

소개팅을 준비하는 과정을 보면, 이 남성이 연애에 고수인지 하수인지를 쉽게 알 수 있다. 하수는 구두, 옷, 가방 등 자신을 잘 보여 주는 것을 준비하는 데 많은 시간을 쏟는다. 그리고 시간이 남으면 유머와 같은 소개팅 분위기에 잘 어울리는 이야기를 종이에 적어 외운다.

고수는 다르다. 고수는 하수가 하는 준비도 기본적으로 하지만, 그와는 다르게 철저하게 준비하는 노하우 한 가지가 있다. 이것이 고수와 하수를 구분한다. 바로 주선자에게 소개팅 상대의 성향, 취미, 종교, 관심 분야, 출신 학교, 가족 관계, 과거 소개팅 경험 등 상대방의 구체적 정보를 최대한 충분히 받는 것이다.

드디어 소개팅 날, 하수와 고수는 대화 방식도 다르다. 하수는 자신이 준비한 것을 이야기하다가 끝이 난다. 반면에 고수는 상대방의 관심사로 시작해서 상대방의 관심사로 마무리한다. 고수는 말하기보다는 질문을 던지고 듣는 방식으로 소개팅 시간에 상대방으로부터 많은 참여를 이끈다. 고수와 하수의 차이가 무엇이라고 생각되는가?

강의를 준비하는 것이 꼭 소개팅 준비 단계와 흡사하다. 강사는 늘 소개팅 상대를 만나듯 새로운 사람을 대상으로 강의를 진행한다. 소개팅 하수와 고수처럼 하수는 준비한 콘텐츠에만 집중해서 시간 내에 암기한 것을 외우듯 강의에서 쏟아내기에 정신이 없다. 하지만 고수는 콘텐츠도 충분히 준비하지만, 강의가 시작되면 콘텐츠를 뛰어넘어 철저하게 학습자에게 집중하면서 그들의 현실에 맞게 콘텐츠를 함께 만들어 간다.

탁월한 동기부여가이자 리더십, 세일즈 강의가인 브라이언 트레이시(Brian Tracy)는 학습자 분석의 중요성에 대해서 다음과 같이 강조한다.

> 사람들은 종종 내게 훌륭한 강의를 할 수 있는 비결이 무엇이냐고 묻는다. 언제나 나는 '준비'라고 대답한다. 말하기의 성공 요인 가운데 90%는 얼마나 철저하게 준비하는가에 달려 있다. 사람들은 당신이 말을 시작한 후 불과 몇 분 내에 당신이 얼마나 성실하게 준비했는지 알아챈다. 준비의 출발점은 당신의 메시지를 듣게 될 사람이다. 곧 당신이 아니라 '그'가 중요하다는 점을 핵심에 두어야 한다는 뜻이다.

준비의 출발점은 '당신'이 아니라 메시지를 들을 '학습자'이다. 당신은 얼마나 많은 학습자의 정보를 바탕으로 강의를 준비하고 있는가?

그럼, 학습자의 어떤 정보가 강의 준비에 도움이 되는지 확인해 보자.

학습자의 인구통계학적 데이터

인구통계학적 데이터는 학습자의 특성을 가장 기본적으로 분석할 수 있는 틀이다. 우선 다음 네 가지로 학습자가 누구인지 대강 알아볼 수 있다.

- 성별: 다수가 남성인지 여성인지를 아는 것이 성별 특징을 바탕으로 강의 콘텐츠를 만들어 가는 데 도움이 된다.
- 연령: 연령대에 공유하는 그들만의 문화가 있다. 청소년과 70~80대 대상의 강의는 분명 어휘 사용부터 달라야 한다.
- 결혼 여부: 학습자의 라이프 사이클을 미리 예측할 수 있다. 미혼과 기혼의 관심사나 고민은 상당히 다르기 때문에 효과적인 예시를 찾는 데 도움을 받을 수 있다.
- 교육: 최종 학력과 학문 계열(문과/이과)에 대한 정보로, 해당 분야의 전문 지식 정도를 판가름할 수 있다.

학습자의 지식 수준

일반적인 교육 수준과 함께 강의 내용에 대한 학습자의 지식 수준도 중요한 변수가 될 수 있다. 지식이 많은 학습자라면, 기존 지식과 새로운 지식을 연결하여 설명한다. 전문 용어를 사용하는 것도 좋다.

학습자의 지식 수준이 낮다면 기초부터 설명해야 하고, 적절한 양의 정보를 제공해야 한다. 일상 용어로 설명하는 것이 효과적이다.

학습자가 강의 주제에 대해 무관심할 경우에는 서론에서 학습자의 관심을 불러일으켜야 한다. 나아가 본론에서도 내용에 관심을 갖게 해야 한다.

학습자의 자립성

학습자가 이 강좌에 자발적으로 참여한 것인지 아닌지를 알아봐야 한다. 수동적으로 참석하는 경우 학습자의 교육 몰입도가 시작 단계부터 상당히 낮을 수 있다. 이럴 경우 아이스 브레이킹을 적절히 섞어 재미 요소를 통해 의미를 찾아갈 수 있게 하는 일종의 장치가 필요하다.

학습자의 태도

학습자가 이 강좌에 우호적인가, 적대적인가, 중립적인가를 알아야 한다. 우호적이라면 공감하는 부분은 단순히 강조하고, 공감하지 않는 부분은 주장을 뒷받침하여 강조한다. 학습자가 적대적일 경우에는 학습자를 비난하거나 반대해서는 안 된다. 공통점을 찾아 공감대를 형성해 나가야 한다. 학습자의 태도를 한꺼번에 바꾸려 해서는 안 된다. 주장은 맨 나중에 하는 것이 좋다. 학습자가 중립적일 경우에는 일단 관심을 갖도록 자극하고, 행동을 유발할 수 있는 동기를 부여하는 것이 중요하다.

학습자의 최근 관심사나 고민거리

가장 효과적인 교육은 앞선 소개팅의 예처럼 학습자의 최근 관심사나 고민거리에서 시작해서 해당 콘텐츠를 통해 스스로 해결책을 찾아가도록 돕는 것이다.

학습자의 담당 업무

예를 들어, 회계 파트의 사람을 대상으로 강의하는 경우, 수치에 관련된 업무를 주로 하기 때문에 실제 수치를 보여 줄 때 더 효과적으로 설득할 수 있다. 잘못된 수치는 오히려 강의 신뢰도를 떨어뜨릴 수 있다.

학습자가 과거에 받은 교육

학습자가 과거에 교육받았던 내용과 강의 콘텐츠가 중복되는지를 아는 것은 무척 중요하다. 참가자는 비슷한 범주에 있는 강의도 유사한 강의로 치부하고 경청하지 않을 때가 많기 때문에, 과거에 어떤 교육을 받았는지를 파악하는 것은 강의의 시작점을 찍는 데 중요한 정보가 된다.

자주 쓰는 눈으로 손가락 안을 바라본다. 인간의 행동은 99%가 습관이다. 먼저 받은 교육이 습관이 된다.

학습자가 교육에서 얻고자 하는 것

학습자가 강의를 통해 얻고자 하는 것을 명확하게 표현하고, 강의에서 어떤 부분이 그 목표에 관련이 있는지를 강의를 통해 이야기해 주는 것은 학습자에게 강의의 의미를 부여하는 것이므로 대단히 중요하다.

소개팅을 준비하듯 설레는 마음으로, 학습자에 대한 정보를 바탕으로 강의를 준비하라!

말의 매력 1

- 상대의 걷잡을 수 없는 화를 가라앉히는 말: "미안해."
- 겸손한 인격의 탑을 쌓는 말: "고마워."
- 상대의 어깨를 으쓱하게 하는 말: "잘했어!"
- 화해와 평화를 부르는 말: "내가 잘못했어."
- 존재감을 쑥쑥 키워 주는 말: "당신이 최고야!"
- 상대의 기분을 '업' 시키는 말: "오늘 아주 멋져 보여."
- 더 나은 결과를 이끌어 내는 말: "네 생각은 어때?"
- 든든한 위로의 말: "내가 뭐 도울 일 없어?"
- 상대의 자신감을 하늘로 치솟게 하는 말: "어떻게 그런 생각을 다 했어?"
- 열정을 샘솟게 하는 말: "나이는 숫자에 불과해!"
- 상대의 능력을 200% 이끌어 내는 말: "당신을 믿어!"
- 점처럼 작아지는 용기를 크게 키우는 말: "넌 할 수 있어!"
- 부적보다 큰 힘이 되는 말: "널 위해 기도할게."
- 충고보다 효과적인 공감의 말: "잘 되지 않을 때도 있어."
- 돈 한 푼 들이지 않고 호감을 사는 말: "당신과 함께 있으면 기분이 좋아."
- 자녀의 앞날을 빛나게 하는 말: "네가 참 자랑스러워."
- 반복되는 일상에 새로운 희망을 선사하는 말: "첫 마음으로 살아가자!"

콘텐츠가 힘이다

강의를 강연이라고도 하는데, 강연이란 강의 연주(講義演奏)의 줄임말이다. 강의는 강사와 학습자 그리고 무대(세팅)가 이뤄 내는 종합 예술이다. 강사를 연주자라고 한다면, 강의 내용(콘텐츠)은 악보라 할 수 있다. 악보(곡)가 좋아야 연주가 빛이 난다. 많은 강사가 전달 방법(표현)에 관심을 갖지만 강의의 생명은 결국 콘텐츠다.

작곡하는 데 투입되는 시간이나 땀은 연주하는 방법을 익히는 데 투입되는 시간이나 땀에 비할 수 없다. 명강사가 되려면 강의하는 방법이나 기술보다 콘텐츠에 더 많은 시간과 땀을 투입해야 한다. '앵무새 강사'란 한두 개의 교안으로 강의를 하는 강사를 말한다. 그것도 업그레이드 없이 같은 내용으로 말이다. 콘텐츠 개발 능력이 없기 때문이다. 명강사는 콘텐츠 개발 능력을 갖춰야 한다. 다른 사람의 교안을 베끼다 보면, 같은 교안으로 강의하는 이들과 만날 수밖에 없다. 강의안 업그레이드에 게으르면, 유통 기한이 지난 강의를 할 수밖에 없다.

스스로 노래를 만들어 스스로 연주하는 싱어 송 라이터(Singer-songwriter) 같은 강사가 생명력이 있다. 스스로 편곡을 하고 새로운 곡을 만들어 낼 수 있어야 한다. 어떻게 하면 좋은 악보를 만들 수 있을까?

학습자가 원하는 주제를 개발하라

주제란 상품으로 말하면 아이템이다. 무엇이든 일단 만들어 내면 팔리던 시대가 있었다. 그러나 현대는 소비자가 원하는 것을 찾아서 상품을 만들어야 팔린다. 소비자의 니즈(Needs)는 다양하며 급속히 변한다. 강의 콘텐츠에 대한 학습자의 니즈도 다양하고 수시로 변한다.

소비자의 니즈를 파악하는 가장 좋은 방법은 소비자에게 직접 물어보는 것이다. 어떤 방법으로든 학습자가 원하는 것, 학습자에게 필요한 것을 찾아내는 것이 좋은 악보를 만드는 첫걸음이다. 여기서 학습자라는 것은 반드시 강의를 듣는 사람만이 아니라 강의의 소비자 전체를 의미한다. 학습자가 속한 조직이나 집단이 필요로 하는 주제를 찾아내는 노력이 콘텐츠를 만드는 것보다 더 중요하다. 그러자면 학습자나 그가 속한 조직과 집단이 처한 환경을 면밀히 분석해 봐야 한다.

강사는 일종의 '정보 지식 유통업자'라 할 수 있다. 소비자가 어떤 정보 지식 상품을 원하는지를 먼저 알아야 한다. '좋은 상품은 팔린다.'는 생각은 '필요한 상품은 팔린다.'로 바뀌어야 한다. 독창적이면서도 소비자층이 넓은 상품이 잘 팔린다. 유익하고 좋은 강의가 반드시 잘 팔리는 것은 아니다. 학습자가 무엇을 알고 싶어 하는가에 2/3, 내가 말하고 싶은 것에 1/3의 관심을 기울이면 좋다.

주제에 맞는 재료를 충분히 찾아라!

좋은 집을 지으려면 좋은 자재가 반드시 필요하다. 자재가 부족하거나 불량하면 좋은 집을 지을 수가 없다. 마찬가지로 좋은 교안을 만들려면 좋은 재료가 반드시 필요하다.

한옥을 지으려면 좋은 나무가 필요하고, 고층 건물을 지으려면 좋은 품질의 시멘트와 철강재가 필수적이다. 마찬가지로 재료가 주제에 맞아야 한다. 주제를 뒷받침해 줄 만한 재료, 확실한 근거가 있는 재료, 새롭고 독창적인 재료를 충분히 구해야 좋은 교안을 만들 수 있다. 버릴 땐 버리더라도 주제에 맞는 재료를 충분히 확보하는 것이 중요하다.

그러면 좋은 재료는 어디에 있는가? 재료는 자기 자신 안(In)과 밖(Out)에 수북이 쌓여 있다. 이것을 자기 것으로 만드는 작업이 필요하다.

In 정보

강의 재료가 가장 많이 쌓여 있는 곳은 우리 내부다. 우리의 생각 속에 가득한 정보 자료나 스스로 체험한 일을 그때그때 기록해 두는 것이 중요하다. 일본 사람은 기록하고 우리나라 사람은 기억하는 경향이 있다. 기록된 것만이 자기 것이 된다. 개인적인 경험, 관찰, 실험, 조사, 연구, 창조적인 상상(Ideation)을 놓치지 말고 그때그때 기록으로 옮겨 둬야 한다.

사람의 머릿속에는 무한한 아이디어가 들어 있다. 금광의 광맥 같은 그 아이디어를 어떻게 캐내느냐가 중요하다. 아이디어는 어떤 주제에 대해 꾸준히 관심을 집중할 때 떠오른다. 그것은 광맥을 찾아 열심히 탐구하고 땅을 파 내려가는 것과 같다. 때때로 아이디어들은 때와 장소를 가리지 않고 쏟아져 나오기도 한다. 땅속에서 갑자기 금덩어리가 발견되는 것과 마찬가지다.

아이디어는 휴식 중, 산책 중, 잠들 무렵, 잠 깰 무렵, 목욕 중, 운전 중, 세수 중, 화장실에서 볼일을 보는 중, 타인과의 대화 중에 떠오른다. 공교롭게도 메모하기가 어려울 때 아이디어는 떠오른다. 이러한 아이디어는 손에 잡히지 않는 상상에 불과하다. 그때그때 붙잡아 두지 않으면 다시 만날 수 없다.

유능한 강사가 되려면 자신과의 대화를 위해 항상 기록할 준비를 하고 있어야 한다. 아이디어를 만날 때마다 메모를 해 두어야 한다. 아이디어가 없는 사람이란 없다. 좋은 아이디어를 모두 흘려 버릴 뿐이다.

메모에는 성실성이 필요하다. 메모는 잊기 위해서도 필요하다. 말하자면 하나의 망각 장치인 셈이다. 메모는 기록해 두어야 할 것을 적어 둠으로써 머릿속에 있던 것을 잊어버릴 수 있게 해 주는 망각 수단이다. 불필요한 것을 지나치게 많이 머릿속에 넣어 두어 두뇌의 운동을 감소시킬 필요는 없다. 머리를 비워 두어야 깊은 사색을 할 수가 있다.

메모는 결국 다시 생각해 내기 위한 것이므로 뒤에 다시 읽을 때 그 내용을 생각해 내기 쉬워야 한다. 메모를 할 때에는 5W1H의 요소가 들어간 문장 식이 좋다. 다시 읽을 때 그 내용을 생각해 낼 수 있는 중요한 단어를 기록하는 것도 좋다.

메모지와 펜을 항상 휴대하는 습관이 필요하다. 필자는 주로 A4용지를 몇 번 접어서 주머니에 넣고 다니며 메모지로 사용한다. 최근에는 스마트폰의 메모 기능을 활용하기도 한다. 종이에 메모할 때에는 작은 한 면에 한 가지만 기록하는 게 좋다. 나중에 잘라서 보관을 해야 하니 한 면만 이용해야 한다.

아이디어가 떠오르지 않을 때에는 브레인 스토밍이나 발상 체크 리스트법,

토우피 등의 기법을 이용하여 어느 정도 강제로 아이디어를 끌어내는 방법도 있다.

최고의 강의는 성실한 메모를 통해 이루어진다. 생각하라. 그리고 메모하라!

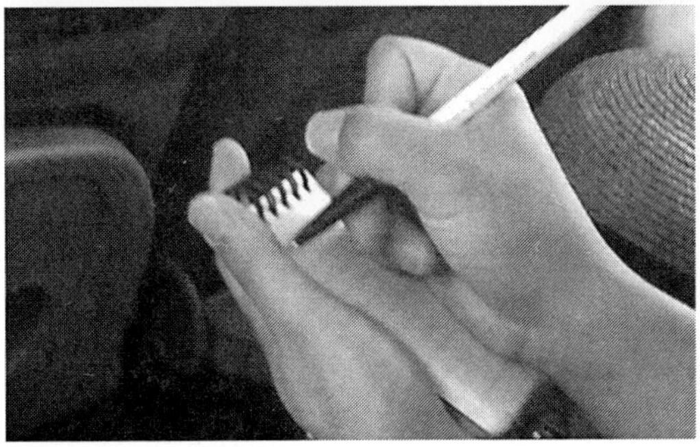

Out 정보

강의 재료는 우리 외부에 수없이 쌓여 있다. 신문, 잡지, 방송, 인터넷, SNS 등 미디어는 재료의 창고다. 다양한 사람도 재료를 지닌 중요한 취재원이다. 따라서 사람들의 말과 행동에 주목해야 한다. 사건, 사물, 장소도 취재의 대상이다. 필자는 세월호 참사 당시의 주요 신문을 모아 두었다. 시간이 날 때 다시 뒤

져보며 강의 재료를 찾기 위해서다.

다양한 정보 자료를 내 것으로 만들기 위해서는 스크랩이 습관화돼야 한다. 인쇄 매체는 가위로 오리고, 미디어는 파일 자체를 컴퓨터에 저장해 놓아야 한다. 촬영을 하거나 녹음을 해 둬야 할 것도 있다. 이때 주의할 것은 재료의 출처를 잘 기록해 둬야 한다는 점이다. 출처의 유무는 자료를 사료(思料)가 되게도 하고, 사료(死料)가 되게 하기도 한다.

우리의 내부와 외부에는 수많은 정보 자료가 쌓여 있다가 사라진다. 그것들은 하찮아 보이고 낡아 보이지만, 어떤 눈으로 보느냐에 따라 좋은 재료가 될 수도 있다. 똑같아 보이는 재료라도 요리사에 따라 고르는 안목이 다르다. 보이는 실체를 보고 보이지 않는 실체를 발견해 내는 능력이 필요하다.

정보와 자료를 찾는 걸 '취재'라 한다. 취재는 기자만 하는 것이 아니다. 기자처럼 부지런히 사람을 만나 질문을 많이 하고, 현장을 확인하고 거기에서 살아 있는 자료를 챙겨야 한다. 취재를 잘하려면 눈과 귀를 강의의 소비자인 학습자의 편에 두어야 한다. '학습자라면 어떤 소재에 관심이 있을까?'를 먼저 생각해야 한다.

재료는 남들이 잘 알지 못할수록 가치가 있다. 책방을 뒤지거나 해외를 여행하는 건 강의 재료를 찾는 좋은 방법이다. 새 책방을 뒤지다 보면 사람들의 관심사와 세상의 변화를 엿볼 수가 있다. 이는 강의 주제를 잡거나 소재를 찾는 데 큰 도움이 된다. 헌책방을 뒤지다 보면 세상에 알려지지 않은 재료를 구할 수 있다. 언젠가 어느 대형 서점 구석에서 희귀한 책을 발견한 적이 있다. 색이 바랜 오래된 책이었는데, 두 권이 꽂혀 있었다. 나는 두 권 모두 샀다. 그 재료를 나만 갖고 싶어서다.

해외여행 중에도 나는 안내자의 설명을 잘 듣지 않고 딴짓을 하는 편이다. 사실 안내자의 설명은 어디서나 들을 수 있는 내용이다. 알려지지 않은 재료를 찾으려면 내가 직접 찾아야 한다.

취재를 잘하려면 듣는 기술, 보는 기술, 읽는 기술 그리고 메모를 하는 기술이 필요하다. 그냥 듣기(hear)보다는 귀를 기울여야(listen) 하고, 그냥 보고(look) 읽기보다 상상력을 토대로 보고(look for) 읽어야 한다. 그리고 그것을 기록으로 남겨두는 것이 좋다. 연필과 메모지, 녹음기와 카메라는 취재의 좋은 수단이다. 스마트폰을 잘 활용하면 좋다. 암탉이 온갖 잡것을 먹고 알을 낳듯 성실한 취재가 좋은 콘텐츠를 낳는다. 명강사가 되려면 메모광, 스크랩광이 되어야 한다.

강의란 정보 지식 유통 산업이다. 정보가 곧 가치를 만든다. 그러므로 강사는 에너지의 1/3 이상을 정보를 수집하고 관리하는 데 쏟을 필요가 있다. 성공적인 강의는 유익한 정보를 얼마나 확보하고 있느냐로 결정되기 때문이다.

언제든 찾기 쉽게 보관하라

가장 먼저 정리해야 할 정보 자료는 서적이다. 책은 가장 자주 사용하는 주제끼리 가까운 곳에 배치하는 것이 좋다. 종이로 된 메모지나 스크랩 자료는 오프라인 분류함에 보관하는 것을 추천한다. 인터넷 등에서 스크랩한 컴퓨터 파일은 컴퓨터나 스마트폰 안에 폴더를 만들어 보관하면 사용이 편리하다.

중요한 것은 분류 항목을 만드는 일이다. 자신에게 관심이 많은 주제에 맞춰 세분화하는 것이 좋다. 분류를 지나치게 세분화하면 찾기가 어려워진다. 무엇보다 주제어를 잘 정해야 한다. 아무리 많은 정보 자료를 보관하고 있다 해도 필요할 때 그것을 꺼내지 못하면 아무 소용이 없기 때문이다. 주제어는 주소나 마찬가지이므로 자신이 알기 쉬운 말로 정하는 것이 좋다. 주제별로 또는 시기

별로 나눌 수도 있다.

분류 항목이 너무 많은 데다 정보량이 너무 많아지면 공간을 많이 차지하고 찾기가 어려워진다. 그러므로 수시로 열어 보며 가치가 없는 것은 과감히 버리는 것이 좋다.

주변머리를 넓혀라

강사에게는 '소갈머리'만이 아니라 '주변머리'도 필요하다. 어떤 주제에 대해 보다 폭넓고 깊은 '주변머리'가 필요하다. 다양한 독서와 경험을 통해 다양한 분야에 대해 알아야 한다. '사람'에 대해 깊이 이해하고 있어야 한다.

좋은 강사가 되려면 특히 인문학적 소양이 필요하다. 자칫 "어떻게 하면 개울의 물고기를 짧은 시간에 많이 잡을까?"를 말하기 쉽다. 좋은 강사는 "어떻게 해야 다른 사람을 위해, 다음 세대를 위해, 환경 보존을 위해 물고기를 남겨둘 수 있을까?"를 말해야 한다.

강의를 설계하라

수업설계는 강의를 기획하는 과정에서 주최 측이 결정할 때도 있지만 특강이 아닌 패키지 프로그램인 경우에는 강사가 전담하기도 한다. 강사는 수업설계에 맞게 강의를 설계해야 한다. 좋은 강의 설계를 위해 수업설계와 강의설계에 대해 알아본다.

수업설계 6원칙

대학 수업 형태의 강의를 기준으로 수업설계에 대해 알아보자. 수업설계는 육하원칙으로 설명할 수 있다.

- Why: 왜 이걸 가르치고(교수목적), 왜 이걸 학습해야 하나(학습목적)?
- What: 무엇을 얼마나 가르치고(교수목표), 무엇을 얼마나 학습해야 하나(학습목표)?
- Who(Whom): 누가 누구에게 가르치고, 누가 학습해야 하나(대상)?

• How: 어떤 방식으로 가르치고(교수방법), 어떤 방식으로 학습할 것인가(학습방법)?

• When: 언제 가르치고, 언제 학습이 일어나는가?

• Where: 어디에서(어떤 상황에서) 가르치고, 어디에서 학습할 것인가?

여기에 수업의 성과를 측정하는 평가와 피드백이 추가돼야 한다. 평가와 피드백은 수업목적(교수목적, 학습목적)과 수업목표(교수목표, 학습목표)에 철저히 근거해야 한다. 여기에서 벗어난 평가와 피드백 결과는 수업의 성과로 보기 어렵다.

수업설계 요소

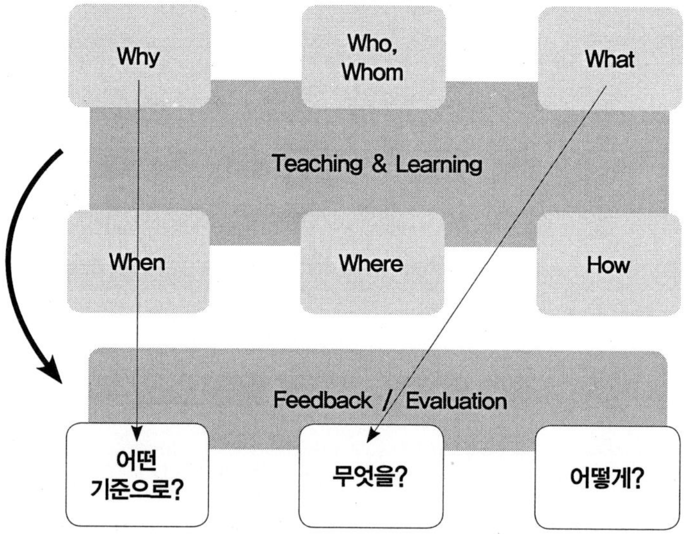

강의 설계 5단계: O-P-V-R-C

강의를 설계할 때에는 학습내용에 맞는 프레임을 활용하는 것이 좋다. 강의는 주어진 시간 안에서 전개해야 하므로 시간의 길이에 따라 전달식 혹은 참여식으로 구성한다. 전달식은 주로 일방향(One-way) 소통 방식이며 주입식이다. 참여식은 질문이나 실습을 통한 쌍방향(Two-way) 소통 방식이다. 참여식은 시간이 더 많이 소요되므로, 강의설계를 할 때 시간이 중요한 변수로 작용한다.

또 하나의 변수는 학습 클래스의 크기다. 학습자가 많을수록 참여식 방법을 진행하기가 어렵다. 강사의 시선도 분산되는 만큼 학습자의 집중도가 떨어져 참여도가 약해지므로 그만큼 준비를 철저히 해야 한다. 대규모 강의일수록 강사의 스킬이 더 많이 요구된다.

큰 그림을 먼저 보여 주고 점진적인 학습을 전개한 후, 다시 큰 그림으로 요약해 주는 것이 P(Preview)-V(View)-R(Review) 방식이다. 이는 학습자에게 학습 내용을 명료하게 전달해 주는 데 효과적인 진행 방법이다. 여기에 오프닝(Opening)과 클로징(Closing)을 더해 O-P-V-R-C 방식으로 진행하면 좋다.

- 오프닝(Opening)에서는 강사를 소개하고 학습자의 주의를 집중시킨다. 아울러 학습자와 친밀감을 형성한다.
- 프리뷰(Preview)에서는 진행할 강의 내용을 미리 보여 줌으로써 강의에 대한 기대감을 높여 준다.
- 뷰(View)에서는 강의 각론을 하나씩 설명해 나가면서 인식 확장과 '아하!' 임팩트를 제공한다.
- 리뷰(Review)에서는 강의 내용 전체를 요약하여 총정리하고 복습한다.

• 클로징(Closing)은 실행 의지를 다짐하며 강사와 학습자가 서로 감사하는 시간이다.

2시간 내외의 실습 방식 강의를 설계하는 것을 염두에 두고 OPVRC를 세분하여 설명한다.

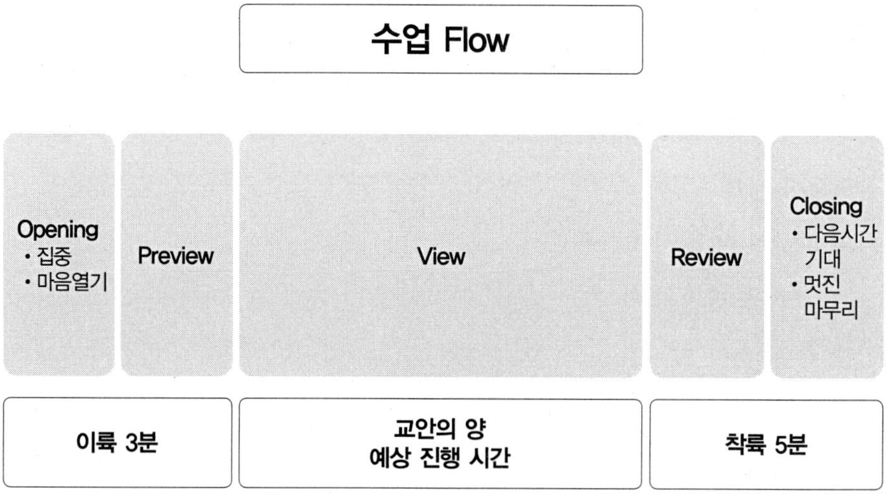

오프닝(Opening)

오프닝 단계에서는 주의와 관심을 유발한다. 주의 집중과 관심 유발을 어떻게 할 것인가? "우리는 살면서 여러 가지 도구를 사용합니다. 여러분은 살아가는 데 가장 중요한 도구가 무엇이라고 생각하십니까?" 하는 식으로 도입 질문을 한다. 도입 질문을 하되 정답을 요구하기보다 누구나 대답하기 쉬운 질문을 준비한다. 대답을 하도록 격려도 하고, 어떤 대답에도 관심을 기울여 주면서 감사를 표하거나 왜 그런지 묻기도 하고 학습자의 답변에 담긴 관점을 인정해 준다. 처음에는 전체에게 질문을 하지만 대답이 안 나올 경우를 대비하여 지명하여 묻기도 하고 대답을 촉진시킬 힌트나 유인책(간단한 선물)을 제공하기도 한다.

학습목표를 어떻게 공유하고 공감할 것인가? 이 단계는 학습에 대한 기대를 갖게 하는 단계다. 이럴 때 질문으로 생각을 열도록 유도하는 것도 좋다.

"여러분은 누군가 꼭 설득해야 할 때 몇 %나 성공했었나요? 이번 시간에 우리가 다룰 학습목표는 설득하는 소통 방법 다섯 가지입니다. 이 시간의 학습을 마치면 여러분은 쌍방 간에 만족하는 설득 스킬을 사용할 수 있게 됩니다. 혹시 부모나 배우자 혹은 친구에게 가장 설득하고 싶은 게 있다면 무엇입니까?"

프리뷰(Preview)

프리뷰 단계에서는 진행할 강의 내용을 미리 보여 줌으로써 강의에 대한 기대감을 높여 준다. 여행을 출발하기 전에 목적지와 중간 경유지를 알려 주는 것과 같다. 만약 이런 과정 없이 여행을 출발했다고 가정해 보자. 여행에 대한 관심이 떨어지고 나중에 제대로 기억도 하지 못할 것이다.

본 강의 이전에 학습된 내용이 있는 경우에는 질문을 통해 복습을 하거나 연결 고리를 만든다. 또는 일상생활에서의 경험을 떠올려 학습내용과 연결하도록 자극한다. "최근에 설득했던 경험을 누가 말해 볼까요?" "설득이 안 되어 낭패를 보았던 경험이 있을 텐데 어떤 게 떠오르나요?"

강사가 질문을 해도 대답이 잘 안 나올 수 있다. 이럴 때에는 2인씩 짝을 지어 혹은 소그룹으로 대화를 나눠 보도록 하면 참여도가 급상승한다. 그런 후에 전체 장에서 소개를 해 달라고 하면 비교적 수월하게 사례를 모을 수 있다. 소그룹으로 대화를 나누게 하고 나서 외향적인 사람이 누구인지 파악했다가 그런 성향의 학습자에게 발표를 부탁하는 것도 하나의 요령이다.

뷰(View)

뷰 단계에서는 개념을 명료하게 하고 강의 각론을 하나씩 설명해 나가면서 인식 확장과 '아하!' 임팩트를 제공한다. 예컨대, 설득의 중요성, 설득인 것과 아닌 것의 구분, 설득의 정의와 같은 개념을 강조하여 키워드를 분명히 인식하도록 설계한다. 이때 콘텐츠를 파워포인트 슬라이드로 만들어 이해를 돕거나 스토리텔링을 통해 사례로 전달하거나 동영상 자료를 통해 기억에 오래 남도록 설계할 수 있다. 간단한 문제(진위형 혹은 사지선다형)나 퀴즈를 내어 생각을 촉진하도록 유도해도 좋다. 질문 세트를 준비해 두면 참여식으로 강의를 전개하기가 매우 쉽다.

다음은 질문 세트의 사례다.

- 설득력은 언제 필요할까요?
- 설득을 왜 하는 거죠?
- 설득을 제대로 못하면 어떤 불이익이 생길까요?
- 설득과 협상이 어떻게 다를까요?
- 설득다운 설득은 무엇일까요?
- 설득당했다는 생각이 들 때 기분이 어떤가요?
- 설득을 할 때 자기주장만 한다면 어떨까요?

- 설득할 때 가장 중요한 것이 무엇일까요?
- 주의할 점이 있다면 무엇일까요?
- 자신이 설득을 당하면서도 기분이 상하지 않았을 때 그건 무엇 때문일까요?

뷰 단계에서는 새로운 이론을 제공하고 실습 방법을 가이드한다. 학습자에게 과제를 주어 현 수준에서 실습을 해 보도록 한 후, 바람직한 스킬 이론을 제공하여 새롭게 학습한 과제를 실습해 보도록 한다. 소그룹(혹은 2인)으로 실습한 후 몇 그룹을 뽑아 전체 클래스에서 시연하도록 하여 학습자 전원이 관찰 가능하도록 실습 계획을 짠다.

뷰 단계에서는 피드백을 어떻게 진행할 것인지 설계한다. 강사가 직접 피드백을 전달하는 방법이 있지만, 가급적 학습자가 성찰할 수 있도록 질문을 준비하여 참여를 유도한다. 예컨대, 다음과 질문을 고려해 두는 것이 좋다.

- 역할연기를 하면서 어디에 초점을 두려고 했나요?
- 그 사람 역할을 하고 나니 어떤가요?
- 그런 느낌이나 생각이 든 이유는 뭘까요?
- 여러분이 보시기에 이번 역할연기에서 어떤 점이 좋았나요?
- 만일 여러분이 역할연기를 한다면 어떤 부분을 달리해 보고 싶나요?"

리뷰(Review, Reminding)

리뷰 단계에서는 지금까지 다룬 내용을 요약하여 총정리하고 복습한다. 학습했던 내용을 정리하여 기억을 되살려 주거나 실행 의지를 북돋아 줄 수 있다. 액션러닝 프로그램에서 사용하는 '배-느-실'이라는 방법이 있는데 매우 효과적이다. '배-느-실'은 '배운 점(Learn)-느낀 점(Feel)-실행할 점(Do)'을 말한다.

- 시간 중에 배운 점, 느낀 점, 실행할 점을 포스트잇에 작성하게 한다.
- 소그룹(4~ 6명)에서 상호 공유한다. 또 '포스트잇'을 이용하여 벽에 붙여 놓고 해도 된다.

그룹별로 1명씩 뽑아 전체 인원과 공유할 수 있도록 발표를 부탁한다. 이렇게 하면 전체적으로 복습도 되고, 다른 사람의 실행 의지에 자극받아 각자 자신의 실행 목표를 향상시키기도 한다.

클로징(Closing)

클로징 단계에서는 실행 의지를 다짐하며 교수자와 학습자가 서로 감사하는 시간이다. 흔히 '유종의 미'란 말을 많이 한다. 끝나는 시간이 아름답다면 강사나 학습자 모두에게 바람직하다. 학습자가 만족스러운 표정으로 감사한 마음으로 박수를 보낸다면 강사는 보람을 얻는다. 그렇게 되기 위해 강사가 종료 단계에서 마무리할 부분이 남아 있다. 강사만 수고한 것이 아니다. 학습자가 참여해준 것에 감사를 표해야 한다. 온갖 시상식에서 수상자가 주변 사람들에게 감사를 표하는 모습이 아름답지 않은가?

학습자가 속한 공동체, 학습자 전체에게 혹은 특별히 강의 중에 기여한 사람이 있다면 그에게 감사를 표하는 것이 좋다. 강의 주제에 따라 클로징 멘트도 감동을 주는 형식으로 준비하여 트레이드 마크처럼 전달하면 좋다. 강사들이 속담이나 격언, 역사적 인물의 명언, 명구를 자주 활용하는데 비교적 효과가 좋다. 그와 함께 핵심을 다시 강조하거나 당부의 말 혹은 기대 표명을 곁들이는 것도 방법이다.

- 아무리 가까운 거리도 가지 않으면 도달할 수 없고, 아무리 쉬운 일도 하지 않으면 얻을 수 없다고 했습니다. 여러분! '실행만이 답'입니다. 오늘 배운 내용을 실천하면서 더 큰 성공을 얻으시고 행복하시기 바랍니다.
- 여러분! '빨리 가려면 혼자 가고, 멀리 가려면 함께 가라.'는 말이 있습니다. 오늘 시간을 통해 여러분이 인간 중심적이라는 느낌을 많이 받았고, 혼자 빨리 갈 사람은 없어 보입니다. 여러분이 속한 조직과 더불어 함께 멀리 가시고 행복한 날이 이어지기를 기원합니다.

• 긴 시간 집중도 잘해 주시고 적극적으로 참여해 주셔서 정말 감사합니다. 여러분과 이 시간을 함께하면서 보람을 많이 느꼈고 오래 기억이 날 것 같습니다. 아무쪼록 늘 건강하시고 가정에 행복이 깃들면서 조직에서 크게 발전하시기 바랍니다.

강의에서 시작 3분은 비행기의 이륙 시간으로, 마무리 5분은 착륙 시간으로 비유할 수 있다. 항공기 사고의 대부분이 이륙과 착륙 시 발생하는 것처럼 강의에서 시작과 마무리는 대단히 중요하다. 강사는 시작과 마무리에 많은 관심을 기울여야 한다.

TIP

강의 설계를 위한 다음의 항목에 어떤 답이 준비되었는지 스스로 체크해 보자.

① 어떻게 학습자와 친밀감을 빨리 형성할 것인가?

② 처음 3분 동안 어떻게 주의를 집중시킬 것인가?

③ 어떻게 학습에 대한 기대감을 갖도록 할 것인가?

④ 학습자들이 새롭게 인식할 부분은 무엇인가?

⑤ 언제, 어느 대목에서 깨달음을 얻게 할 것인가?

⑥ 실행 의지를 다짐하도록 어떻게 주도하고 연출할 것인가?

⑦ 감동을 받는다면 어떤 점 때문일까?

창조적인 영상 교안을 만들라

강의 체계를 설계했으면 이제 강의 전에 해야 할 창의적인 활동 한 가지가 남았다. 강의 교안 만들기다. 교안은 학습내용을 학습자가 장기간 기억하도록 도와주는 중요한 도구다. 왜 '중요한'이란 수식어를 붙였을까? 교안 자체가 학습자와 소통하는 커뮤니케이션 수단이기 때문이다.

요즘은 매체가 발달했기 때문에 시간을 절약하고 강의 효과를 높이기 위해 판서를 하지 않는다. 대신 파워포인트를 활용한 멀티미디어(텍스트, 동영상, 오디오 결합)를 주로 사용한다. 강사가 학습자 앞에 서서 화면에 어떠한 교재 없이 강의 시간 내내 말로만 전달한다고 가정해 보라. 어떻겠는가? 강의 내용을 목소리와 제스처로만 전달하기 때문에 단조로운 강의가 될 수 있고, 이로 인해 학습자의 몰입도가 떨어질 수 있다. 강의는 강사의 언어를 통해서만 소통되는 것이 아니라 강의안이라 부르는 교안을 통해서도 학습자와 소통한다. 따라서 교안이 잘 준비되어 있으면 학습자가 강의에 잘 참여할 수 있는 분위기를 만들 수 있고, 강사의 전달력을 보완해 준다.

강의를 영화에 비유하면 좀 더 자세히 이해할 수 있다. 강의 설계 단계는 영화 시나리오를 구성하는 단계 정도로 볼 수 있다. 시나리오 작업 후에 영상으로 표현하기 위한 단계가 필요하고, 이때 감독은 영화 관객에게 시나리오를 효과적으로 전달하기 위한 다양한 효과를 고민한다.

강사도 강의를 통해 전달하려는 내용을 설계했으면, 다음으로 내용을 효과적으로 표현하기 위한 교안 만들기에 많은 에너지를 쏟는다. 일부 교육 전문회사는 영화 제작 과정과 유사하게 시나리오를 바탕으로 강의 콘텐츠를 설계하는 파트와 이를 구현하기 위한 교안을 제작하는 파트를 따로 두기도 한다. 이런 경우 강의의 전반적인 질이 크게 향상되면서 교육 효과를 크게 높일 수 있다. 그러나 전문화된 교육 회사는 아직 극소수이고, 대부분의 강사는 강의 설계와 교안 모두를 직접 만들어야 하는 것이 현실이다. 강사는 강의만 신경 쓰는 것이 아니라 강의가 이루어지기 전부터 준비할 일이 꽤 많다.

무엇을 만들든 구체적인 제작 도구가 있어야 하는데, 윈도우 환경에서의 파워포인트, 매킨토시 환경에서의 키노트가 교안을 만들 때 가장 일반적으로 사용되는 도구다. 파워포인트를 사용하든 키노트를 사용하든 기본 기능은 유사하지만, 사용자 수가 훨씬 더 많은 파워포인트를 예로 들어 설명하겠다.

자, 이제 본격적으로 컴퓨터를 켜고 파워포인트를 실행해 보자. 파워포인트가 열리면 하얀 화면 외에는 별다른 것이 안 보일 것이다. 이 하얀 화면에 마치 그림을 그리듯 설계한 내가 이야기하고 싶은 내용을 담아서 표현하면 교안이 된다. 그림으로 표현하고 싶으면 이미지 컷을 삽입하고, 글로 표현하고 싶다면 직접 텍스트를 입력하면 된다. 동영상을 삽입할 수도 있고, 잔잔한 음악을 삽입하여 원하는 내용을 효과적으로 전달할 수도 있다. 그래서 교안 작업은 창조적인 작업이다. 시각과 청각을 통해 콘텐츠가 잘 전달될 수 있도록 주어진 기능을 잘 활용하면 교안을 통해 메시지를 보다 더 효과적으로 전달할 수 있기 때문이다.

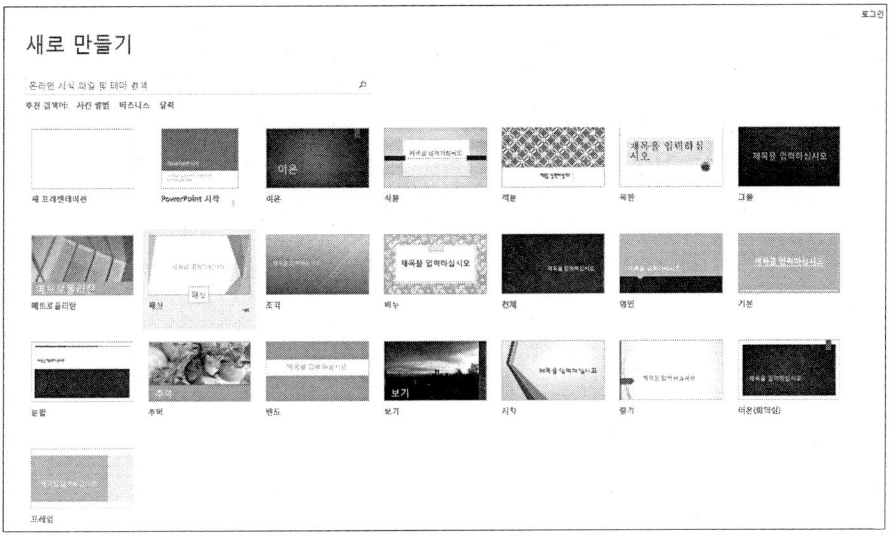
새로 만들기

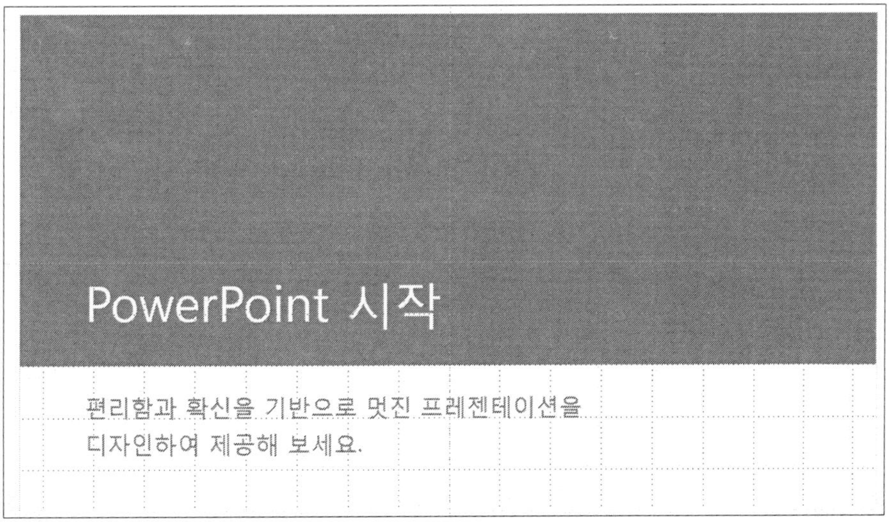
PowerPoint 시작
편리함과 확신을 기반으로 멋진 프레젠테이션을
디자인하여 제공해 보세요.

텍스트 효과

학습자가 보기에 편안한 폰트(글자)인 표준 폰트를 사용한다

표준 폰트라 하는 것은 학습자에게 익숙한 폰트인데, 파워포인트에 있는 '맑은 고딕'을 추천한다. 특별한 효과를 주기 위해 다양한 폰트를 사용하면, 일관성 없는 커뮤니케이션을 하는 것처럼 학습자에게 복잡한 느낌을 준다. 기본 폰트는 모두 표준 폰트로 통일하고, 특별한 메시지를 담은 문장을 강조하고 싶을 때만 추가 폰트 한두 가지를 효과적으로 사용하면 된다. 영문은 'Times New Roman'을 추천한다.

폰트 크기로 제목은 40, 44, 내용은 24, 28 정도를 사용한다

폰트 크기는 강의장의 좌석 배치나 규모 등에 의한 환경과 학습자의 연령에 따라 조금씩 달라진다. 그러나 일반적으로 사용하는 폰트 크기는 눈을 찌푸리지 않아도 보일 정도로 가독성 있는 크기로 사용하는 것이 좋다. 간혹 같은 문장에서도 조금 더 강조하고 싶은 단어가 있는 경우, 크기를 다른 글자의 1.5배 정도 크게 하여 쉽게 강조할 수도 있다.

참가자에게 제공하는 배부 자료에는 파워포인트 폰트 크기를 제목은 32, 26, 내용인 경우 20, 18 정도로 하는 것이 적당하다.

폰트의 색은 흰 바탕에 검은색을 기본으로 한다

폰트의 색상은 가급적 검은색으로 통일한다. 가급적이란 표현을 쓴 이유는 특정 문구를 강조할 때 폰트 크기가 아닌 색상으로도 강조할 수 있기 때문이다. 색의 변화를 통해 시각적 효과를 거둘 수 있다. 이런 경우를 제외하고는 폰트의 색상은 통일하는 것이 좋다. 바탕의 배경색이 달라질 경우, 폰트의 기본 색상도 바뀐다. 예를 들면, 검은 바탕으로 할 경우는 흰색을 기본 폰트 색상으로 한다. 주로 보색 관계로 바탕과 폰트의 색상을 지정한다고 생각하면 된다.

색상의 변화 없이 강조하고 싶은 경우, 폰트를 진하게(Bold) 처리하기도 한다.

한 화면에 하나의 메시지만 표현하라

불안한 마음에 읽지도 않는 텍스트를 한 화면에 가득 넣고 시간이 남으면 다 읽어 주고, 부족하면 넘기는 경우도 적지 않게 보게 된다. 학습자가 화면에 글자로 가득 찬 교안을 본다면, 바로 눈을 감고 싶을 것이다. 이러한 교안은 학습자보다는 강사를 위한 교안이며, 학습자 입장에서는 혼란스러운 교안이기 때문이다. 따라서 한 화면에 읽지 않을 문장들은 삭제하고, 강조하고 싶은 핵심 문장만을 남겨 두는 게 좋다.

애니메이션 효과는 '밝기 변화'와 같은 은은한 것이 적당하다

파워포인트 기능에는 다양한 애니메이션 효과가 있다. 하나씩 넣어 보면서 자신이 표현하고 싶은 것을 잘 골라서 사용하면 좋다. 주의할 것은 너무 다양한 애니메이션을 넣지 말아야 한다는 것이다. 몰입도를 높이려고, 화면상에 글자가 여기저기 날아다니는 현란한 교안을 가끔 보는데, 무척 어지럽다. 애니메이션 효과는 가급적 절제하는 것이 좋다. 학습자의 집중을 유지하기 위해서는 파워포인트 화면이 현란한 것보다는 '밝기 변화'와 같은 은은한 애니메이션 효과를 주는 것이 좋다.

한편 화면 내용과 강사의 표현은 시간차(時間差)를 잘 맞춰야 한다. 강사가 말하는 내용과 화면의 표현이 절묘하게 나타나야 효과적이기 때문이다. 말하고 듣는 속도보다 보는 속도가 빠르다. 애니매이션 효과를 전혀 사용하지 않고 강사가 할 말을 화면에 미리 나타내면 학습자는 흥미를 잃게 된다. 교사가 칠판에 분필로 학습내용을 써 가면서 강의를 하듯이 적절한 애니메이션을 활용하는 것이 효과적이다.

이미지 효과

연관성이 있는 이미지만 선택하라

이미지는 텍스트보다 전달력이 강하다. 텍스트보다 기억에 오래 남는 메시지를 전달하고자 할 때는 그 메시지를 잘 부각해 주는 이미지를 찾아야 한다. 그냥 멋있고 예쁜 사진이 있다 하여 교안에 넣는다면 메시지 전달에 혼선이 생길 수 있다. 강의 내용을 직접적으로 강조하기 위해 연관성 있는 이미지를 사용하지만, 은유적으로 표현하기 위해서는 간접적으로 연관성이 있는 이미지를 사용할 수도 있다. 예를 들면, '시간'을 흐르는 강물로 표현하고자 하면 시간의 정의를 보여 주면서 배경에 흐르는 강물을 보여 줌으로써 그 메시지를 강력하게 전달할 수 있다.

이미지 자료를 인터넷에서 구할 때에는 저작권 문제가 발생하지 않도록 주의해야 한다. 저작권이 해제된 웹사이트(검색어: copyright free image)를 알아 두면 좋다.

TIP

이미지 자료를 구할 수 있는 사이트

http://www.morguefile.com

http://www.freeimages.com

http://www.flickr.com

http://www.freepixels.com

http://www.imagebase.net

이미지 해상도에 따라 보여 줄 이미지의 배치를 결정한다

이미지를 통한 메시지를 주고자 하는 경우, 한 이미지를 화면 전체를 채우게 된다. 학습자는 이미지만으로도 강사가 표현하고자 하는 느낌을 쉽게 이해할 수 있다. 이때 주의할 점은 이미지 해상도가 파워포인트 화면을 가득 채울 만큼 큰지 확인해야 한다는 것이다. 이미지의 해상도가 낮아서 이미지가 선명하지 않을 경우, 이미지를 통해 주고자 하는 강력한 느낌 대신에 '충실하지 않은 강사'로 기억될 수 있다. 이는 강의에 대한 신뢰도를 떨어 뜨린다. 해상도가 낮다면 이미지 사이즈를 작게 해서 화면 적절한 곳에 배치해도 그 효과를 살릴 수 있다.

사운드

경고음 등 기본적으로 제공되는 효과음의 사용은 되도록 피한다

사운드는 학습자의 몰입도를 높이는 데 좋은 효과를 줄 수 있다. 그런데 기본적으로 제공되는 효과음을 자주 사용하면, 오히려 강의의 흐름을 깨기 때문에 불필요한 잡음으로 느낄 수 있다. 특히 경고음과 같은 효과음 사용은 피한다.

배경 음악으로는 가사가 없는 음원 파일을 사용한다

강의 때 사용하는 배경 음악은 감성을 풍부하게 하는 데 큰 도움을 준다. 예를 들어, 강의 중 자신의 생각을 적어 정리하는 시간이 있다면, 배경 음악으로 분위기에 맞는 잔잔한 음악을 넣어 주면 효과적이다. 분위기 있는 커피숍엔 늘 그 분위기를 더해 주는 음악이 흐르고 있는 것도 같은 이치다. 단, 음악을 배경에 넣을 때는 가사가 있는 음악은 피하는 것이 좋다. 가사가 있는 음악을 사용하면 학습자는 배경에 나오는 음악 가사에 신경을 빼앗길 가능성이 크기 때문이다.

벅스뮤직(www.bugs.co.kr)과 같은 음원을 제공하는 사이트에서 음악을 듣고, 구입하여 사용하는 것이 좋다.

전 세계에서 실시간으로 공개되는 교안의 예를 보고 싶다면 슬라이드쉐어 사이트(www.slideshare.net)에 접속하여 자신의 주제와 관련된 키워드(예: 소통)를 사용하면 공유된 파워포인트 교안을 살펴볼 수 있다. 구글에서 검색어와 함께 'filetype:ppt'을 함께 검색하면 파워포인트 자료를 열어 볼 수도 있다(예: 소통 filetype:ppt).

최적의 강의 환경을 조성하라

강사, 학습자 그리고 상황

수업은 바다에서 강사가 탄 배와 학습자가 탄 배가 서로 소통하는 것에 비유할 수 있다. 두 배가 소통을 위해 최선을 다한다고 해서 성공할 수 있는 건 아니다. 바다의 여러 상황이 소통하기에 좋아야 한다. 수업의 성과는 강사와 학습자 그리고 상황이 이뤄 내는 산물이라고 할 수 있다. 수업의 성과가 낮다는 것은 강사, 학습자, 상황 중 어딘가에 장애 요인이 있음을 말한다.

강사, 학습자, 상황이 갖고 있는 장애 요인에는 어떤 것들이 있을까?

강사가 갖고 있는 장애 요인	학습자가 갖고 있는 장애 요인	상황이 갖고 있는 장애 요인
학습자에 대한 무지	강사 비하	공간적 제약
학습자 무시	강사 평가	시간적 제약
세대 차이	강사 의심	소음
학습자에 대한 배려 부족	부정적 사고	악취
학습자의 부정적 감정 자극	부정적 감정	온도
준거의 차이	의욕 부족	밝기

자신감 부족	선택적 청취	소리의 울림
대인 감수성 부족	집중력 부족	장비
낯가림	주의 산만함	시설
소통의 목적과 목표 부재	맥락의 차이	도구
소통 기술 부족	피로감	관심 끄는 물건
언어와 비언어 불일치	언어 장벽	외부에 노출되는 투명한 창
지나친 강사 주도(독점)	지적 능력 부족	제3자 개입
일방적인 표현	이해력 부족	공포, 불신, 강압적 분위기
권위주의	수강 목적 부재	좌석 배열
비합리적 사고	부적합한 연령	낯선 대면
공감하기 어려운 가치관	포용력 부족	문화의 차이
선입관	가치관의 차이	
준비 미흡	종교관의 차이	
의욕과 열정 부족		
과도한 메시지의 양		

間-具-心

배에서 가장 영향력이 있는 건 선장이 아니라 배의 설계자라는 말이 있다. 선장도 결국은 설계자가 설계한 배에서 활동을 하는 것이니 맞는 말이다. 강사가 강의의 효과를 위해 특별히 관심을 가져야 할 것은 상황(Setting)이다. 어떤 강사도, 어떤 학습자도 주어진 상황에서 자유로울 수는 없다.

강의장의 환경은 대부분 이미 결정되어 있어 강사가 손댈 수 있는 부분이 별로 없다. 그럼에도 강의 성과의 최종 책임은 강사에게 돌아가므로 강사는 사전에 효과적인 환경을 조성하는 데 신경을 써야 한다. 사전에 주최 측과 조정하거나 당일 일찍 강의장에 도착하여 부분적으로나마 환경을 개선해야 한다.

강의 환경을 '間' '具' '心' 세 가지로 점검하면 효과적이다.

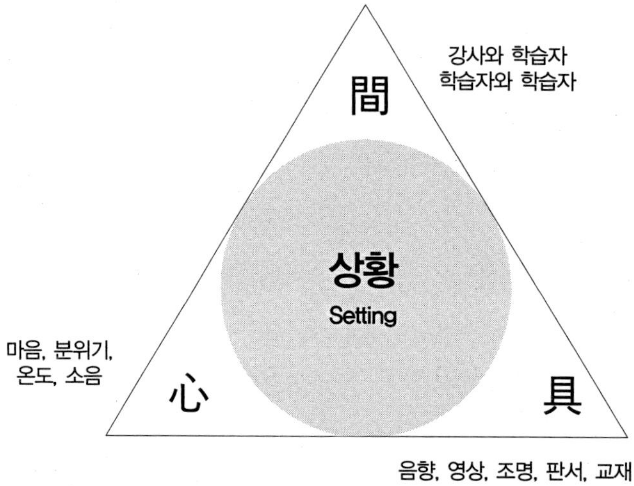

間: 거리를 좁혀라

- 강사와 학습자 간의 거리와 방향이 커뮤니케이션하기에 적당한가?
- 학습자의 좌석 방향이 강사에게 집중하기에 적당한가?
- 학습자의 좌석 배열이 서로 커뮤니케이션하기에 적당한가?
- 학습자 간에 심리적 거리는 적당한가?
- 학습자 수가 강좌를 진행하기에 적당한가?

具: 도구를 점검하라

- 음향, 영상 장비는 강좌 진행에 적합하게 조정되어 있는가?
- 실내 조명 상태는 강좌 진행에 적합한가?
- 필요시 강사가 판서할 수 있도록 준비가 되어 있는가?
- 강사가 잘 보이는 곳에 시계가 마련되어 있는가?
- 교재는 학습자에게 충분히 배부되어 있는가?
- 기타 강의 진행 시 필요한 보조 자료는 준비되어 있는가?

心: 마음을 잡아라

- 강의실의 온도는 적당한가?
- 강의 시기가 적당한가?
- 강의 진행에 방해가 되는 소음은 없는가?
- 강의실 내외의 분위기가 수업을 진행하기에 적당한가?
- 학습자의 수업 참여 동기가 자발적인가?
- 학습자가 수업에 대해 기대를 갖고 있는가?

물리적 환경의 중요성

강의를 운전에 비유해 보자. 목적지는 학습목표에 해당하고, 운전자는 강사이며, 승객은 학습자다. 연료는 강사와 학습자의 에너지, 수업 환경을 도로 상태로 비유하면 어떨까? 잘 포장된 도로에서의 운전은 비포장도로와 비교할 때 하늘과 땅 차이다. 속도에서도 차이가 나겠지만 승객들이 느끼는 승차감 역시 큰 차이가 난다. 심지어 악조건의 도로 여건은 타이어에 펑크를 내기도 하여 목적지에 도달하는 데 큰 차질을 빚는다. 어떻게 하면 고속도로와 같은 순탄한 환경에서 강의를 매끄럽게 전개할 수 있을까?

다음 상황은 수업 중에 자주 발생하는 사례다.

- 대형 강의장에 마이크 시설이 불량하여 잡음이 나는 경우
- 실내가 너무 밝아서 스크린의 글자가 잘 안 보이는 경우
- 너무 덥거나 추운 경우
- 공간이 비좁아 통로가 확보되지 않는 경우(토의식인 경우 강사가 이동하기 어려움)
- 실습이 많은 과목인데 인원이 너무 많은 경우

강사가 통제할 수 없는 상황이 발생하지 않도록 교육담당자와 사전에 조율하는 것이 가장 바람직하다. 강의 당일에야 확인할 수 있는 경우도 있으니 미리 강의장에 도착하여 환경을 점검하는 것 또한 강사의 역할 중 하나다.

이런 물리적 환경이 문제를 일으킬 때, 돌발 상황에 대처할 수 있느냐가 강사의 중요한 역량 중 하나다. 이런 경우도 있다. 빔 프로젝트와 노트북이 연동이 안 되어 스크린에 강의 자료가 나오지 않는 것이다. 다른 강의장에서는 전혀 문제가 없었는데 갑작스런 일에 당황하기 쉽다. 이럴 때는 일단 침착하고 여유 있는 모습이 필요하다. 기술자가 강의장에 오기까지 시간이 걸리니, 강사가 손 놓고 기다릴 수는 없다. 오히려 참여도를 끌어올리는 방법을 사용하여 집중시키면 강사의 노련미가 돋보인다. 강의 자료 없이도 내용을 숙지하면 더 좋고, 이런 최악의 시나리오에 대비하여 강의 슬라이드 내용을 프린트하여 준비하는 것도 필요하다.

심리적 환경의 중요성

강의장의 물리적 환경 이외에 학습자의 심리적 환경 역시 중요하다. 미리 강의장에 도착하면 물리적 환경을 점검할 수도 있지만, 학습자와의 대화를 통해 정보를 미리 확보할 수도 있다. 학습자가 어디에 관심이 있는지, 어떤 마음가짐인지를 알 수도 있다. 그러면 짧은 정보에 담긴 소스를 활용하여 초반부터 현장감 있고 친근감을 주는 강의 전개도 가능하다. 학습자의 태도나 심리 상태가 어찌 보면 강사에게는 도전이 되는 부분이며, 강사의 능력은 여기에서 좌우된다. 학습자들도 다른 사람들의 반응에 따라 더 열정을 일으킬 수도 있고, 아니면 학습 의욕이 꺾이기도 한다. 다음은 강사라면 누구라도 한 번쯤 맞닥뜨리는 상황이다.

① 휴대전화를 자주 꺼내어 딴짓을 하는 경우
② 수시로 강의실을 들락날락하는 경우
③ 졸거나 잡담을 하는 경우
④ 재미있는 이야기를 해도 웃지 않고, 질문을 해도 응답하는 사람이 전혀 없는 경우
⑤ 노골적으로 부정적인 반응을 보이는 경우(예: "그렇게 한다고 그게 되나요?" "현실과 안 맞습니다!")

실제 강의에서는 이런 예기치 않은 상황이 얼마든지 벌어질 수도 있으므로 다양한 대안을 갖추는 것이 중요하다. 모든 것을 대비하기란 어려우므로 강의를 오래 해 온 선배 강사들에게 역경 극복 경험을 수시로 들으면서 지혜를 구하는 것도 방법이다.

앞서 제시한 상황을 지혜롭게 풀어본 예를 소개한다.

① 적극적으로 휴대전화를 사용해 보자. 스크린 내용을 사진으로 찍게 하거나 지식 찾기 검색을 해 보라고 하거나 퀴즈 정답 맞추기 시합을 한다.
② 학습자와 상호 약속(ground rules)을 함께 만들어 칠판에 써 놓고 약속을 다짐받는다. 집중하기, 휴대전화 끄기, 발표자에게 손뼉 쳐 주기, 상호 칭찬의 말로 에너지 높여 주기, 질문은 다다익선(多多益善) 등이 있다. 이렇게 한 다음 그룹(조)별로 포상을 한다.

③ 강의 중간에 퀴즈, 게임, 박수 유도와 같은 스팟(spot) 기법으로 분위기를 전환한다.

④ 좋은 답을 해 준 학습자에게 전해 줄 간단한 상품(예: 초콜릿)을 준비한다.

⑤ 불편한 심정을 공감해 주거나 쉬는 시간에 따로 대화하자고 유도한다.

학습 태도가 좋지 않다고 자책하거나 학습자를 탓할 필요는 없다. 강의는 강사가 리드하는 것이니만큼 학습자의 심리적 환경을 일으켜 세워야 한다. 학습 태도가 강사 눈에 자꾸 밟히면 위축되거나 신경이 쓰여 결국 선량한 학습자에게 피해를 주기도 한다.

근묵자흑(近墨者黑)이란 말처럼 몇몇 학습 방해꾼으로 인해 수업 환경이 더 나빠지지 않도록 강의안을 설계할 때 예방책을 감안해 두는 것이 좋다. 쉬는 시간에 개인적으로 대화를 하면서 집중을 당부하는 방법도 있다. 직설적으로 지적을 하면 분위기가 딱딱해지거나 다른 교육생들도 반감을 표하는 경우가 생긴다. 영어로 'connection before correction(지적에 앞서 마음 연결하기)'이란 말이 있다. 일단 먼저 심리적 연결 고리를 만드는 것에 주력해 보자.

TIP

강의를 하다 보면 학습자들이 학습 의욕은 없고 쉬러 왔다고 노골적으로 말하는 경우도 있다. 이럴 때 당황하기 쉬운데, 만일 준비된 강사라면 학습 방법에 재미를 가미하거나 주제에 대한 진정한 의미를 받아들이도록 감동을 주어 학습자들이 몰입을 하게 한다. 진정으로 쉬고 싶다기보다는 자신이 겪는 스트레스나 어려움을 알아 달라는 속뜻을 그렇게 표현하는 경우가 많기 때문이다.

충분한 리허설로 자신감을 만들라

대학생 중에는 파워포인트 자료를 만드는 것으로 발표 준비를 마친 것으로 착각하는 이들이 적지 않다. 강사 중에도 강의 원고를 작성하는 것으로 발표 준비를 마쳤다고 생각하는 이들이 많다. 그러나 발표나 강의가 책상 위에서 작성한 원고대로 이뤄지지는 않는다. 많은 상황 변수가 발생하기 때문이다. 그래서 반드시 리허설이 필요하다.

리허설은 공연을 앞두고 실제와 똑같이 해 보는 모의 공연이다. 리허설을 해 보지 않을 경우, 미처 생각하지 못한 여러 문제에 직면하게 되고, 이를 제대로 극복 못할 경우 공연은 실패할 수도 있다. 리허설 없는 공연은 실패를 예약하는 티켓이다. 리허설을 하지 않는다면 강의는 다음과 같은 문제와 맞닥뜨리게 된다.

첫째, 정해진 시간을 지키지 못할 수 있다. 강의가 예정된 시간보다 일찍 끝나거나 늦게 끝날 수 있다. 실제 주어진 시간보다 강의 내용이 많은 경우 강의는 실패할 가능성이 높다. 제대로 마무리를 하지 못하고 서둘러 끝내거나 제시간에 마치지 못하고 마치는 시각을 지연시켜 다음 강사에게 피해를 주거나 전체 진행에 지장을 주게 된다. 실제와 같은 사전 연습은 강의의 실패를 예방할 수 있는 좋은 방법이다.

둘째, 강사가 불안감에 빠질 수 있다. 한 번도 가보지 않은 길은 누구에게나 두렵다. 준비 없는 강의는 미지의 세계를 향할 때의 불안감을 준다. 리허설은 실제 강의 시 직면할 수 있는 불안감을 미리 경험하게 해 주어 실제 강의 시 불안감을 크게 해소시켜 준다.

강의에서 가장 중요한 것은 '준비'다. 1시간 동안 강의를 하려면 적어도 10시간 동안 준비를 해야 한다. 교안 작성은 준비의 기초 단계에 불과하다. 녹음을 하거나 녹화를 해서 강의를 스스로 분석해 보는 것이 좋다. 이러한 방법을 통해 발표 시간을 미리 측정해 볼 수 있으며, 발표 내용을 조정할 수 있다. 발표 방법도 개선할 수 있다.

가장 좋은 방법은 TPO 리허설이다. 실제와 같은 시간(Time), 장소(Place), 분위기(Occasion)에서 강의를 해 보는 것이다. 소수의 학습자를 참석시켜 강의를 해 보고 조언을 얻는 것도 좋다. 강의 장면을 녹화하여 스스로 평가하고 강의 방법을 개선하는 것도 효과적이다.

초보 운전은 누구나 불안하다. 초보 강사라면 누구나 불안하다. 이러한 불안에서 벗어나는 방법은 사전에 철저히 준비하고 경험하는 것이다. 그래야 '떨림'이 '설렘'으로 바뀐다.

TIP

발표자들이 말하는 '떨림'과 '설렘'의 차이

- 떨림은 두려움에서, 설렘은 자신감에서 나온다.
- 있는 그대로 나를 받아 줄 수 있는 사람들 앞에서는 설레고, 나를 비판하려는 사람들 앞에서는 떨린다.
- 설렘과 떨림은 준비의 차이다.
- 설렘과 떨림은 생각의 차이다.
- 자발적인 발표는 설레게 하고, 시켜서 하는 발표는 떨리게 한다.
- 발표를 잘 준비했을 땐 설레고, 준비를 잘 하지 못했을 땐 떨린다.
- 발표할 때는 늘 떨리지만 그 안에 설렘이 있다.
- 발표 전에는 떨리지만, 발표를 할 때에는 설렌다.
- 떨림은 마음이 쿵쾅거리면서 눈이 흔들리는 것이고, 설렘은 마음이 쿵쾅거리면서 입꼬리가 올라가는 것이다.
- 나에 대한 믿음이 작으면 떨리고, 잘할 수 있다는 믿음이 크면 설렌다.
- 부정적으로 생각하면 떨리고, 긍정적으로 생각하면 설렌다.
- 피하고 싶으면 떨리고, 기대가 된다면 설렌다.

제5부

어떻게 전달할 것인가

넉넉한 준비로 성공을 예약하라 / 강사 자신의 마음을 먼저 열라 / 학습자의 마음을 열라 / 명확한 교안을 만들라 / 음성 언어를 효과적으로 구사하라 / 시각 언어를 효과적으로 구사하라 / 읽지 말고 말하라 / 학습자와 상호작용하라 / 학습자를 참여시켜라 / 학습자에게 체험을 시켜라 / 매너를 지켜라 / 학습자의 반응을 반영하라 / 자신의 스타일을 찾아라

넉넉한 준비로 성공을 예약하라

한 기업의 MBA 과정에서 네 시간짜리 강의를 맡은 적이 있다. 노트북 세팅을 끝내고 스위치를 누르는 순간 노트북이 작동을 멈추었다. 윈도우 프로그램이 손상된 것이다. 교안을 인쇄해 놓지도 않았고, 파일을 따로 USB에 저장해 놓은 것도 없는데……. 더구나 그림 자료를 활용해야 하는데…….

결국 학습자에게 사정 이야기를 하고 15분의 시간을 얻었다. A4 용지 한 장에 강의의 키워드를 떠올려 적어 나갔다. 여러 차례 강의를 해 온 주제이고, 전날 오랜 시간 교안을 업그레이드하였기에 어느 정도 키워드들을 생각해 낼 수 있었다. 그러고는 영상 자료 없이 어렵게 강의를 마친 적이 있다.

강의를 마치고 돌아오는데 많은 아쉬움과 후회가 남았다. 'USB에 강의 파일을 따로 저장해 놓았더라면…….' '교안을 인쇄라도 해 놓았더라면…….' 하는 생각이 간절했다. 그 후 나는 강의 파일을 USB에 따로 저장해서 가지고 가는 습관이 생겼다.

강의는 종합예술이다. 여러 조건적 환경이 잘 맞아야 하기 때문이다. 어느 하나라도 문제가 생기면 강의 효과는 그만큼 작아진다. 강의 활동을 하다 보면 위기 상황은 언제든 발생한다. 그중에는 불가피한 것도 있지만, 사전에 예방할 수 있는 것도 있다. 이미 터진 사고는 피해를 최소화해야 하지만, 언제 터질지 모르는 사고는 사전에 이를 예지하고 준비해야 한다. 위기에 대처하는 능력도 강의 기술만큼이나 중요하다. 그래서 강의 준비는 과학이라 할 수 있다.

적어도 한 시간 전에 현장에 도착하라

대부분의 비상 사태는 시간 때문에 생길 때가 많다. 강사가 현장에 늦게 도착할 때, 강의 진행이 지연되거나 단축될 때 강사는 퍽 당혹스러운 상황에 처한다.

누구나 약속 시각에 늦은 경험이 있을 것이다. 중요한 약속일수록 지각은 사람의 마음을 시커멓게 타들어 가게 한다. 요즘처럼 도로가 막힐 경우 시각을 지키기는 대단히 어렵다. 필자도 강의 시각을 지키지 못해 고생한 경험이 적지 않다. 특히 교통사고로 도로가 막힐 경우에는 달리 대책이 없다. 강의 시각을 잘못 알고 늦는 경우도 있다.

강의 시작 전 1시간은 강의를 준비하기에 퍽 여유가 있는 시간이다. 강의 전 예상하지 못한 일이 생길 경우, 여유 시간이 있어야 처리가 가능해진다. 시간적 여유가 없을 경우 불안한 시작은 불가피하다. 여유 있는 강의를 위해서는 적어도 한 시간 전에는 현장에 도착하는 것이 좋다.

한번은 두 시간 강의를 위해 먼 곳까지 갔는데, 앞 시간 강사가 예정 시간보다 20분이나 늦게 끝내는 사고가 일어났다. 그는 자신이 오랜만에 '열강'을 했다며 그다지 미안해하지 않았지만, 그로 인해 나는 파워포인트 20장을 생략해야만 했다. 20분 늦게 끝나는 줄 진작 알았더라면 20매를 줄였을 텐데 그렇지 못해 강의를 진행하면서 그냥 넘어가야 했다.

이런 경우도 있다. 강의 직전에 주최 측의 책임자가 나와 인사말을 길게 하는 것이다. 예상치 않게 강의 시간을 많이 잘라 먹는 바람에 똑같은 어려움을 겪어야 했다. 교안을 만들 때 강의 시간의 10%는 유연하게 운영할 수 있게 준비하는 것이 좋다.

학습자가 그룹 토의 시간에 결과물을 만드는 데 시간이 지체되거나 강사가 시간 운영에 미숙하여 마치는 시각을 지키지 못하는 경우도 있다. 교안을 실제로 적용해 보면 예상보다 시간이 많이 걸리는 수가 많다. 결국 마무리를 제대로 하지 못한 채 허둥지둥 강의를 마치고는 아쉬운 마음으로 강의장을 떠나기도 한다.

앞서 예를 든 경우처럼 예정된 종료 시각을 맞추지 못하면 적지 않은 문제를 야기할 수 있다. 학습자와의 약속을 지키지 못할 뿐 아니라 행사 진행에 차질을 빚기도 한다. 따라서 강사는 다 진행하지 못한 내용에 미련을 두지 말고 과감히 중단하고 여유 있게 마무리하고 제시간에 마치는 것이 좋다.

강의 환경을 점검하라

강의장의 영상, 음향 장비로 인해 비상 상황이 발생하는 경우도 많다. 강의 현장의 컴퓨터 사용 환경이 적합하지 않아 영상 장비를 제대로 사용하지 못하는 경우도 생긴다. 이런 일을 예방하려면 예비용 노트북 등을 비치해 놓는 것이 좋다. 그럼에도 현장에서 문제가 생기는 수가 있다. 현장에 전문가가 없는 경우가 많아 필자는 아예 노트북과 빔 프로젝터를 연결하는 RGB선, 노트북과 스피커를 연결하는 선, 미니 스피커를 가지고 다닌다. 어떤 강사는 스크린과 이동식 빔 프로젝터를 갖고 다니기도 한다. 강의용 파일을 별도 USB에 저장해 두는 것, 컴퓨터를 사용하지 못할 경우를 대비해 강의 내용을 인쇄해 두는 것이 좋다.

강의 환경에 대해 사전에 충분히 정보를 교환하였음에도 막상 현장에 가 보면 강의 진행에 적합하지 않은 경우가 많다. 강사가 현장에 미리 도착해야 하는 이유가 여기에 있다.

현장에 미리 도착해서 해야 할 일이 또 있다. 강의장의 좌석 배열과 강사의 위치가 강의 진행에 적절한지 살펴봐야 한다. 강사와 학습자, 학습자와 학습자 간 소통이 가능한지를 살펴보고 필요하다면 좌석 배치를 일부라도 바꾸는 게 좋다.

강의에 대한 최종 책임은 강사에게 있음을 명심하고, 비상 상황에 강사 스스로 충분히 대비해야 한다.

릴랙스하라

모든 물리적인 준비를 마쳤으면, 화장실에 다녀오는 게 좋다. 물을 마시고 목을 적신다. 사람이 긴장을 하면 가슴과 목 근육이 조여진다. 깊은 심호흡으로 근육을 이완시키는 것은 매우 중요하다. 심호흡을 하고, 몸을 가볍게 움직여 보라. 긍정적인 생각과 자신감으로 성공을 예감하고 심리 상태를 최상으로 조절하라.

학습자와 미리 사귀어라

학습자와 익숙해지는 것은 강의에 큰 도움이 된다. 강의에 호의를 가진 학습자 몇 사람을 만나 차를 마시며 간단히 인사를 나누는 것이 좋다. 일부 학습자의 이름을 기억하였다가 강의 중 이름을 언급하면 강의 분위기가 훨씬 부드러워질 수 있다. 이 또한 현장에 미리 도착하여 여유가 생겼을 때 가능한 일이다.

강사 자신의 마음을 먼저 열어라

어린아이는 처음에는 기어가는 걸 배우고, 그다음에 서는 걸 배우고, 그다음에 걸음마를 배운다. 그런 후에야 넘어지지 않고 걸어 다니고 뛰어다닐 수 있다. 이러한 순서를 뛰어넘어 곧바로 걸어 다니고 뛰어다닐 수는 없다. 무엇이든 걸음마 단계를 거쳐야 한다. 걸음마를 하면서 얼마나 많이 넘어지는가? 넘어지는 것이 무섭고 불안해서 연습하지 않으면 걸을 수가 없다. 걸음마 단계에서 배워야 할 것은 불안을 이겨내는 법, 잘 넘어지는 법이다.

강의를 처음 하는 사람일수록 불안감이 크게 다가온다. '준비한 내용을 잘 전달할 수 있을까?' '학습자 반응이 괜찮을까?' '내가 모르는 것을 질문하지 않을까?' '강의 평가가 나쁘면 어떻게 하지?' 등의 불안한 마음이 생기기 마련이다. 이런 불안한 마음 때문에 목소리도 떨리게 된다. 그걸 의식하다 보면 입 안이 마르고 머릿속도 하얗게 변할 수 있다. 노련한 강사라도 초보자일 때 대부분 이런 불안감을 겪는다.

'왜 나만 이런가?' 하는 생각은 버려야 한다. 불안이라는 것이 있기에 더 준비를 하게 된다. 불안도 좋은 약이 될 수 있다. 그러나 불안감에 압도되어 준비한 내용을 제대로 전달하지 못한다면 얼마나 억울할까?

긍정적인 상상을 하자

삶에서는 신기하게도 생각했던 대로 결과가 나타나는 경우가 의외로 많다. 불안에 초점을 두면 불안한 결과가 현실로 나타나기 쉽다. 그러나 자신감 있게 강의하는 자신의 모습이나 상황을 상상하면 그런 결과가 나타나기 쉽다. 교안대로 강의가 잘 전개되어 가는 이미지를 머릿속에 그려보라. 강의를 시작할 때, 이런 모습을 상상하라. 강의를 마치자마자 학습자들이 강의가 좋았다며 우레와 같이 박수를 치는 모습 말이다.

성공적인 강의를 상상하며 하는 연습만이 효과가 있다.

호흡을 길게 해 보자

강의에 임하기 전에 호흡을 길게 하면 몸과 마음이 이완되어 긴장감이 덜어진다. 불안한 마음을 내뱉고, 자신 있는 마음을 들이마셔 보라.

자기 암시를 걸어 보자

'다 잘 될 거야(All is well.).' '난 할 수 있어(I can do it.).'라며 자신을 믿어 보자. 내가 나를 믿어 주지 않으면 세상에서 누가 나를 믿어 주겠는가? 내 귀에 들리도록 이름을 불러 가며 자신에게 성공을 이야기하라.

'오늘 강의 주제에 대해서는 내가 가장 오래 깊이 생각하고 준비해 온 전문가다. 학습자들은 나보다 내용을 잘 알지 못한다. 실수를 해도 잘 모르니 그대로 받아들일 것이다.'라는 생각으로 마음을 다스려 보자.

처음 3분을 잘 버텨라

학습자 앞에 설 때 가장 불안감이 고조되는 시간은 시작 3분간이다. 학습자의 시선이 집중되고 서로 낯설기 때문이다. 3분을 잘 넘기면 불안감은 점차 약해진다. 그 불안감이 강의 시간 내내 지속될 것이라는 불안감 때문에 실수를 하게 된다. 만일 초보 강사라면 눈빛 교환이 잘 되는 특정한 학습자 몇 명만 바라보면서 우선 3분을 넘기는 것도 한 방법이다.

중요한 멘트는 외우자

자신감이 커지려면 일단 준비를 잘해야 한다. '시작이 반'이라는 말처럼 첫 시작 단계에서 학습자와 호흡을 맞추면 기분도 좋아지면서 강의를 술술 풀어가기 쉬워진다. 대개 강의를 시작하면서 당황하기 마련이고, 이때 머릿속이 하얘지면서 아무 생각이 나질 않는다고 한다. 이를 위해 중요한 오프닝 멘트를 준비하여 달달 외워 버리는 것도 한 방법이다. 그다음에 전달할 주요 메시지, 클로징 멘트를 작성해서 연습해 보는 것이다.

메모장을 활용하자

강의 전반에 해당하는 논리적 골격을 세워 놓고 소주제별 키워드를 암기할 필요가 있다. 즉, 전체적인 맥락을 연결해 주는 단어를 기억할수록 자신감이 붙는다. 이것도 불안하다면 멘트나 핵심 단어에 대한 기억을 되살리기 위해 TV 사회자들이 사용하는 것과 같은 메모장을 손에 들고 해도 좋다. 오히려 손동작을 의식하지 않게 되고 자연스러워 보일 수 있다. 그러나 이 메모장에 시선을 빼앗길 수 있으므로 주의해야 한다.

학습자를 믿자

수영을 잘하려면 물의 공포에서 벗어나야 한다. 물이 나를 삼킬 것이라고 생각하면 수영을 배울 수 없다. 물이 나를 띄워 주는 고마운 존재라고 믿어야 뜰 수 있다. 강의에서 학습자는 물과 같다. 강사가 학습자에게 호의적일 때 대부분의 학습자는 기대감을 갖고 강사에게 호의적인 태도로 수강에 임한다. 학습자를 두려워하지 말고 '내 편'이라고 생각하자. 강사가 마음을 열고 학습자를 믿어야 준비한 강의가 자연스럽게 풀려 나간다. 교재를 열기보다 강사 자신의 마음을 먼저 열 때 학습자에게 친밀감이 생기고 동기를 부여할 수 있다.

학습자의 마음을 열라

강의는 미지의 세계를 탐험하는 과정이다. 학습자에게는 초행길과 비슷하다. 어떻게 사람의 마음을 열어 매끄럽게 강의를 전개해 나갈 수 있을까? 아마 대부분 강사의 고민일 것이다. 100인(人) 1색(色)인 시대에는 욕구나 관심사가 비슷비슷하여 고민이 적었지만, 지금은 100인 100색의 시대를 넘어 1인 100색 시대가 되니, 사람 마음이 한결같지도 않아 그만큼 학습자의 마음을 읽고 대처하기가 쉽지 않다. 학습자의 마음을 열기 위해서는 강의를 듣는 학습자 유형을 고려하여 준비하는 게 중요하다.

학습자의 마음을 여는 몇 가지 팁을 소개한다.

자기소개를 재미있게 하자

비교적 반응이 좋아서 이런 식으로 소개를 한다. "방금 소개받은 오나가나 정이 많은 오정근입니다. 반갑습니다." 하며 밝은 표정으로 인사를 꾸벅 한다. 딱딱하리란 기대심리가 무너지면서 학습자 대부분이 밝게 웃으면서 박수를 보내 준다. 이름을 외우기 편하다는 반응을 보이기도 한다.

아니면 빔 프로젝트를 이용하여 자신의 사진을 소재로 하여 "제 실물이 나은가요, 아니면 사진이 더 나은가요?" 하고 묻는다. 만일 학습자가 "사진이 나아요." 하는 반응을 보이면 "상당히 솔직하시네요." 하는 말로 피드백을 주고, "실물이 나아요." 하는 반응을 보이면 "앞으로 크게 성공하실 분들입니다. 사람이 솔직하다고 해서 꼭 성공하는 것은 아니더라고요. 상대의 기분을 맞춰줄 줄 아는 사람이 대인관계가 원만해서 주변의 도움을 많아 성공합니다." 하며 너스레를 떨어 본다.

그러면 대개 강의실은 웃는 분위기로 쉽게 바뀌며 일부 학습자는 "자세히 보니 실물이 나은데요." 하며 대답을 얼른 수정하여 모두 함께 다시 한 번 더 웃기도 한다. 사람들은 일단 웃으면 스스로 무장해제되어 마음의 문이 열린다. 어떤 경우에는 "오늘 주제가 '대인관계와 소통'인데 벌써 대인관계 능력을 타고나신 분이 많으시네요. 여기 계신 분들은 남달라 보입니다." 하며 강의의 주제와 대화를 연결하기도 한다.

기분 좋은 말로 시작하자

KBS TV에서 〈전국노래자랑〉을 삼십 년 넘게 진행해 온 최장수 MC 송해 씨는 오프닝 멘트가 특색 있다. 송해 씨가 "전국!" 하고 외치면 관객들이 일제히 "노래자랑!" 하고 함께 외친다. 일제히 역할이 주어지면서 참여가 유도된다. 방송을 함께 만든다는 생각이 든다. 또한 "전국에 계신 노래 자랑 가족 여러분, 한 주일 동안 안녕하셨습니까? 그리고 오늘도 지구촌 곳곳에서 새로운 희망 속에 열심히 살아 가시는 해외 동포 여러분, 해외 근로인 여러분 그리고 해외 자원봉사원 여러분 안녕하셨습니까? 그리고 푸른 대해를 가르는 외항선원 여러분, 모든 항공인 여러분, 그리고 대한민국 국군장병 여러분 모두 안녕하셨습니까? 전국 노래 자랑 사회 담당 일요일의 남자 송해가 인사부터 올리겠습니다. 여러분 안녕하세요?"

"안녕하십니까?"의 인사말로 그 자리에 모인 사람뿐 아니라 이역만리에서 고생하는 사람들까지 숨 넘어 가도록 일일이 챙긴다. 잊고 지냈던 소외된 사람까지 챙기는 모습에서 인간적이란 느낌을 준다.

그런 다음에 〈전국노래자랑〉이 개최되는 지역을 말한다. 전국 방방곡곡 다니는 곳마다 그 지역이 왜 좋은지 침을 튀겨 가며 자랑하는 멘트를 날린다. 그러면 지역민과 교감이 일어나 박수도 흠뻑 나오고 일체감이 커지며 출연자들은 지역 특산물을 들고 나와 자랑을 하면서 화답한다.

이런 패턴을 거울삼아 강의 도입 단계에서 활용하는 것도 방법이다. 교육대상자나 소속 기관, 위치나 건물 등 인정할 만한 특징을 찾아 자긍심을 높여 주며 강의 도입을 시작해 보자. 특히 대형 강의인 경우 사람들의 시선이나 마음을 열고 시작하는 것은 매우 중요하다.

주제와 관련한 의미 있는 예화로 시작하자

강의 주제가 왜 중요한지를 설명식보다 이야기 형태로 부드럽게 풀어서 이야기하면 듣는 사람이 편안하다. 예를 들어, '자기 성찰과 변화'라는 주제로 강의를 전개한다고 가정해 보자.

"제 후배가 어느 날 이런 이야기를 하더군요. 문제지를 풀던 초등학생 아들이 다가와서 '아빠! 부자유친이 뭐야?' 하며 묻더랍니다. '아빠가 전에 말해 주었는데 넌 벌써 그걸 잊어버렸어?' 아들이 끄덕이자 다시 설명을 해 주었답니다. '아비 부, 아들 자, 있을 유, 친할 친, 그러니까 뭐야? 네 글자를 연결해 봐! 아버지와 아들은 친함이 있어야 한다, 이런 뜻이잖아! 알겠어?'라며 핀잔 섞인 말투로 가르쳐 주었는데 그 말을 듣고 난 아들이 뒤돌아서면서 혼잣말로 '근데 이상하다! 아빠랑 나랑은 왜 친하지 않지?' 했답니다. 그날 밤 후배는 잠이 안 오더랍니다. 정작 부자유친이란 뜻을 머리로만 알았지, 가슴으로 실천하지 않았다는 자책감이 들었던 겁니다. 저도 후배 이야기를 들으면서 문득 김수환 추기경 님이 했던 말이 떠올랐습니다. 머리로 생각한 사랑이 가슴으로 내려오기까지 70년이 걸렸다는 말이요. 정말 우리는 습관의 노예라는 생각이 들 때가 많습니다. 우리가 살아 온 방식을 점검해 보고 어떤 변화가 필요한지 살펴보면 오늘보다 나은 삶을 살 수 있지 않을까요? 오늘 우리가 함께 살펴볼 주제는 '자기 성찰과 변화'입니다."

그러나 정치나 종교에 관한 예화 사용은 피하는 것이 좋다. 정치나 종교에 대한 견해는 매우 주관적이기 때문이다.

유머를 활용한다

정목 스님이란 분이 TV에서 강의를 하면서 첫마디를 이렇게 시작하는 걸 보았다. "나보고 강의할 때 무슨 옷을 입고 올 거냐고 작가가 묻더라고요. (관객 웃음) 제가 살다가 처음 듣는 질문이어서 순간 당황했어요. (관객 웃음) 스님이 승복을 입지 뭘 입겠어요. 그래서 생각했죠. 단정하게 입고 오라는 뜻이구나 싶어서 어젯밤에 옷깃 뒤를 꿰매어 입고 왔어요." (웃음) 이처럼 웃음으로 시작하면 분위기가 부드러워져서 좋다.

매스컴을 통해 박근혜 대통령도 썰렁 개그를 한다는 가십이 소개되기도 한다. 대통령의 스타일은 아니지만 분위기를 위해서 노력하는 것이다. 딱딱한 회의나 모임에서 좌중의 긴장을 완화시키면 마음이 열려 동의를 구하기가 그만큼 쉬워진다. 강의를 하면서 사람들의 관심을 집중하게 하거나 분위기를 반전하기 위해 유머를 잘만 사용하면 약이 된다.

유머에 익숙하지 않은 강사도 많다. 유머를 사용했는데 반응이 없을 때도 있다. 이럴 때 당황하지 말고 이렇게 말해 보자. "어젯밤에 연습을 했는데 역시 저는 개그에 소질이 없네요." 이렇게 말을 하면 거의 웃음이 터진다. 왜냐하면 아직 유머 이야기가 남아 있는 줄 알고 있다가 웃을 타이밍을 놓쳤기 때문에 그렇다. 그래도 안 되면 "제가 여기서 한 번 웃기고 가려고 준비했는데 안 되네요. 그냥 한 번 웃어보시죠." 하며 먼저 큰 소리로 웃으며 너스레를 떠는 것도 한 방법이다. 속으로는 당황했지만 실제로 효과를 보았던 방법이다.

인기 유행어를 사용하는 것도 쉬운 방법이다. 예를 들어, "느낌 아니까!" 같은 유행어를 타이밍만 맞게 사용하면 웃음이 터진다. 학습자에게 질문을 해 보고 답변이 늦을 때 어색한 장면을 넘기는 방법으로 "당황하셨어요?" 하고 개그

맨을 따라 해 보자. 웃음소리가 여기저기에서 들려온다. 많은 사람이 알고 있는 인기 유행어만 사용해도 유머감각이 있다는 소리를 듣는다.

유머에 익숙하지 않다고 하여 메모를 보면서 하면 효과가 반감된다. 그만큼 준비성이 부족하게 느껴진다. 유머는 극적인 표현이 중요하다. 적당한 쇼맨십의 연출을 사용해야 효과적이다. 때로 장난기 섞인 표정이나 어조, 특이한 몸짓, 유행어 등을 활용하면 효과를 높일 수 있다.

유머를 말하기 직전에 강사가 웃기는 얘기를 하나 해 주겠다고 말하는 것은 효과를 반감시킨다. 기대감이 커지면 기대 배반이 생겨 그렇다. 유머를 구사하고 청중이 웃고 나서 강사가 따라 웃어 줌으로써 분위기가 한층 고조된다. 유머를 할 때 타이밍이 안 맞으면 한마디로 '말짱 꽝'이다. 노래방에서 상황에 맞게 자신의 레퍼토리를 골라서 노래하듯이 유머 레퍼토리를 주제별로 구분하여 연습을 하고, 가지고 다니면서 상황에 맞게 활용해 보자.

강사들에게 마음 열기가 가장 어려운 대상이 누구냐고 물으면 이구동성으로 공무원을 지목한다. 예비군이나 결혼식 하객, 교수도 만만치 않다. 이들의 공통점은 학습 의욕 부족이다. 스스로 공부하기 위해 수강을 하는 경우는 별로 없다. 특히 예비군이 그렇다. 마지못해 끌려온 사람들이다. 그러니 동기부여가 여간 어려운 게 아니다. 게다가 공무원들은 업무에 대한 책임감이 크기 때문에 신중하고 변화를 쉽게 받아들이기 어렵다. 교수들은 최고의 지성인이라는 자부심으로 강사를 내려다보는 경우가 많고, 강의 내용을 수용하기보다는 비판적으로 분석하려는 경향이 크다.

이러한 대상에게는 그들과의 공통적인 부분을 찾아 이야기를 풀어 나가는 것이 효과적이다. 그리고 그들의 긍정적인 면을 인정하면서 자존감을 높여 주는 말로 시작하는 것이 좋다. '나도 여러분 편'이라는 인식을 심어 주는 것이 좋다.

가장 쉬운 학습자는 단연 여성들이다. 특히 주부들이 그렇다. 인심도 후하다. 시작할 때부터 박수 소리가 요란하여 강의할 맛이 난다. 그만큼 협조적이다. 별 재미있는 이야기가 아닌데도 쉽게 웃어 주어 자신감이 상승하여 강의하는 사람도 절로 신이 난다. 이른바 스노우볼(snowball) 효과가 일어난다. 강의 초보자가 자신감을 키우고 싶다면 공감성이 큰 여성을 대상으로 시작하는 것이 좋겠다.

왜 남녀의 웃음 코드가 다를까? 명지대학교 여가정보학과 김정운 교수는 사회인류학적인 관점에서 이를 분석했다. 수렵시대부터 사냥을 하는 전사였던 남성은 서열을 중요시했기에 상대를 놀리는 것도 하나의 경쟁 수단으로 인식했다. 남성에게 싸움과 유머는 하나의 패키지인 셈이다. 반면 여성은 부족 공동체에서 결속을 강화하는 역할을 했기에 유머는 관계를 형성하고 우정을 만들고 지지를 끌어내는 도구였다. 현대 여성들은 상대를 권력 관계보다 의사소통의 파트너로 대한다. 이로 인해 대화 자체가 관계 지향성을 염두에 두므로 여성들은 유머를 하나의 대화 촉진제로 쉽게 받아들인다.

TIP

강의 분위기를 좋게 만드는 유머 활용법

- 평소에 재미있는 이야기를 들으면 바로 메모해 둔다.
- 유머 관련 서적, 인터넷 등을 통해 유머의 소재를 발굴하여 보관한다.
- 유머 소재는 가급적 강의 내용과 관련된 것으로 선택한다.
- 강의 도입할 때 혹은 분위기 전환할 때 특히 효과적이다.
- 학습자 수준에 따라 유머의 내용과 수준을 조절한다.
- 유머로 인해 단 한 사람이라도 마음을 상하지 않아야 한다.
- 계획된 유머는 타이밍에 맞게 하고 실제로 꼭 연습해 보도록 한다.

질문을 활용한다

"여러분! 오늘 이곳에 오니 정말 공기가 좋다는 게 느껴집니다. 여러분도 좋으시지요?" 혹은 "점심 식사는 기분 좋게 하셨나요?" 하는 식으로 강사가 긍정적인 답이 많이 나올 만한 질문을 하면 학습자는 마음이 편해진다. 질문을 받으면 누구나 대답을 하고 싶어진다. 흔히 생각이 열린다고 말한다. 생각이 열리면 마음도 열린다. 강의 시작 단계에 강사가 다수를 향한 질문을 하면 학습자들은 저절로 생각하게 되고 참여하고 싶다. 때로 답을 듣지 않더라도 생각할 여지를 주기 위한 질문을 하기도 한다.

강의 시작 단계에서 해 볼 만한 질문은 날씨, 뉴스, 스포츠, 학습자 관련 이슈, 문화 등에 관련된 것을 소재로 가볍게 다룰 내용이면 좋다. 예컨대, 스티브 잡스를 소재로 다음과 같이 이야기를 풀어갈 수 있다. "스티브 잡스가 CEO로서 자질이 부족하다고 이사회에서 지적을 받자, 그는 당대 최고의 마케팅 전문가인 펩시콜라의 존 스컬리(John Scully)라는 사장을 영입하겠다고 큰소리를 칩니다. 존 스컬리가 어떤 사람인데 애플같이 작은 회사에 CEO로 오겠냐고 비웃을 때 스티브 잡스는 행동으로 옮깁니다. 스티브 잡스는 존 스컬리를 만나 설득을 하지 않고 질문을 합니다. 그랬더니 기적과 같이 존 스컬리는 펩시를 떠나 애플로 옵니다. 과연 뭐라고 질문했을까요? 여러분이 그 상황이라면 어떤 질문을 던지시겠습니까? (이때 잠시 뜸을 들이고 학습자들과 눈을 마주치며 반응을 기다리는 것이 중요하다.) 스티브 잡스는 스컬리에게 '평생 설탕물이나 팔고 살겠습니까 아니면 나와 함께 세상을 변화시키겠습니까?'라는 질문을 했다고 합니다. 이런 질문을 당하면 저도 마음이 움직일 것 같습니다. 이제 제가 여러분께 질문을 하나 드리겠습니다. 세상을 변화시키지는 못한다 하더라도 지금 이 순간 자기 자신을 변화시킨다면 무엇을 바꾸고 싶으신가요?"

시사 이슈를 도입 사례로 활용한다

시사 이슈로 강의를 시작할 때의 장점은 학습자의 집중도를 높일 수 있다는 점이다. 다수가 익히 알고 있는 내용이라면 쉽게 공감을 불러일으킬 수 있고, 시사를 놓친 사람들에게는 호기심과 관심을 집중시킬 수 있는 효과를 준다. 경우에 따라서는 참신하여 새로운 정보를 얻었다는 만족감도 줄 수 있겠다. 이 경우 자신의 관점을 뚜렷하게 밝히면서 학습 주제와 연결할 수 있다면 금상첨화다. 따라서 인터넷 포털사이트에서 인기 검색어 순위에 나타난 이슈를 파악하는 것도 좋고, 매일매일 뉴스나 신문 사설을 읽는 것도 바람직하다.

선물을 제공한다

학습자의 마음을 여는 하나의 방법은 학습자가 좋아할 만한 선물을 제공하는 것이다. 퀴즈를 내거나 그날이 생일인 사람에게 뜻밖의 선물을 주면 학습자는 즐거워할 것이다. 스마트폰으로 배우자에게 문자 메시지를 보내게 한 후, 가장 먼저 회신이 오는 사람에게 내용을 공개하게 한 후 '부러워할 만한 선물'을 주면 좋다.

어느 강사는 아주 쉬운 마술을 보여 준 뒤, 학습자 전원에게 마술용 도구를 무료로 제공한다. 그리고 사용 방법을 연습시켜 준다. 다른 사람에게 보여 줄 수 있도록 말이다.

학습자와 학습자를 만나게 해 준다

강사와 학습자 사이의 벽을 깨는 일과 함께 학습자와 학습자 사이의 벽을 허무는 일도 수업의 성과를 키우는 데 중요하다. 실제로 강의를 진행해 보면 전혀 모르는 사람끼리 모인 반과 서로 잘 아는 사람끼리 모인 반의 수업 분위기는 전혀 다르다.

전자의 경우 강사와 학습자 간에, 학습자와 학습자 간에 매우 서먹서먹하다. 따라서 남의 시선을 지나치게 의식하여 튀고 돋보이는 행동을 스스로 자제하려 한다. 수업 분위기도 매우 수동적이며 반응이 약한 경향이 있다. 그러나 후자의 경우에는 서로 개방된 관계여서 수업 중 상호작용이 활발하다. 따라서 학습 성과도 커진다.

전자의 경우라면 강사와 학습자, 학습자와 학습자 간에 상호작용을 활발히 할 수 있는 편안한 분위기를 만들 필요가 있다. 방법은 다양하다. 같은 성씨끼리 모이기, 같은 혈액형끼리 모이기, 같은 키나 같은 나이끼리 모이기, 1:1 인터뷰하기, 참석자 전체 사인받기, 학습자 전체와 하이파이브하기, 열 명 만나서 기념사진 찍기, 서로 닮은 사람 얼굴에 스티커 붙여 주기 등 강의를 본격적으로 시작하기 전에 잠시만 시간을 투자하면 분위기가 크게 달라질 수 있다.

명확한 교안을 만들라

두 사람이 짝을 이뤄 똑같은 규격의 종이를 한 장씩 들고 서로 등을 지고 앉는다. 한 사람이 술래가 되어 종이를 접거나 오려서 어떤 모양을 만든다. 술래는 등진 짝꿍도 종이를 똑같은 모양으로 오리도록 말로 설명을 한다. 3분 정도 설명을 한 후 서로 오려서 만든 종이 모양을 비교해 본다. 다르다면 왜 다른지 원인을 서로 분석해 본다.

강의에서 가장 중요한 것은 두말할 것도 없이 강사가 자신의 생각이나 감정이 학습자에게 그대로 전달되도록 표현하는 것이다. 요즘 블루투스(Bluetooth)

라는 말을 많이 사용하는데, 강사와 학습자가 블루투스 같은 상태가 되어 서로 생각과 감정을 완전히 공유할 수만 있다면 얼마나 좋겠는가? 그러나 기계와 기계 간에는 블루투스가 가능해도, 사람과 사람 사이에서는 블루투스가 가능하지 않다.

앞에서 두 사람이 완성한 종이 모양이란 강의에 비하면 매우 쉽고 간단한 내용이다. 그러니 종이 오리기에 실패할 정도라면 실제 강의에서 성공하기는 쉽지 않을 것이다. 하지만 다음 몇 가지 방법을 익힌다면 종이 오리기에 성공할 수 있다.

첫째, 지나치게 복잡한 모양을 피하고 간단한 모양을 정하는 것이 좋다. 무엇이든 복잡하면 이해하거나 기억하기가 어렵다. 그러나 아무리 복잡한 것도 모양을 충분히 이해하고 나면 어떤 원칙이나 원리를 찾아낼 수 있다. 그걸 이해하면 간단하고 쉽게 설명하게 된다. 어떤 목적지까지 가는 길을 어떤 이는 어렵게 설명하고 어떤 이는 매우 쉽게 설명해 준다. 바로 그런 차이이다.

둘째, 상대방도 똑같이 이해할 수 있는 어휘로 설명해 줘야 한다. '조금' '약간' '비스듬히' 같은 어휘는 사람마다 다르게 해석할 수 있는 소위 '거시기' 어휘다. 이런 어휘는 정확하지 못한 표현이다. '3cm' '직각삼각형' '시계 바늘 도는 방향' '3시 방향' 등이 명확한 표현이다. 그래야 술래와 똑같은 크기의 그림을 오릴 수 있다. 그리고 상대방이 궁금해하지 않도록 빠진 것 없이 설명해 주어야 한다.

셋째, 발음이 명확해야 한다. 등을 지고 앉은 짝꿍에게 잘 들리고, 명확한 발음으로 설명해 줘야 한다. 서로 바라볼 수 없기 때문에 더욱 그러하다.

넷째, 그럼에도 실패할 수 있기 때문에 서로 물어보며 완성도를 높여 나가야 한다. 앞의 세 가지가 부족해도 설명하는 사람과 듣는 사람이 상호작용만 잘한다면 오류를 크게 줄일 수 있다. 이 놀이를 통해 일방적인 전달이 얼마나 위험하고, 쌍방적인 전달이 얼마나 효과가 있는지를 실감할 수 있다.

우리가 어떤 정보를 받아들일 때 가장 많이 쓰는 감각기관은 눈과 귀다. 정보를 입수하고 해석할 때 가장 익숙하면서도 효과가 있는 것은 보면서 듣는 것(視聽), 듣는 것(聽), 읽는 것(讀) 순이다. 보면서 듣는 것이 생각 에너지가 가장 적게 사용된다. 예를 들어, 어떤 메시지를 스마트폰의 문자 언어(Verbal) 기능을 통해 전하는 것보다는 목소리(Vocal)로 전하는 것이 더 효과적이다. 나아가 직접 만나 바라보면서(Visual) 전하는 것이 훨씬 더 효과적이다. 그래서 앨버트 매러비안(Albert Mehrabian)이라는 학자는 문자 언어의 전달 효과를 7%, 음성 언어의 전달 효과를 38%, 행동 언어의 전달 효과를 55%로 말하기도 한다. 따라서 목소리를 잘 활용하면 38%의 효과를 더 얻고, 직접 만나서 바라보며 말하면 55%의 효과를 더할 수 있다.

강의는 음악의 연주나 드라마 연기와 비슷하다. 둘 다 악보나 대본을 기초로 한다. 좋은 악보가 있어야 좋은 연주를 할 수 있고, 좋은 대본이 있어야 좋은 연기를 할 수 있다. 강의도 좋은 교안이 있어야 좋은 강의가 가능하다. 교안이란 구성(Plot)한 내용을 문자 언어(Verbal*)로 문서화한 것이고, 강의는 그것을 음성 언어(Vocal)와 행동 언어(Visual)로 표현한 것이다.

---

* 여기서 Verbal은 음성 언어(Vocal)나 행동 언어(Visual)로 표현되기 전 문자 상태의 의미어 또는 어휘로 설명했다.

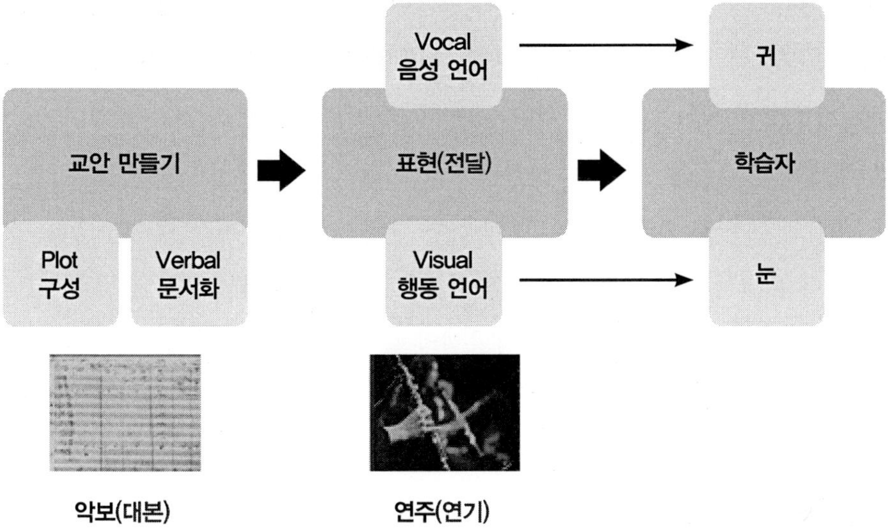

구성(Plot)을 명확히 하라

가장 대중적인 스포츠로는 축구를 들 수 있다. 규칙이 단순하기 때문이다. 오프사이드(offside)만 이해하면 누구나 즐길 수 있다. 그러나 테니스나 야구는 규칙이 복잡하여 누구나 즐기기가 쉽지 않다. 드라마도 단순한 것이 인기가 있다. 강의도 내용 구성이 복잡하면 복잡할수록 이해도가 떨어진다.

논문이나 저서를 펴낼 때 가장 많은 시간을 투입해야 하는 작업이 바로 목차 구성이다. 목차 구성이 잘돼야 집필이 쉽고 독자의 이해가 빠르다. 강사는 교안을 만들 때 다양한 콘텐츠를 어떻게 단순화할 것인지 고민해야 한다. 아울러 교안은 논리적이어야 한다. 같은 내용이라도 어떤 순서로 전하느냐에 따라 효과가 크게 달라지기 때문이다. 글이든 말이든 물이 높은 데서 낮은 데로 흐르듯 자연스러운 질서가 있어야 상대방이 이해하고 기억하기 쉽다. 물은 높은 데서 낮은 데로 흐르다가 웅덩이가 나오면 그 웅덩이를 채우고서야 낮은 곳으로 흐른다. 교안의 내용은 무리한 비약 없이 물 흐르듯 높은 데서 낮은 데로 자연스럽게 흘러 내려가야 한다.

복잡한 내용을 논리적으로 단순화하는 구성 방법에는 여러 가지가 있다. 첫째는 같은 것끼리 한데 모으는 게 좋다. 백화점이 다양한 상품을 층별로, 코너별로 나눠 배열하듯 교안도 같은 내용끼리 묶어서 배열해야 한다.

둘째는 어떤 기준을 두고 순서를 정해 구성하라는 것이다. '과거→현재→미래'처럼 시간 순서대로 구성하든 '가까운 곳→먼 곳'이나 '왼쪽→오른쪽'처럼 공간의 순서대로 구성하든 '큰 것→작은 것' '중요한 것→덜 중요한 것' 등의 순서로 배열해야 전달이 잘된다.

셋째는 어떤 그물 같은 틀을 이용하여 빠짐없이 구성하라는 것이다. '육하원칙' 'PREP(Point-Reason-Example-Point)' '대안 제시(실태-문제점-원인-대책)' '기-승-전-결', '서론-본론-결론' 등은 상대방에게도 익숙한 틀이어서 내용 전달에 효과적이다.

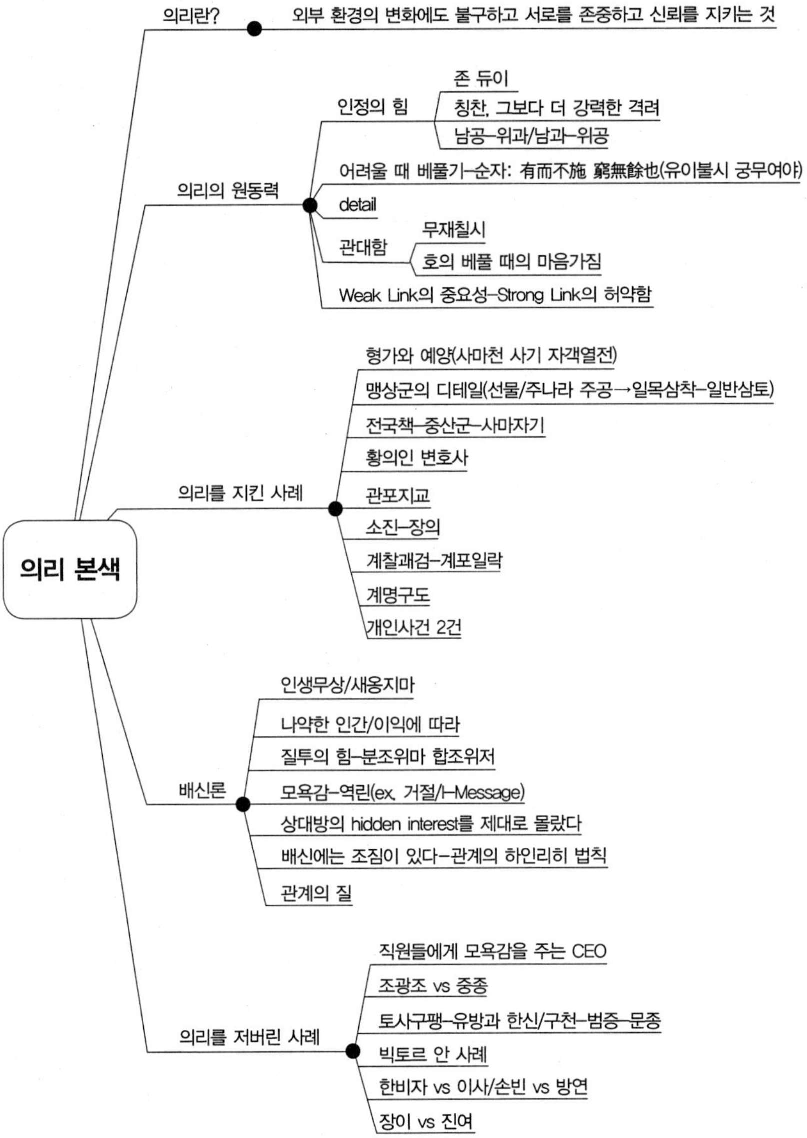

좋은 강의는 구성에 자연스러운 질서가 있어야 학습자가 이해하고 기억하기 쉽다.

어휘(Verbal)를 명확히 하라

상사가 부하에게 이렇게 지시했다. "첫날에는 감자밭에서 감자를 캐라. 둘째 날에는 감자를 한 곳에 쌓아라. 마지막 날에는 큰 감자는 오른쪽에, 작은 감자는 왼쪽에 쌓아라." 일을 마친 부하는 괴로워하며 울고 있었다. 큰 감자와 작은 감자의 기준이 모호해서다. 그리고 연속해서 한꺼번에 할 일을 3일로 나눠서 지시했기 때문이다.

"우리 학교 앞에서 역 방향으로 가다 보면 공을 파는 가게가 있고, 거기서 조금 올라가면 버스 정류장이 있을 거야. 거기서 버스를 타고 조금만 오면 돼. 이따 봐!" 이 이야기도 겉으로는 명확해 보이지만 자세히 살펴보면 정확한 거리나 시간이 빠져 있다.

표현은 정확해야 한다. 아니면 헷갈리고 오해하게 된다. 표현은 쉬워야 한다. 아니면 정확한 뜻을 알아내기 위해 많은 시간과 에너지를 쏟아야 한다. 표현은 간결할수록 좋다. 그렇지 않으면 시간과 에너지를 낭비하게 만든다.

정확하게(Correct)!

어떤 사물이나 상태를 가리키는 말은 세상에 단 하나밖에 없다고 한다. 비슷한 말은 있지만 똑같은 말은 없다. 예를 들어, '남자'와 '남성'은 비슷한 말이지만 분명히 다르게 쓰인다. '죽었다.'는 말도 다음과 같이 비슷한 표현이 많지만 모두 다르게 쓰인다.

- 갔다.
- 골로 갔다.
- 숨을 거뒀다.
- 저승에 갔다.
- 천당에 갔다.
- 지옥에 갔다.
- 돌아가셨다.
- 고생 면했다.
- 곡성 터졌다.
- 숨통 막혔다.
- 숨 넘어갔다.
- 숨이 끊어졌다.
- 밥숟갈 놓았다.
- 호적에 빨간 줄 쳤다.
- 홀아비 됐다.
- 요단강 건넜다.
- 염라국에 갔다.
- 땅 한 평 차지했다.
- 북망산천 떠났다.
- 생과부 늘었다.

말을 하거나 글을 쓸 때에는 그것에 딱 맞는 어휘를 찾아서 표현해야 의미가 정확해진다. 그리고 누구에게나 똑같은 의미로 전해질 수 있는 객관적인 어휘를 사용해야 한다. 앞서 설명한 '거시기' 언어는 사용하지 말아야 한다. 궁금해하지 않게 구체적인 어휘를 사용하는 것도 필요하다.

이를 위해 어문 규정이란 게 있다. 이 규정은 표준어 규정, 맞춤법 규정, 외래어 표기법, 국어의 로마자 표기법으로 구성돼 있다. 사전을 활용하며 어문 규정을 잘 지키는 것이 명확하게 표현하는 가장 좋은 방법이다.

쉽게(Easy)!

간혹 강사가 "쉽게 말하면……."이라고 할 때가 있다. 처음부터 어렵게 말하지 말고 쉽게 말하는 것이 좋다. 청중이 이해하기 힘든 외국어나 어려운 어휘 사용은 피하는 것이 좋다. 문맥도 쉬워야 한다.

큰 과수원을 경영하는 농부가 '농업 기술 담당' 관리에게 편지를 썼다. 보일러 파이프를 청소하기 위해 염산을 사용해도 되는지 물어보기 위해서였다. 답장이 왔다. "화학 반응 과정의 불확실성 때문에 염산의 사용은 알칼리성 물질이 내포된 상황에서는 바람직하지 않을 것 같습니다." 농부는 그 회신에 대한 감사의 말과 함께 다시 편지를 썼다. 염산을 써도 안전한가 재차 물었다. 좀 더 긴 답장이 왔다. "귀하께서는 염산을 사용한다면 아마 후회하게 될지도 모릅니다. 왜냐하면 반응 과정의 불투명 때문입니다. 염산은 반응 과정에서 염기 부산물을 생산할 것으로 여겨집니다."

농부는 다시 회신에 대한 감사의 편지를 썼다. 그리고 정말 염산으로 파이프를 청소해도 아무 이상이 없겠는지 알고 싶다고 썼다. 이번에는 평범한 어투의 답장이 간단하게 왔다. "염산을 사용하지 마십시오. 파이프에 구멍이 납니다." 진작에 이렇게 쉽게 표현하면 얼마나 좋았겠는가? 쉬운 표현이란 청중에 대한 최고의 서비스라 할 수 있다.

"버스 배차 시간에 대해 시민의 불만이 많다."는 표현보다는 "회사원 김 씨가 30분을 기다려도 버스를 탈 수 없었다."고 말한 것처럼 "버스 배차 간격이 마치 고무줄처럼 늘었다 줄었다 하는 경우가 많습니다."가 쉽다. 이처럼 직유법, 은유법, 비유법과 같은 표현법을 이용하면 의미가 그림처럼 연상되어 청중이 이해하기 쉽다.

청중에게 가장 쉬운 전달 방법은 그림 언어(Imagery) 표현법이다. 마치 눈앞에 펼쳐진 어떤 장면을 보여 주듯 설명을 하는 방법인데 이해하기에 쉽고 기억하기 쉽다.

다음은 그림 언어로 된 동요의 가사다.

개울가에 올챙이 한 마리 꼬물꼬물 헤엄치다
뒷다리가 쏘옥~ 앞다리가 쏘옥~
팔딱팔딱 개구리 됐네
꼬물꼬물 꼬물꼬물 꼬물꼬물 올챙이가
뒷다리가 쏘옥~ 앞다리가 쏘옥~
팔딱팔딱 개구리 됐네~

다음은 송재익 캐스터의 그림 언어로 하는 축구 경기 중계다.

- "며느리가 시아버지께 밥상 들여가듯 말이죠, 잘 넣어줬네요."
- "저런 행동은 마치 자갈밭에서 자전거를 타고 신문을 읽는 듯한 행동이군요."
- "아, 외딴 백사장에 혼자 처박힌 빈 콜라병 같군요."
- "홍명보가 없는 한국팀, 막대기 없는 대걸레예요!"
- "황선홍 없이 하는 경기는 마치 장기에서 차, 포 떼고 상, 졸만 가지고 하는 것과 다를 바가 없지요."
- "드디어 후지산이 무너집니다."
- "마치 어항 속의 물고기 떼처럼 움직여요."

- "아, 오카다 감독이 저 두꺼운 안경을 쓰고 벤치에서 고뇌하는 모습은 로댕의 생각하는 사람을 연상케 해요."
- "이탈리아, 오늘 대문은 다 잠궜는지 몰라도 쪽문이 열렸어요."

다음은 노회찬 전 의원의 그림 언어다.

- "50년 동안 한 판에서 계속 삼겹살을 구워 먹어서 판이 이제 새까맣게 됐습니다. 이제 삼겹살 판을 갈아야 합니다."
- "○○○당은 한 일도 없이 인기가 올라가고 있는데, 길 가다 지갑 주웠으면 경찰에 신고해야 합니다."

그 밖에도 이런 그림 언어가 있다. 한마디 한마디가 비디오의 한 장면처럼 머릿속에 그림으로 떠오르게 해 준다.

- "내리는 빗방울만큼 행복하게 살아라."
- "내 안에 네가 있다."
- "북한 미사일의 발사거리만큼 남북 사이가 멀어진다."
- "서울에서 부산을 세 번 갔다 올 거리."

간결하게(Simple)!

표현은 간결해야 한다. 글에서도 그렇지만 말에서도 권투에서 스트레이트 날리듯 단문(短文, Simple Sentence)이 효과적이다. 우선 문장이 짧아야 이해가 쉽고 기억하기에 좋다. 속담이나 명언들은 모두 짧고 간단하다. 그리고 시어처럼 함축적이어야 한다.

다음은 우리나라 헌법 전문이다.

> 유구한 역사와 전통에 빛나는 우리 대한국민은 3·1운동으로 건립된 대한민국 임시정부의 법통과 불의에 항거한 4·19 민주 이념을 계승하고, 조국의 민주 개혁과 평화적 통일의 사명에 입각하여 정의·인도와 동포애로써 민족의 단결을 공고히 하고, 모든 사회적 폐습과 불의를 타파하며, 자율과 조화를 바탕으로 자유민주적 기본 질서를 더욱 확고히 하여 정치·경제·사회·문화의 모든 영역에 있어서 각인의 기회를 균등히 하고, 능력을 최고도로 발휘하게 하며, 자유와 권리에 따르는 책임과 의무를 완수하게 하여 안으로는 국민 생활의 균등한 향상을 기하고 밖으로는 항구적인 세계 평화와 인류 공영에 이바지함으로써 우리들과 우리들의 자손의 안전과 자유와 행복을 영원히 확보할 것을 다짐하면서 1948년 7월 12일에 제정되고 8차에 걸쳐 개정된 헌법을 이제 국회의 의결을 거쳐 국민투표에 의하여 개정한다. 1987년 10월 29일.

헌법 전문은 단 한 문장으로 되어 있다. 수십 번을 읽어도 이해하기가 힘든데, 이걸 말로 전달한다 생각해 보자. 얼마나 전달이 되겠는가? 여러 문장으로 짧게 나눠 써야 독자가 이해하고 기억하기에 편하다.

길고 복잡한 표현은 상대방이 이해하기도 힘들고 기억하기도 힘들다. 면이 긴 냉면을 가위로 잘라서 먹듯, 강사는 자신의 메시지를 짧고 단순하게 정리해서 말하는 연습을 많이 해 두는 것이 좋다.

FUTSAL
55

음성 언어를 효과적으로 구사하라

아무리 좋은 악보라도 좋은 연주자를 만나야 아름다운 소리를 낼 수 있다. 아무리 좋은 대본이라도 좋은 연기자를 만나야 감동적인 장면을 만들어 낼 수 있다. 아무리 잘된 교안이라도 좋은 강사를 만나야 학습자를 만족시킬 수 있다. 강사는 문자 언어로 된 교안을 음성 언어와 행동 언어를 적절히 배합하여 학습자에게 효과적으로 전달을 하는 표현 전문가가 돼야 한다.

목소리의 여섯 가지 조건

강사가 자신의 생각이나 감정을 가장 효과적으로 표현할 수 있는 수단은 목소리다. 목소리를 이용한 말하기는 숨 쉬기, 걷기와 함께 사람이 가장 오래 연습해 온 삶의 수단이다. 한 통계에 따르면, 어떤 사람에 대한 호감도는 그 사람의 외모보다 목소리의 영향을 더 많이 받는다고 한다. 강사의 목소리는 강의의 성패에 적지 않은 영향을 끼친다.

강사의 목소리는 기본적으로 세 가지 조건을 우선 갖춰야 한다.

• 발음이 명확해야 한다.
• 학습자에게 잘 들려야 한다.
• 학습자가 이해하기에 적절한 속도여야 한다.

실제로 많은 강의의 문제는 강사의 목소리가 학습자에게 물리적으로 전달되지 않는 데서 온다. 강사는 발음, 크기, 속도의 삼박자를 반드시 제대로 갖춰야 한다. 여기서 한 단계 더 높은 수준으로 발전하려면 메시지의 내용에 맞춰 목소리를 조절하고 구사하여야 한다.

• 메시지의 내용에 맞게 목소리의 높낮이를 구사할 수 있어야 한다.
• 강약을 조절할 수 있어야 한다.
• 톤을 적절히 조절할 수 있어야 한다.

발음 만들기 3단계

사람의 말은 호흡 기관, 발성 기관, 조음 기관을 거쳐 완성된다.

① 목소리는 숨이 만들어 낸다. 숨은 폐에 담긴 숨이 기관(氣管)을 통해 목 쪽으로 나오면서 성대라는 피리를 불어 목소리를 만들어 준다. 성대는 평소 호흡 시에는 열려 있지만 소리를 낼 때에는 남자는 1초에 100~150회, 여자는 200회 정도 떤다.

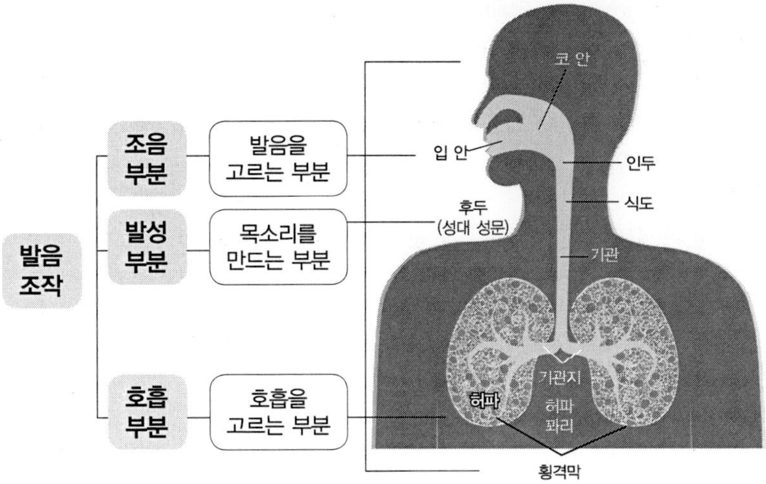

② 성대의 울림소리는 실제로는 모기 소리만 하지만, 입 안과 코 부분의 빈 공간을 울리면서 소리가 커진다. 이걸 공명(共鳴)이라고 한다. 이 방법을 잘 익히면 성대를 보호하면서 소리를 크게 낼 수 있을 뿐 아니라 소리가 맑아 청중에게 호감을 줄 수 있다. '뱀 장수' 목소리는 공명과는 거리가 먼 목소리로 성대에 힘을 줘서 목소리를 짜내는 방식이다. 입 안에 공간을 넓게 만들어 주고 코 아래 부분도 함께 울려 주면 소리가 커지고 맑아진다.

③ 입에서 울려나는 소리를 입 안의 혀, 치아, 입술 등이 특정한 발음으로 조립해 준다. 혀, 치아, 입술 등이 제대로 움직여 주지 않을 때 발음이 나빠진다. 단어 한 개를 말

하는 데 650개의 근육 중 72개가 움직여야 한다. 그러나 사람들은 귀찮아서 이보다 적은 수의 근육을 움직일 때가 많다. 이를 절약형 발음이라 하는데, 이런 경우 부정확한 발음이 나온다. '대한민국'을 '대안밍국'으로 잘못 발음하는 것이 좋은 예다.

앞의 사진과 같이 코와 입 앞에 손을 대고 소리를 내보면서 소리가 어떻게 바깥으로 울려 퍼져 나가는지를 느껴 보자.

내 목소리 들어 보기

내게 들리는 내 목소리와 학습자에게 들리는 내 목소리는 같을까, 다를까? 다르다. 학습자에게는 내 목소리가 공간을 통해 학습자의 귀로 전달된다. 그러나 내게는 입 안에서 울린 소리가 그대로 2cm 이내의 귀로 직접 전달된다. 내 귀에는 발음이 정확하고 맑게 잘 울리는 것 같아도, 다른 사람에게는 그렇게 들리지 않을 수 있음을 알아야 한다. 또, 청중은 내 목소리를 듣고 해석(Decoding)을 하고서야 의미를 파악하지만, 나는 의미를 먼저 정하고 소리를 듣기 때문에 해석이 필요 없다는 점도 큰 차이이다. 따라서 강사는 자신의 강의 목소리를 녹음하여 들어보면서 학습자에게 전해지는 자신의 목소리를 살펴봐야 한다.

강의 실황을 녹음하여 다음 점검표를 통해 어떤 문제가 있는지 살펴보자.

구분	체크 포인트	진단 결과
발음	학습자가 이해할 수 있는 명확한 발음으로 말하는가?	
크기	교실 뒤쪽에 앉은 학습자들도 충분히 잘 들을 수 있는 크기로 말하는가? 목에 무리가 가지 않게, 듣는 사람이 호감을 갖게 소리를 울려서 내는가?	
속도	강의 내용을 처음 접하는 학습자가 들으면서 이해할 수 있는 속도로 말하는가?	
끊기	학습자가 내용을 정리하면서 들을 수 있게 의미의 덩어리를 짧게 끊어서 말하는가?	
어조	말하는 내용에 어울리는 어조로 말하는가?	
강약	말하는 내용 중 중요한 부분을 강조하여 표현하는가?	
높낮이	말하는 내용 중 중요한 부분을 높게 표현하는가?	
자신감	목소리에 열정이나 자신감이 담겨 있는가?	
어휘	내용을 명확히 설명해 주는 어휘를 사용하는가?	
습관	불필요한 언어(예: '에' '음')를 습관적으로 사용하지는 않았는가?	

목소리 공식 여덟 가지

다음은 필자가 고안한 목소리 공식이다. 다음 여덟 가지 공식을 살펴보면서 목소리를 효과적으로 구사해 보자.

발 음

• 상대방이 입 모양만 봐도 알 수 있게 명확하게 발음하라.

- 전달이 어려울 경우에는 부연 설명, 입체적인 목소리 효과, 행동 언어를 더하라.

크 기

- 사람 수나 공간의 크기에 맞춰 잘 들릴 수 있게 크게 또는 작게 말하라. 메시지의 강조할 부분은 크게 말하라.
- 소리의 크기는 공명으로 조절하라.
- 끝말을 흘리지 마라.

속 도

- 말하려는 메시지 중 강조할 부분은 천천히 또박또박 말하라.
- 의미에 따라 빠르게 혹은 천천히 말하라.
- 상대방이 머릿속으로 받아쓰기를 할 수 있는 속도로 말하라.

끊 기

- 상대방이 생각하며 들을 수 있게 적당한 곳에서 끊어서 말하라.
- 침묵도 말하기의 일부다. 학습자에게 생각할 시간을 줘라.

공 명

- 상대방이 호감을 가질 수 있게 맑고 고운 목소리로 말하라.

어 조

- 말하려는 메시지나 상황에 가장 어울리는 목소리를 내라.

강 약

- 말하려는 메시지 중 강조할 부분은 강하게 말하라.
- 의미에 따라 강하게 혹은 약하게 표현하라.

높낮이

- 말하려는 메시지 중 강조할 부분은 높게 말하라.
- 의미에 따라 높게 혹은 낮게 말하라.
- 말이 종결될 때는 하조(下調), 계속될 때는 상조(上調)로 말하라.

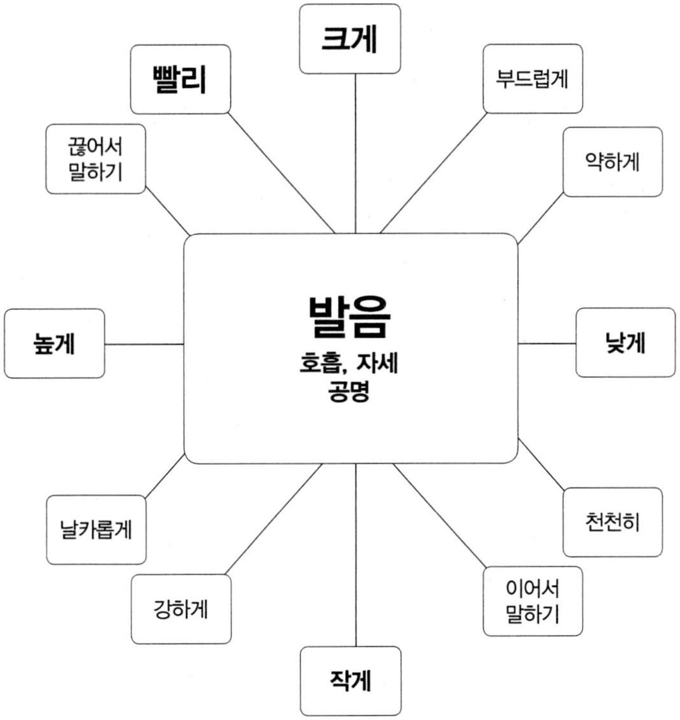

다양한 목소리 표현 방법. 강의에서는 발음, 크기, 속도가 가장 중요하다.

읽을거리

1인 4역의 목소리 쇼로 사기극을 펼치다!

전화 통화 목소리를 자유자재로 바꾸는 성대모사를 통해 '1인 4역'을 하며 억대의 부동산 중개 사기극을 벌인 30대 남자와 일당이 검찰에 붙잡혔다.

김 모 씨(31)는 지난해 2월 서울 강북구 자신의 사무실에서 충남 태안에 건물을 소유한 이 모 씨(65)에게 전화를 걸었다. 자신을 부동산 중개업자라고 속인 김 씨는 "태안 건물을 꼭 구입하려는 성형외과 의사가 있는데 90억 원을 받아 줄 테니 복비로 5억 원을 달라."고 요구했다. "비싼 값에 건물을 팔아 주겠다."는 제안에 솔깃한 건물주 이 씨는 "5억 원은 곤란하고 충분하게 사례를 하겠다."고 화답했다.

그러자 김 씨는 "성형외과 의사가 '건물 감정가가 85억 원은 돼야 한다'고 하니 감정평가원을 소개해 주겠다."며 전화번호 하나를 알려줬다. 잠시 후 김 씨의 사무실로 이 씨의 전화가 걸려왔다. 이 씨가 건 전화는 김 씨가 '부동산 중개' 사기를 위해 사무실에 마련해 놓은 여러 대의 '대포폰', 즉 타인 명의의 불법 개설 전화 가운데 하나였던 것이다.

김 씨는 이전과는 다른 목소리로 이 씨의 전화를 받으며 감정평가원 직원인 척했고, 다시 목소리를 바꿔 평가원 사장 행세를 했다. 그러면서 김 씨는 감정평가 관련 비용 명목으로 모두 3천7백여만 원을 이른바 '대포통장'으로 입금받아 가로챘다.

김 씨는 이 과정에서 또 다른 목소리로 이 씨에게 전화를 걸어 "좋은 건물을 사게 돼 고맙다."며 의사 행세를 하기까지 했다. 수시로 전화 통화 목소리를 바꿔 1인 4역을 하며 이 씨를 철저하게 속인 것이다.

김 씨는 이 같은 수법으로 이 씨 등 다섯 명의 피해자들로부터 모두 1억 8천여만 원을 뜯어냈다.

– CBS 뉴스

2007. 3. 28

세 가지 호흡법

강사가 목소리를 효과적으로 구사하려면 세 가지 호흡법을 잘 익혀 두는 것이 좋다.

- 숨을 많이 들이쉴 수 있어야 한다. 한 번 들이마신 숨으로 풍선을 자신의 머리만한 크기로 불 수 있다면 합격이다.
- 숨을 오래 내쉴 수 있어야 한다. 악기의 음을 맞추는 피치 파이프(Pitch Pipe)라는 피리가 있는데, 이걸 60초 정도 이어서 소리를 낼 수 있다면 합격이다.
- 들이마신 숨을 한꺼번에 강하게 내쉴 수 있어야 한다. 500원짜리 동전을 책상 위에 눕혀 놓고 입으로 불어 세 뼘 정도의 지점까지 옮길 수 있다면 합격이다. 이러한 세 가지 연습을 꾸준히 하다 보면 저절로 '복식호흡법'을 체득할 수 있다.

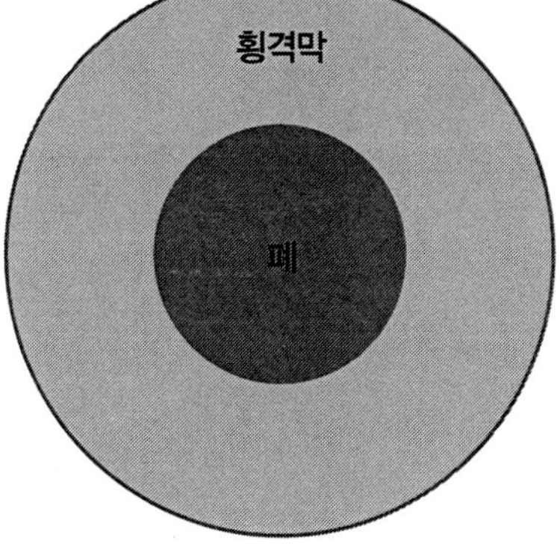

일상에서는 폐로만 숨을 쉬지만, 말할 때나 노래를 할 때에는 많은 호흡을 필요로 하기 때문에 '더 큰 호흡법'을 익혀야 한다. 이것을 복식호흡법이라 한다. 큰 풍선(횡격막) 안에 작은 풍선(폐)이 들어 있다고 생각하면 된다. 폐만으로 호흡하지 않고 폐를 둘러싸고 있는

넓은 횡격막을 넓혔다 오므렸다 하면서 숨을 쉬는 호흡법이 바로 복식호흡법이다. 앞의 세 가지 호흡법을 연습하다보면 저절로 익히게 된다.

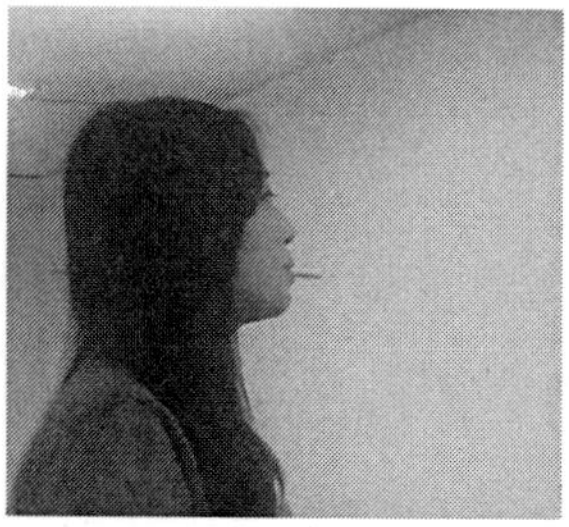

말하기의 자세

목소리는 숨이 만든다. 바닥에 눕거나 엎드려서 노래를 불러 보자. 노래가 제대로 나오지 않을 것이다. 원하는 목소리를 내려면 충분히 들이마신 숨을 필요에 따라 적절히 조절해 줄 수 있어야 한다. 호흡을 조절하기 쉬운 자세가 필요하다. 뿐만 아니라 숨이 올라오면서 성대를 잘 울릴 수 있는 자세가 필요하다.

다음과 같은 몇 가지 자세를 참고하면 좋다.

앉아서 하는 자세

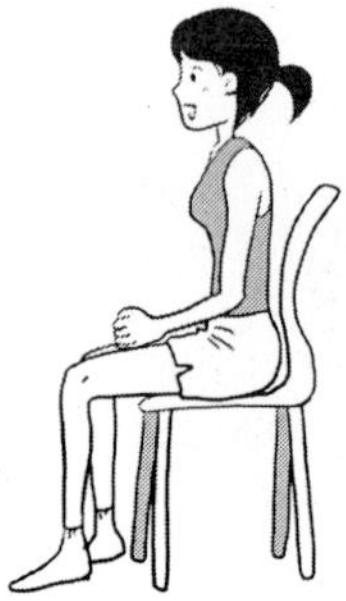

서서 하는 발성훈련

〈서서 하는 발성 연습〉

① 발은 11자형으로 하되, 한 발은 반보 정도 앞쪽에 둔다.

② 무게 중심은 발끝 엄지발가락에 둔다.

③ 등에서 엉덩이는 일직선으로 한다.

④ 몸 전체에서 힘을 뺀다.

⑤ 목과 어깨의 긴장을 푼다.

⑥ 시선은 10도 정도 위를 향하여 둔다.

⑦ 눈은 웃는 모습으로 한다.

⑧ 앉아서 말할 때에는 뒤로 기대지 않고 앞의 ③~⑦의 방법대로 연습한다.

발음 연습 ①

다음은 오류가 생길 수 있는 발음이 들어 있는 문장이다. 한 사람이 이것을 말하고 다른 사람이 받아 적어 보자. 전혀 다르게 전달될 수 있다.

- "너 이 새끼손가락 왜 이래?"
- "밥 좀 식혀 줘!"
- "정숙이가 말을 안 들어."
- "구리 시장에 들어왔어요."
- "SKT가 망내 할인을 해 준답니다."
- "차 번호는 서울50사54"
- "개 세 마리와 게 네 마리를 그리고 있습니다."
- "A18…… 내 자리가 도대체 어디야? C8…… 여긴가 보네."
- "형수님, 저 흥분데요."

발음 연습 ②

다음은 다섯 가지 기본 모음으로 구성해 본 발음 연습표다. 이를 자주 소리 내 보면 발음이 점점 더 정확해질 것이다.

가	나	다	라	마	바	사	아	자	차	카	타	파	하
게	네	데	레	메	베	세	에	제	체	케	테	페	헤
기	니	디	리	미	비	시	이	지	티	키	티	피	히
고	노	도	로	모	보	소	오	조	초	코	토	포	호
구	누	두	루	무	부	수	우	주	추	쿠	투	푸	후

발음 연습 ③

다음은 모음과 자음을 결합한 발음 연습표다. 손가락으로 빈칸을 짚어가며 자주 소리 내 보면 발음이 점점 더 정확해진다.

	ㄱ	ㄴ	ㄷ	ㄹ	ㅁ	ㅂ	ㅅ	ㅇ	ㅈ	ㅊ	ㅋ	ㅌ	ㅍ	ㅎ
ㅏ														
ㅑ														
ㅓ														
ㅕ														
ㅗ														
ㅛ														
ㅜ														
ㅠ														
ㅡ														
ㅣ														

발음 연습 ④

정확한 발음은 바른 입 모양에서 나온다. 다음과 같은 놀이를 통해 상대방에게 정확한 발음을 전달하는 연습이 가능하다.

① 짝꿍을 정한다.

② 10미터 정도 떨어진다.

③ A가 간단한 질문을 10개 정도 만든다.

④ A가 소리를 내지 않고 입 모양으로만 준비해 둔 문장을 B에게 질문한다.

⑤ B가 그 답을 적는다.

⑥ 10개 문항의 질문을 마친 후 답을 맞춰 본다. 어떤 것이 왜 정확히 전달되지 않았는지 분석해 본다.

⑦ 역할을 바꿔서 다시 해 본다.

발음 연습 ⑤

다음 문장을 읽지 말고 소리 공식을 적용하여 말해 보자. 멀리 떨어져 있는 사람에게 전화로 한 번 말해 줘서 기억할 수 있게 표현해 보자.

- 저기있는저말뚝이말을맬수있는말뚝이냐말을맬수없는말뚝이냐.
- 저분은백법학박사이고이분은박법학박사이시다.
- 작년에온솥장수는새솥장수이고금년에온솥장수는헌솥장수다.
- 멍멍이네꿀꿀이는멍멍해도꿀꿀하고꿀꿀이네멍멍이는꿀꿀해도멍멍하네.
- 간장공장공장장은강공장장이고된장공장공장장은공공장장이다.
- 저기가는저상장수가새상장수냐헌상장수냐.
- 중앙청창살은쌍창살이고시청창살은외창살이다.
- 검찰청쇠철창살은새쇠철창살이냐헌쇠철창살이냐.
- 한양양장점옆한영양장점,한영양장점옆한양양장점.
- 옆집팥죽은붉은팥팥죽이고뒷집콩죽은검은콩콩죽이다.
- 상표붙인큰깡통은깐깡통인가안깐깡통인가.
- 내가그린기린그림은잘그린기린그림이고네가그린기린그림은못그린기린그림이다.

- 강낭콩옆빈콩깍지는완두콩깐빈콩깍지이고완두콩옆빈콩깍지는강낭콩깐빈콩깍지이다.
- 내가그린구름그림은새털구름그린그림이고네가그린구름그림은깃털구름그린그림이다.
- 앞집팥죽은붉은팥풋팥죽이고뒷집콩죽은햇콩단콩콩죽이고우리집깨죽은검은깨깨죽인데사람들은햇콩단콩콩죽깨죽죽먹기를싫어하더라.

발음 연습 ⑥

강사는 보통 한 호흡에 40음절을 안정되게 말할 수 있어야 한다. 다음 문장을 상대방이 충분히 알아들을 수 있는 속도로 또박또박 말해 보자. 한 호흡으로 해야 한다.

- "가진 것을 이용할 줄 알고, 가진 것에 만족할 줄 알아라. 하지만 소유에 대한 확신으로 인해 소홀해하지는 마라."(43음절)

목소리 크기 조절 연습

목소리의 크기는 이야기를 주고받는 사람의 수나 공간의 크기에 따라 적절히 조절해야 한다. 개인적인 대화, 집단적인 대화, 청중과의 대화에 따라 목소리의 크기는 달라야 한다. 개인적인 대화를 불필요하게 큰 목소리로 하는 경우도 문제지만, 집단이나 청중과 대화하면서 목소리가 작은 경우에는 더 심각한 문제가 생긴다.

다음과 같은 놀이를 통해 목소리를 크게 내는 연습을 하면 도움이 된다.

① 짝꿍을 정한다.

② 15미터 정도 떨어진다.

③ A가 간단한 질문을 10개 정도 만든다.

④ A가 큰 소리로 준비해 둔 문장을 B에게 질문한다.

⑤ B가 큰 소리로 대답한다. 안 들리면 다시 말하도록 요구한다.

⑥ 성대에 무리를 주며 악을 쓰지 말고 공명을 통해 소리를 크게 내도록 노력한다.

⑦ 잘 들리면 거리를 더 멀게 조정하고 계속해 본다. 처음에는 실내에서 해 보다가 나중에는 야외에서 해 본다.

톤 조절 연습(목소리로 감정 표현하기)

① 두 사람이 짝을 짓는다. 한 사람이 짝꿍에게 '여보세요.'라는 말(Verbal)로 다음 여섯 가지 감정 중 하나를 표현한다. 그런 후 짝꿍은 자신이 느낀 감정을 말한다. 전하려는 감정이 제대로 표현됐는지 확인해 본다. 똑같이 '여보세요.'라고 말하더라도 표현하려는 감정에 따라 목소리는 달라진다.

기쁨 / 슬픔 / 분노 / 놀라움 / 혐오 / 공포

② 두 사람이 짝을 짓는다. 한 사람이 짝꿍에게 '철수야!'라며 이름을 부르면서 다음 일곱 가지 감정 중 하나를 표현한다. 그런 후 짝꿍은 자신이 느낀 감정을 말한다. 전하려는 감정이 제대로 표현됐는지 확인해 본다. 똑같이 '철수야!' 라고 말하더라도 목소리에는 감정이 담긴다.

따짐, 억울함, 분노 / 반가움, 기쁨 / 짜증 남, 미워함 /
아쉬워함 / 공포, 무서워함 / 비꼼, 비웃음

③ 두 사람이 짝을 짓는다. 한 사람이 짝꿍에게 '영희야!'라며 이름을 부른다. 그 목소리 안에 다음 여섯 가지 의미를 담아 순서대로 표현한다. 그런 후 짝꿍은 자신에게 전해진 의미를 말한다. 전하려는 의미가 제대로 표현됐는지 확인해 본다. 똑같이 '영희야!'라고 말하더라도 표현하려는 의미에 따라 목소리(어조, 억양)는 달라진다.

- "아주 잘했어!"
- "그러면 안 돼!"
- "그럴 수가 있어? 기가 막혀서……."
- "(남이 못 듣게 속삭이듯이) 나야, 나!"
- "위험해! 조심해!"
- "위험해. 제발 나 좀 도와줘!"

TIP
마이크 사용법

- 마이크 테스트는 입으로 불지 말고 손가락으로 두드린다.
- 입과 마이크 사이는 2/3뼘 정도 떨어지게 조절한다.
- 볼륨은 사용하기 전에 적당하게 미리 조절한다.

시각 언어를 효과적으로 구사하라

누가 당신에게 말을 걸어옴은……

당신과 친해지고 싶음입니다.

누가 당신을 보고 허둥댄다면……

당신에게 잘 보이고 싶음입니다.

누가 당신을 따갑게 바라봄은……

당신에게 무언가 고백하고 싶음입니다.

양귀자 씨의 「누가 당신에게 말을 걸어옴은……」이라는 글의 앞부분이다. 이 글을 누군가 「회사에서 누가 나에게 말을 걸어옴은……」이란 제목으로 패러디했다.

누가 나에게 말을 걸어옴은

나에게 뭔가 시킬 게 있음입니다.

누가 나를 보고 허둥댄다면

나에게 찔린 짓을 했음입니다.

누가 나를 따갑게 바라봄은
나의 얼굴에 뭔가 묻었기 때문입니다.
누가 나에게 장난치고 농담함은
내가 제일 만만해서입니다.
누가 나의 뒷모습이 없어질 때까지 바라봄은
내가 가는 걸 보고 뒷담화를 까려 함입니다.
누가 나에게 이유 없이 '고맙다.'는 말을 자주 한다면
말로 대충 때우고 끝내려 함입니다.
누가 나의 곁을 냉정하게 지나감은
나한테 뭔가 불만이 있거나 재수가 없기 때문입니다.
누가 나에게 지난 시간을 들춘다면
나의 과거를 알고 희망을 얻으려 함입니다.
누가 나의 옆모습을 지극히 바라봄은
나올 데 들어가고 들어갈 데 나온 옆모습이 하도 흉함입니다.
누가 나의 이마에 조용히 입맞춤은
나의 이마에 환타라도 한 방울 묻어서일까요? -_-
누가 나를 보고 고개를 돌리는 것은
차마 눈 뜨고 봐줄 수 없기 때문입니다.
누가 나에게 이런 시를 적어 줌은
보고 정신 좀 차리라는 뜻입니다.

세상에는 감출 수 없는 것이 두 가지 있다고 한다. 첫째는 기침이고, 둘째는 누군가를 사랑하는 마음이다. 누군가를 사랑하는 마음은 어떻게든 겉으로 드러

나게 되어 있다. 어떤 사람의 어떤 행동에는 반드시 그 사람의 속마음이 담겨 있다. 그래서 행동은 그 사람의 속마음을 표현하는 강력한 언어가 된다. 시각적으로 상대방에게 드러나는 행동은 목소리보다 더 명확하게 그 사람의 생각과 감정을 표현할 때가 많다.

술래가 말은 하지 않고 몸짓만으로 주어진 단어를 설명하면, 상대방이 그 단어를 맞추는 놀이가 있다. 이 놀이를 해 보면 우리가 보디 랭귀지(body language)에 얼마나 미숙한지 알 수 있다.

우리가 다른 사람과 소통을 하면서 오감 중 가장 많이 사용하는 것은 눈과 귀다. 귀는 상대방이 소리로 전하는 정보를 받아들이지만, 눈은 상대방이 시각적인 방법으로 전하는 정보를 받아들인다. 귀를 막고 듣지 않으면서 하루를 살아보면 우리가 귀에 얼마나 의존하면서 살아가는지 알 수 있다.

그러나 눈을 가리고 하루를 살아보자. 귀를 막은 것과는 비교할 수 없을 정도의 심한 장애를 느끼게 된다. 거의 아무것도 할 수가 없다. 이것은 우리가 얼마나 시각적인 감각을 통해 정보를 받아들이며 사는지를 확인시켜 준다. 말하는 사람이나 듣는 사람이나 시각적인 방법을 통해야 소통의 효과가 커질 것은 자명하다.

강사는 음성 언어와 함께 행동(시각) 언어를 효과적으로 구사할 수 있어야 한다. 강사에게 필요한 행동 언어는 시선, 표정, 몸짓 그리고 공간과 접촉이다. 가장 많이 사용하는 도구는 영상(파워포인트)과 소품이다.

시선 언어

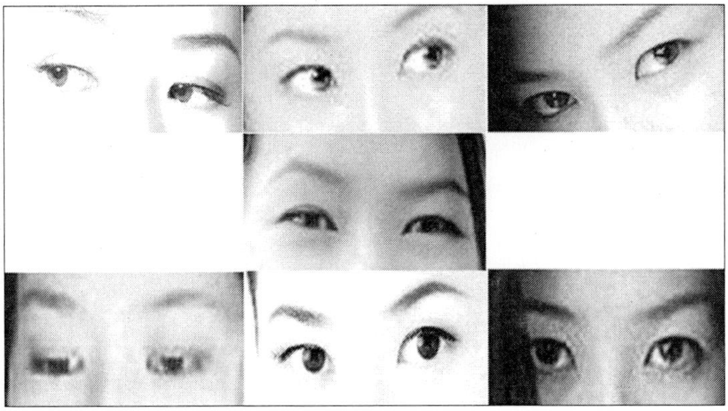

눈을 마음의 창(窓)이라고 한다. 〈눈으로 말해요〉라는 노래가 있듯이, 사람은 눈을 통해 자신의 마음을 드러내 보여 주기도 하고, 눈을 통해 상대방의 마음을 들여다보기도 한다. 눈은 웃기도 하고 울기도 하면서 감정을 보여 준다. 또한 눈은 방향을 정해 쳐다보기도 하고 깜박거리기도 하면서 뭔가 의미를 표현해 주기도 한다. 눈은 말을 하는 사람에게든 말을 듣는 사람에게든 매우 중요한 소통의 수단이다.

"전기 제품은 전선으로 연결되지만, 사람과 사람은 시선으로 연결된다." 강사는 무엇보다 학습자에게 시선을 집중해야 한다. 자칫 교안이나 스크린에 시선을 향하면 학습자의 시선을 놓치기 쉽다. 한 번 놓친 시선을 다시 집중시키기는 쉽지 않다.

강사는 학습자의 시선을 집중시키기 위해 '별짓'을 다해야 한다. 학습자의 시선을 강사에게 집중시키는 것은 전선을 연결하는 것이나 다름없다. 그리고 시선을 집중한 학습자가 뭔가를 얻을 수 있게 해 줘야 한다. 학습자를 바라보지 않고 강의를 하는 것은 실패를 예약하는 것이나 마찬가지다. 지나치게 교안에 의존할 때 학습자의 시선을 놓치기 쉽다. 강사는 학습자를 바라볼 때 눈동자만 향하지 말고 가슴을 향하도록 주의해야 한다.

표정 언어

음성 언어나 행동 언어는 자신의 감정을 표현하고 상대방의 감정을 읽는 데 매우 효과적인 수단이다. 그중 표정은 더욱 그렇다. '눈이 마음의 창이라면, 표정은 마음의 거울이다.' 배우의 관록은 표정 연기 구사력으로 판가름 난다. 충분한 감정 이입을 통해 특정한 감정을 표정으로 생생히 그려 낼 수 있느냐가 연기자의 중요한 능력이다.

강사는 연기자가 돼야 한다. 전달하려는 내용에 가장 적합한 표정을 지어낼 수 있어야 한다. 시종일관 표정이 같거나 어두운 모습으로 진행한다면 강의 효과는 그만큼 낮아질 수밖에 없다. 특히 강의를 시작하고 마무리할 때에는 밝은 표정을 지을 수 있어야 한다. 얼마 전 한 여성 장관이 국회의원들 앞에서 보인 적절치 못한 표정으로 인해 큰 어려움을 겪은 일을 기억할 것이다. 얼굴 표정은 인간이 감정을 표현하는 주된 비언어적 수단으로 표현하려는 감정에 따라 수십 개의 근육으로 조절된다. 필요에 따라 원하는 얼굴 표정을 잘 조절하는 능력은 매우 중요한 비언어적 대인 기술이자 강의 기술이다.

다음 사진은 입에 펜을 물고 있는 모습이다. 어떻게 무느냐에 따라 표정이 달라진다. 펜을 앞을 향해 길게 문 경우에는 입술에 힘이 들어가면서 표정이 어두워진다. 그러나 펜을 옆으로 길게 문 경우에는 좌우 볼 위쪽에 힘이 들어가면서 표정이 밝아 보인다. 이 두 가지 원리만 익힌다면 다양한 표정을 짓는 데 도움이 될 것이다.

강사는 거울을 보면서 자신의 평소 표정이 어떠한지, 감정에 적합한 표정을 지어 보일 수 있는지 살펴보며 연습을 많이 해야 한다.

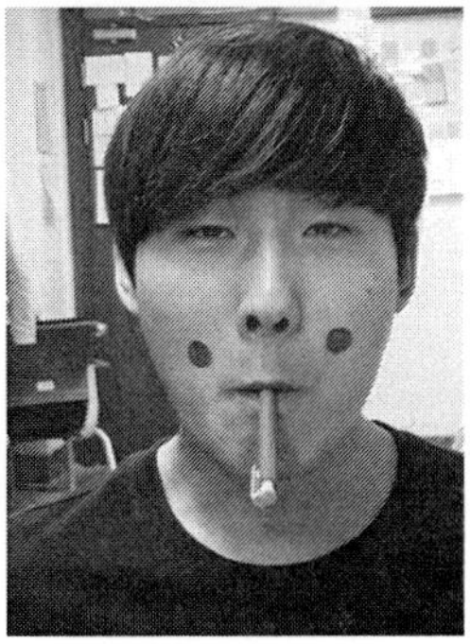

표정 연습

강사는 적어도 여섯 가지 감정(기쁨, 놀람, 공포, 슬픔, 분노, 혐오)을 얼굴로 나타내 보일 수 있도록 연기력을 체득하면 좋다.

① 두 사람이 여섯 가지의 감정을 적은 카드를 작성한다.
② 짝을 지어 마주 본다.
③ 술래가 다음 여섯 가지의 감정 중 하나를 표정으로 지어 보인다.
④ 상대방이 그 표정이 어떤 감정인지를 판단한 후 해당되는 카드를 보여준다.
⑤ 술래가 표현한 감정이 맞는지 확인한다.
⑥ 역할을 바꾸어서 계속 진행한다.

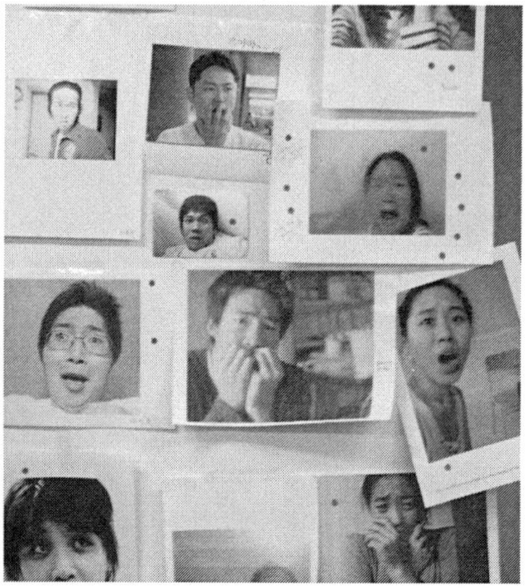

몸짓 언어

얼마 전 빌 게이츠(Bill Gates)가 왼손을 주머니에 넣은 채 우리 대통령과 악수를 하는 장면이 언론에 보도된 적이 있다. 또 오바마(Barack Obama) 대통령이 고개를 90도로 숙인 채 일본 왕과 악수를 하는 장면이 언론에 보도된 적이 있다. 이런 것이 문제가 되는 것은 몸짓이 바로 언어이기 때문이다.

몸짓 언어는 표에 나와 있는 것처럼 특정한 의미를 표현해 준다.

몸 짓	의 미
눈을 찌푸림	반발, 짜증
눈을 감음	대화 거부, 휴식 원함
입을 꼭 다묾	반발, 결심

고개를 끄덕거림	관심, 흥미
뒷머리를 긁음	곤란함, 난처함
손을 이마에 댐	곤란함, 난처함
손톱을 물어뜯음	초조, 긴장
팔짱을 낌	무관심, 관망, 방어
다리나 발을 떪	불안, 초조, 공포
어깨를 좌우로 흔듦	여유 표시, 가부의 보류
목소리를 갑자기 높임	반발, 반항, 강조
목소리를 갑자기 낮춤	후회, 자신감 부족
뒷짐 지기	권위 표시
두 손 비비기	자신 없음, 마음 약함, 아첨, 겸손
눈을 치뜸	상대 의심
눈을 내리뜸	부정적
뒤로 젖혀 앉음	방어, 약점 보이지 않기

몸짓 중에서도 손짓은 음성 언어로 메시지를 전달할 때 큰 도움을 줄 수 있다. 손짓은 위치나 방향을 가리킬 때, 수(數)를 표현할 때, 모양을 설명해 줄 때, 강도(强度)를 보여 줄 때 효과를 더해 준다.

잘못 사용하면 역기능이 생길 수도 있다. 영화 〈집으로〉에서 할머니가 소년의 머리를 깎아 주는 장면이 나온다. 소년은 할머니에게 두 손가락으로 머리를 가리키고는 꾸벅꾸벅 졸기 시작한다. 이발을 마친 후 거울을 본 소년은 머리가 너무 많이 잘린 것을 보고 깜짝 놀란다. 소년은 '요만큼' 잘라달라는 의미로 두 손가락을 보였는데, 할머니는 '여기까지' 잘라달라는 걸로 오해해서 생긴 문제다. 몸짓 언어는 문화권에 따라 의미가 다를 수도 있으므로 주의해야 한다. 또한 몸짓은 상대방에게 호감을 줄 수도 있지만 거부감을 줄 수도 있다.**

상대방에게 호감을 주는 자세	상대방에게 거부감을 주는 자세
① 정면으로 마주 보기 – 상대방에게 집중하고 있다는 느낌 주기 ② 개방된 자세 – 두 사람 사이에 방해물(벽)이 없게, 심리적 거리감을 안 느끼게 ③ 약간 앞으로 기울이는 자세 – 상대방의 사적인 영역을 침범하지 않기 ④ 시선 접촉 유지하기 – 관심 표현 – 분산되지 않는 따뜻한 시선 ⑤ 이완된 자세 – 긴장하지 않기, 상대방이 편안함을 느끼게	① 팔짱을 끼고 앉는 자세 ② 시선을 피하는 자세 ③ 상체를 뒤로 젖히는 자세 ④ 다리를 꼬고 45도 비스듬히 앉는 자세 ⑤ 대화 중 전화나 다른 일을 하는 행동 ⑥ 손이나 옷깃, 책상 위 다른 물건을 만지작거리는 행동 ⑦ 다리를 떠는 행동 ⑧ 주머니에 손을 넣고 있는 자세 ⑨ 상대방 쪽으로 상체를 너무 기울인 자세 ⑩ 손가락으로 상대방을 가리키는 행동

음성 언어(Vocal), 행동 언어(Visual)는 메시지의 문자 언어(Verbal)의 내용과 일치해야 한다. 그렇지 못할 때 '이중 언어'가 되어 학습자에게 혼란을 줄 수 있다. 몸짓은 의미 전달에 큰 도움을 주지만 절제되어야 효과가 있다.

강사 중에는 습관적으로 손을 계속 움직이며 말하는 이들이 있다. 강사의 모든 동작에는 의미를 담아 표현하는 것이 좋다. 의미를 보완해 주거나 강조할 때에만 동작을 더해야 한다. 의미 없는 동작은 학습자에게 혼란을 주고 시선을 놓치는 결과를 초래한다. 교탁에 몸을 기대거나 뒷짐을 지는 경우도 보기에 좋지 않다.

** 김은실, 손현동(2013). **대학생과의 소통을 위한 상담 기법**. 서울: 학지사.

강사는 강의 장면을 녹화하여 자신의 몸짓 사용에 불필요한 것은 없는지, 무의미한 것은 없는지, 습관적인 것은 없는지 점검해 보는 것이 좋다.

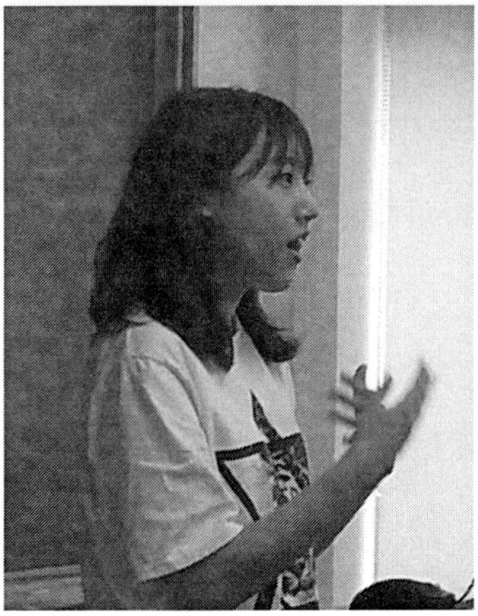
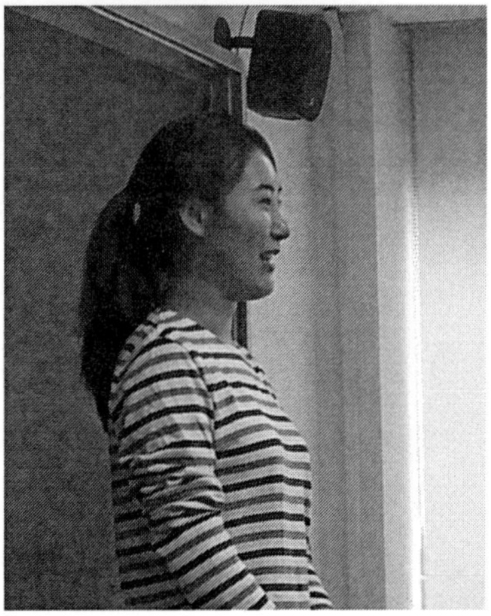

복장 언어

얼마 전 미국 하원에서는 발언을 위해 연단에 오른 바비러시 의원을 쫓아냈다. 복장이 불량하다는 이유에서다. 그는 정장 상의를 벗어젖힌 채 모자가 달린 후드티셔츠를 입고 연설을 시작했다. 이 같은 일은 우리나라에서도 있었다. 한 진보적인 정치인이 정장이 아닌 복장으로 국회의원 선서를 하러 나왔다가 문제가 되어 선서가 중단되었다.

경찰관, 군인, 스튜어디스 등 특별한 직업을 가진 사람들은 정해진 복장을 한다. 복장도 하나의 언어이기 때문이다. 복장은 자신의 개성을 드러내는 표현이기도 하지만, 상대방을 배려하고 존중하는 표현이기도 하다.

강사의 복장은 어떤 것이 적당할까? 생활이 어려운 이들을 찾아 격려하는 사람이 비싼 옷과 화려한 장신구로 치장을 하고 있다면 그 방문은 공감을 얻기에 부족하다. 강사의 복장은 학습자의 눈높이에 맞아야 한다. 청소년을 대상으로 하는 강의라면 청바지에 티셔츠 차림도 적합하다.

강사의 복장은 강의 목적이나 분위기에 어울려야 한다. 학습자 모두 정장 차림인 강의라면 강사도 정장 차림이 무난하다. 강의 내용이 창의적이고 혁신적이라면 그에 걸맞은 파격적인 복장이 어울릴 것이다. 그러나 그렇지 않다면 너무 튀는 복장보다는 학습자가 나중에 잘 기억하지 못하는 복장이 무난하지 않을까 하는 생각도 든다.

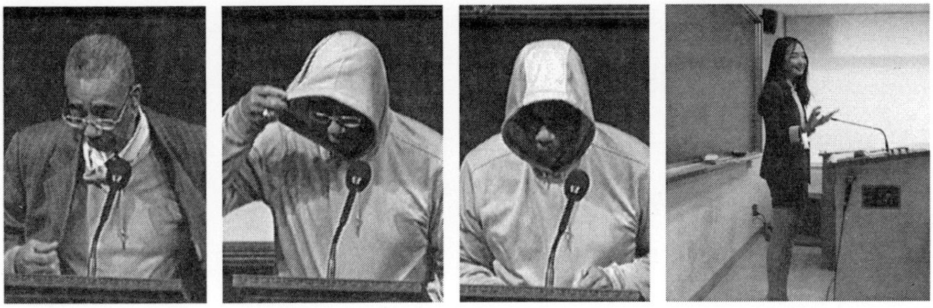

공간 · 접촉 언어

강사는 학습자와 어느 정도의 거리를 유지해야 할까? 사람과 사람 사이의 물리적 거리는 친밀감이 깊을수록 가까워지는 경향이 있다. 자신도 모르게 가깝다고 느끼는 사람 곁에 앉게 된다. 물리적 거리는 상대방에 대한 친밀감을 표현하는 중요한 공간적 수단이다. 어디에 앉느냐도 상대방에 대한 태도를 표현하는 중요한 수단이 된다.

시어머니가 A에 앉아 있다. 당신이 며느리라면 어디에 앉겠는가?

① ⓐ에 앉는 경우, 두 사람은 매우 친밀한 사이이고 서로 협동적인 관계에 있다고 볼 수 있다.
② ⓑ에 앉는 경우, 두 사람은 서로 어느 정도 친밀한 관계에 있다고 볼 수 있다. 대화나 협의를 할 때 이런 위치에 앉는다.
③ ⓒ에 앉는 경우, 두 사람이 경쟁적 대립 관계에 있다고 볼 수 있다. 낯선 사이, 면접이나 협상을 하는 사이에 이렇게 앉는다.
④ ⓓ나 ⓔ에 앉는 경우, 상대방에 관심이 없거나 만남에 소극적일 경우 이런 위치에 앉는다.

홀(Hall)은 사람과 사람 사이의 거리를 다음과 같이 네 가지로 구분했다.

거리	영역 구분
60cm 이내	친밀 영역
120cm 이내	개인 영역
330cm 이내	사회 영역
330cm 이상	공공 영역

그리고 남자와 여자 사이의 거리를 여덟 가지로 구분했다.

거리	영역 구분
15~45cm 미만	부부나 연인의 거리
45~75cm 미만	야릇한 거리
75~120cm 미만	친구 사이의 거리

120~210cm 미만	비서와 손님의 거리
210~360cm 미만	'나는 나', '너는 너'의 거리
360~750cm 미만	'남남'의 거리
750cm 이상	강사와 나의 거리

사람들은 이러한 대인 거리를 무의식적이며 놀라울 정도로 잘 적용하며 산다. 그런 거리를 유지하는 것이 서로에게 편하기 때문이다. 이러한 기준이 언제 어디서나 늘 적용되는 것은 아니다. 복잡한 전철, 엘리베이터 안에서는 이러한 거리를 유지할 수 없다. 특히 이성 간에 지나치게 가까이 위치해야 할 때 심리적으로 심한 불편을 느낄 수밖에 없다.

사람과 사람 사이의 거리가 제로인 경우는 피부 간의 접촉이라 할 수 있다. 인류학자 에슈리 몬타구(Ashly Montagu)는 피부는 감각기관 중 가장 고등한 눈이나 귀보다 더 고등한 감각기관이라고 했다. 피부 접촉은 세상에 대한 정보를 전해 줄 뿐 아니라 기본적인 감정을 인식한다. 피부 세포들은 '인간의 마음'이라 부르는 깊은 감정의 저수지로 직행하는 길을 내준다.

사람은 유아기에는 신체적 접촉으로 부모와 의사소통을 하며, 신체적 접촉을 통해 상대방에 대한 감정과 태도를 표현한다. 악수가 좋은 예다. 악수를 해 보면 상대방이 나를 얼마나 반가워하는지를 간단히 파악할 수 있다. 얼마나 힘 있게 잡느냐, 얼마나 오래 잡느냐 등으로 상대방에 대한 감정과 태도를 보여 준다.

강사는 학습자와 가장 편안하면서도 소통이 잘될 수 있는 거리를 유지해야 한다. 아울러 학습자와 학습자의 거리도 중요하다. 필자는 강의를 시작하면서 학습자들이 다른 참석자들과 인사를 나누는 시간을 갖는다. 악수나 손바닥을 서로 마주치는 하이파이브를 하고 나면 서로 친밀함을 느낄 수 있기 때문이다.

소품 언어

강사의 시선, 표정, 몸짓, 복장 그리고 공간과 접촉은 1차적인 시각 효과를 일으키는 방법이다. 강사는 여기에 소품과 영상을 활용하여 강의를 좀 더 효과적으로 운영할 수 있다. 소품과 영상은 학습자의 시선을 집중시켜 주고 학습자에게 강한 인상을 주어 강의 내용을 학습자가 오래 기억하는 데 도움을 준다.

세월호 침몰 사고, 천안함 피침 사고 때 텔레비전에서는 선박의 모형을 보여 주며 상황을 설명해 주었다. 필자도 시간 경영을 강의할 때에는 모래시계를 보여 주며 진행한다. 이처럼 소품은 학습자의 시선을 끌어들여 주고 복잡한 사안을 쉽게 설명하는 데 큰 도움을 준다.

일상생활의 모든 물건이 소품이 될 수 있다. 강사는 강의 내용에 도움을 줄 수 있는 다양한 소품을 확보해 둘 필요가 있다. 단, 소품은 강의 주제와 관련 있는 것이어야 한다. 소품을 기억하면서 강의 주제를 연상해 낼 수 있어야 한다. 강의 주제는 잊어버리고 인상적인 소품만 기억한다면 강의의 효과는 반감된다. 학습자가 소품을 직접 사용해 보도록 기회를 주면 효과는 더 커진다.

영상 언어

강의 중 어떤 내용을 말로만 설명하는 데에는 한계가 있다. 그래서 음성 언어와 행동 언어를 사용한다. 그럼에도 설명과 전달 효과를 더 거두기 위해 소품을 동원한다. 소품을 강의실로 가져오거나 소품으로도 설명이 어려운 경우도 있다. 이럴 때에 영상 도구를 활용하면 좋다. 가장 많이 사용되는 영상 도구는 파워포인트와 동영상이다.

파워포인트는 칠판이나 화이트 보드를 대신한 매우 효과적인 미디어다. 강의의 내용을 문자나 차트, 도표, 그래프, 이미지로 명확히 보여 줄 수 있기 때문에 강의에서는 거의 빠짐없이 사용되고 있다. 파워포인트는 작성에 적지 않은 시간을 투입해야 하는 단점이 있지만, 강의 내용을 입체적으로 보여 줄 수 있다는 장점이 있다. 때문에 강사는 파워포인트를 자유롭게 작성할 수 있는 능력을 갖춰야 한다.

파워포인트를 효과적으로 사용하려면, 첫째로 화면을 너무 자주 바꾸지 않아야 한다. 1분에 1장 정도가 적당하다. 지나치게 양이 많을 경우 효과가 떨어진다.

둘째로 화면을 아름답고 단순하게, 그리고 가독성이 높게 디자인해야 한다. 가독성이 높은 글꼴을 사용해야 하며, 복잡한 배경을 피해야 한다. 또한 메시지 전달을 방해하는 노이즈(Noise) 요소들을 제거해야 한다. 지나치게 많은 애니메이션 효과, 음향 효과는 메시지 전달을 막는 노이즈가 될 수 있으므로 사용을 절제하는 것이 좋다.

파워포인트와 함께 동영상도 강의를 돕는 중요한 수단이다. 동영상은 움직이는 그림과 소리를 통해 학습자의 시선을 끌어들일 수 있다. 동영상은 평면적

인 파워포인트 기능으로는 표현할 수 없는 내용을 입체적으로 설명할 때 효과적이다. 그러나 강의 중 동영상을 너무 오래, 너무 자주 사용하면 학습자의 집중력은 떨어질 수밖에 없다.

영상이 강사와 학습자의 시선을 지나치게 오래 빼앗아 가지 않도록 해야 한다. 영상은 어디까지나 학습자에게 메시지를 전하는 걸 돕는 보조 수단에 불과하다. 중요한 건 강사와 학습자 간의 소통이다.

수백 명을 대상으로 강당에서 강의를 할 기회가 있었다. 그런데 강의를 먼저 마친 강사가 강의 환경에 대하여 불만스러워했다. 왠지 강의가 잘 안 되더라고 했다. 살펴보니 스크린 위치가 문제였다. 대개는 중앙에 스크린이 설치되어 있는데, 그곳은 무대 양쪽 옆에 커다란 스크린 두 개가 설치되어 있었다. 학습자의 시선이 모두 무대 양쪽 스크린에 집중되어, 강사는 강사를 외면하는 학습자를 향해 강의를 할 수밖에 없었다. 허공을 향해 말하는 것과 다를 바가 없었다. 이에 필자는 스크린 중 하나만 사용하기로 하고, 그 스크린 앞에 서서 강의를 한 적이 있다.

요즘에는 강의 중에 스크린 영상이 보이지 않도록 강사가 조정하기 쉬워졌다. 영상을 계속 사용하지 말고 필요할 때만 사용하여 학습자의 시선을 스크린에서 강사에게 돌아오게 할 필요가 있다.

읽을거리

내일이면…….

맹인인 나는 맹인이 아닌 당신에게 한 가지 힌트밖에 줄 수 없다.
내일이면 장님이 될 사람처럼 당신의 눈을 사용하라.
다른 감각에 대해서도 마찬가지다.
내일이면 귀머거리가 될 사람처럼 그렇게 새들의 노랫소리를 들으라.
마치 내일이면 다시는 아무것도 못 만지게 될 사람처럼 모든 것을 만지며 그 촉감을 즐겨라.
마치 내일이면 아무 냄새도 맡지 못하게 될 사람처럼 그렇게 꽃의 향내를 맡고 음식의 냄새를 맡도록 하라.

– 헬렌켈러의 〈아직은 미완성〉 중에서

읽지 말고 말하라

‘읽기’는 ‘말하기’와 다르다

읽기와 말하기의 가장 큰 차이는 ‘시선’이다. 시선이 대본이나 교안을 향하고 있다면 ‘읽기’이고, 학습자를 향하고 있다면 ‘말하기’라고 할 수 있다. 교안은 학습자가 없는 상태에서 강사 혼자 책상 위에서 만든 것이다. 그걸 그대로 학습자 앞에서 소리 내어 읽는다면 그건 ‘읽기’에 불과하다. 그러니 읽기에는 ‘너’도 없지만, ‘나’도 없다. 그러나 학습자를 향해 이야기를 한다면 ‘말하기’가 된다. 말하기에는 ‘너’도 있고, ‘나’도 있다.

강의나 발표는 교안이나 대본을 단순히 목소리로 바꿔 읽는 것이 아니라, 학습자와 마주하고 이야기하는 것이다. 그러므로 강사의 시선은 학습자를 향해야 한다. 그러나 학습자를 향하고는 있지만 단순히 암기한 교안을 읽어 내려 간다면 그건 ‘말하기’가 아니라 ‘읽기’에 불과하다.

강사의 표적은 교안이 아니라 학습자가 돼야 한다. 학습자는 움직이는 표적이다. 학습자는 상황에 따라 감정 상태나 생각이 달라진다. 강사는 학습자라는 표적의 움직임을 계속 추적해야 한다. 강사가 학습자라는 표적을 놓치는 순간,

말하기는 읽기로 바뀐다.

학습자의 움직임을 놓친 채 '교안 읽기'에 빠지면 말하는 속도가 빨라지기 시작하는 경향이 있다. 학습자에게 생각할 시간을 주는 끊기(pause)가 사라진다. 발음도 알아듣기 어려워진다. 학습자의 반응을 보지 못하기 때문에 학습자를 제대로 배려하지 못하게 된다. 빨리 읽고 빨리 마쳐야겠다는 생각만 하게 된다.

눈에 보이는 교안도 있지만, 머릿속에 암기해 놓고 있는 교안도 있다. 눈에 보이는 교안을 읽는 것이나 머릿속에 암기하고 있는 교안을 읽는 것이나 읽는 건 마찬가지다. 강의를 시작하기 전 강사는 교안을 찢어 버려야 한다. 교안에 지나치게 의존하지 말라는 뜻이다. '강사-교안-학습자'의 구도를 '강사-학습자'의 구도로 바꿔야 한다.

스크린에 비치는 파워포인트 자료도 교안이다. 스크린에 강사와 학습자의 시선이 계속 집중되는 것은 그리 바람직하지 않다. 필요 없을 때에는 스크린을 가려야 한다. 강사는 교안보다 현장의 분위기나 학습자의 반응에 시선을 집중해야 한다. 교안의 내용에 지나치게 얽매일 필요는 없다. 그러기 위해서는 교안을 적당한 눈높이에 비치해야 한다. 강사가 교안과 학습자를 바라보는 시선의 각도가 클 경우 학습자는 더 이상 강사를 바라보려 하지 않을 것이다.

읽기와 말하기의 또 하나의 차이는 말투에 달려 있다. 교안은 대개 문어체로 작성된다. 강사는 이것을 구어체로 바꿔서 전달해 줘야 한다. 마치 옛날이야기 하듯 물 흐르듯 자연스럽게 말해야 한다. 강사가 교안을 그대로 읽어 주는 로봇이 되어서는 안 된다. 강의는 교안을 읽는 것이 아니라 학습자와 대면하여 이야기를 나누는 스토리텔링이 돼야 한다.

강사가 교안 읽기를 벗어나지 못하는 데에는 몇 가지 이유가 있다.

첫째는 강사가 교안을 충분히 숙지하지 못해서다. 준비가 부족할 때 강사는 교안에 의존할 수밖에 없다.

둘째는 강의 내용이 강사 자신의 얘기가 아니기 때문이다. 강의 내용이 강사 자신의 생각이거나 경험일 때에는 자신감과 확신이 생기지만, 그렇지 못할 때에는 잘못 말할까 봐 불안해진다. 내용에 대해 자신이 없을 때 교안을 그대로 읽게 된다.

강의를 하지 말고 이야기를 하라

어떻게 하면 읽기를 벗어나 말하기로 강의할 것인가?

다음을 읽어 보자.

"어머니가 아이들에게 따뜻한 음식을 주고 계십니다."

이번엔 다음의 이미지를 보고 이야기하듯 말해 보자.

“어머니가 아이들에게 따뜻한 음식을 주고 계십니다.”

다음을 읽어 보자.

“안녕하세요, 저는 오늘 강의를 진행할 ○○○입니다. 반갑습니다.”

같은 문장을 이해한 상태에서 이야기하듯 자신을 소개하는 말로 표현해 보자.

“안녕하세요, 저는 오늘 강의를 진행하는 ○○○입니다. 반갑습니다.”

두 가지 사례에서 앞의 것은 읽기이고, 뒤의 것은 말하기다. 읽는 것과 말하는 것의 차이는 학습자에게는 현실감(reality)이란 단어로 다가온다. 어떤 사실 정보를 읽어서 전달할 때는 우리는 현실감보다는 사실(fact) 자체의 정보에 더 큰 가치를 두고, 스피커의 말을 경청하게 된다. 대표적인 것이 TV 뉴스다. 앵커는 말하는 것처럼 보이지만, 그의 앞에 실시간으로 올라가는 자막 정보를 자연스럽게 읽어 전달하는 역할을 하고 있다. 강사가 강의 내용을 자막을 읽듯 읽어서 전달한다면, 느낌이 잘 전달되지 않기 때문에 학습자의 몰입도가 떨어진다. 그럴 때 학습자는 ‘지루하다’고 느낀다.

그렇다면 어떻게 해야 할까? 평소에 말하듯이 해야 한다. 따끈따끈한 연예 소식을 알게 되었을 때, 가장 가까운 사람에게 어떻게 표현하는가? 마치 내가 직접 눈으로 본 것처럼 사건의 발단부터 전개, 결말까지 시간의 흐름대로 마치 짧은 단막극을 보듯 리얼하게 전달한다. 그때 친구의 반응은? ‘정말? 진짜야?’가 된다. 같은 말을 말하기가 아닌 읽기로 표현했다고 생각해 보자. 친구의 반응이 어떨까? ‘(별로 관심 없다는 듯) 그랬구나.’ 정도일 것이고, 경청 자체를 하지 않을 것이다. 과연 내 강의를 듣는 학습자의 반응은 ‘정말? 진짜야?’와 같은 호기심과 흥미에 찬 눈빛과 목소리인가, 아니면 '(어쩔 수 없이) 네.'라는 반응인가?

말하기 연습 방법

읽지 않고, 말하는 아주 좋은 연습 방법을 소개한다. 강의를 시작하려고 하는데, 강의 자료가 담긴 노트북이 켜지지 않는다. 강의 파일은 노트북에만 있고, 별도의 강의 자료는 없다. 강의 시간이 15분을 지나 더 지체할 수 없는 상황이라면, 어떻게 할 것인가?

이런 경우 다음과 같은 방법을 활용할 수 있다.

① A4 용지 1장과 포스트잇 9장을 준비한다.

② A4 한 장에 위와 같이 9칸의 빈 공간을 만들어 놓는다.

③ 포스트잇에 오늘 강의의 핵심 키워드를 9개만 생각해서 적는다.

④ 포스트잇을 강의 시간의 흐름대에 맞춰 9칸에 각각 포스트잇 한 장을 붙인다.

⑤ 포스트잇의 키워드 간에 흐름이 부자연스러우면 포스트잇을 떼어서 다른 것과 순서를 바꾸어도 좋다.

이렇게 하고 나면, 내 강의의 흐름을 한눈에 파악할 수 있다. 그리고 강의의 흐름이 스토리 중심으로 아주 자연스러워진다. 이는 마치 영화나 CF 콘티와 같은 개념으로, 내가 강의 때 어떤 내용을 어떤 시간의 흐름에 맞추어 이야기할지 쉽게 떠올릴 수 있는 방법이다.

이 훈련이 잘 되면, 한 장의 스토리보드만 가지고도 강의를 할 수 있게 된다. 더 이상 교안에 의존하지 않아도 된다.

그런데 왜 9개의 칸일까? 인간이 한 번에 연상할 수 있는 수는 7±2개라고 한다. 9개의 공간에 적은 단어는 내 머릿속에 한 번에 떠올릴 수 있는 키워드로, 자연스럽게 말하며 흐름을 이어갈 수 있는 뇌 과학의 비밀이 숨어 있다.

이처럼 하나의 강의가 전체 흐름을 가지고 마치 한 편의 영화를 보듯, 시간의 흐름대로 사건이 나열되어 표현되는 형태를 스토리텔링이라고 한다. 스토리텔링이란 스토리(story)와 텔링(telling)의 합성어로 '이야기하다'라는 의미다.

스토리텔러의 특징

스토리텔러 강사들은 자신의 강의 전체를 다음과 같은 흐름의 이야기 형태로 설계한다.

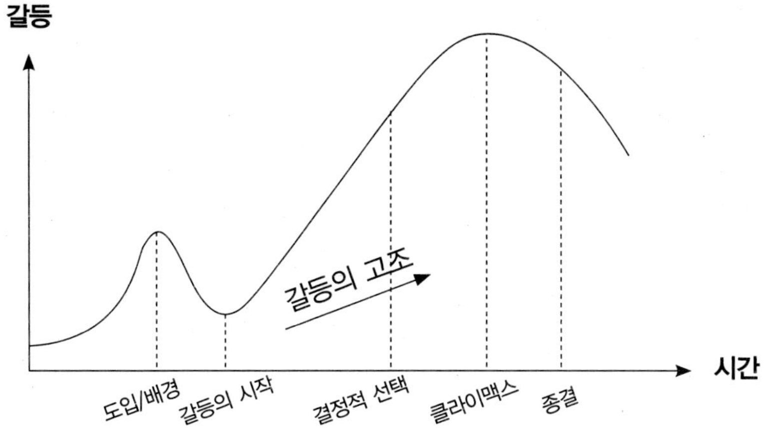

출처: 황신웅의 스토리텔링 사용 설명서

가벼운 오프닝으로 시작해서 강의에 대한 소개로 강의 전체 스토리의 배경을 설명하고, 강의 주제에 대한 학습자의 문제 의식을 불러일으키며 갈등의 시작을 경험시킨다. 문제를 해결하지 못할 경우 일어날 수 있는 문제의 심각성을 통해 갈등의 고조를 경험하게 하고, 강사가 제시하는 새로운 해결책을 적용하여 자신의 문제를 해결할 수 있다는 자신감으로 클라이맥스를 경험하고 돌아가서 해야 할 일들을 정리하며, 교육을 마무리한다.

이를 위해 스토리텔러 강사들은 다음과 같은 세 가지 공통점에 집중한다.

- **시간의 흐름을 파악한다.** 스토리텔링의 중요한 흐름은 사건의 흐름이다. 사건의 기승전결이 어떻게 흘러가는지를 정확하게 이해하고 그 흐름 중심으로 물 흐르듯 앞의 이야기를 받아서 다음 이야기가 전개된다.
- **강의 에너지를 잘 조율한다.** 흐름이 있는 이야기이기 때문에 어떤 부분을

강조해야 하는지를 정확하게 알고 있다.

- **스토리를 여러 번 반복한다.** 스토리텔러는 한 번 이야기하고 그것으로 끝내지 않는다. 몇 번의 시범을 거쳐 엄선된 스토리만을 추려서 강의장에서 이야기로 전달하는 기회를 얻게 된다. 잘 짜인 스토리텔링 강의는 한 번으로 완성되는 것은 아니다. 극적인 느낌이 생기도록 연습의 연습이 필요하다.

하이테크 시대에 스토리텔링을 통해 하이터치를 하는 것이 감성(emotion)에 호소하여 행동의 변화를 이끄는 비결이다. 감성이 움직이면 학습자는 논리적으로 강의를 판단하려는 마음을 무장 해제하며, 그 스토리에 몰입되어 강의가 어떻게 전개될지 다음 내용을 궁금해하게 된다.

학습자와 상호작용하라

볼링형 수업, 탐구형 수업

우리나라 교사들이 수업 시간에 자주 하는 말이 무엇인지를 조사한 자료를 보고 한바탕 웃은 적이 있다. 1위는 '조용히 해!', 2위는 '조용히 안 해?', 3위는 '너, 조용히 안 해?'였다. 우리나라 학교 수업에서 교사는 '말하는 사람'이고, 학생은 '듣는 사람'이다. 그래서 '수업을 듣는다.'는 말이 나온 것 같다. '수업을 하는 것'이지 왜 듣는 것이란 말인가?

이스라엘의 교육방법은 우리와는 정반대다. 이스라엘의 교실에는 구경꾼이 없다. 이스라엘의 교실에서 교사가 가장 많이 하는 일은 강의가 아니라 질문이다. 수업 중 교사는 학생 한 명 한 명에게 '마따 호쉐프?'라고 묻는다. '네 생각은 무엇이냐?'라는 물음이다. '알겠나?' '이해가 가나?'라는 의례적인 질문 한마디를 하며 다음 단계로 넘어가는 우리네 수업과는 크게 다르다.

도서관 분위기도 특이하다. 적막이 감돌고, 또 그래야 하는 우리네 도서관과는 전혀 다르다. 책을 펴 놓고 동료와 큰 소리로 토론을 하는 바람에 시끌벅적하다. 바로 이런 독특한 교육방식이 세계 인구의 0.2%에 불과한 유대인이 노벨

상 수상자의 20%를 차지하게 된 힘이 아닐까?

볼링 경기에서는 선수가 일방적으로 큰 공을 굴려 핀들을 쓰러뜨린다. 탁구 경기에서는 선수가 공을 살려 상대 선수에게 넘겨준다. 우리의 교육방식은 교수자가 학습자에게 일방적으로 내용을 설명하거나 상대방을 설득하는 볼링형이다. 그러나 이스라엘의 교육방식은 교수자와 학습자가 상호작용을 하면서 상대방에게 설명하고 설득하는 탁구형이다.

수업은 학습자의 질문과 교수자의 답변, 교수자의 질문과 학습자의 답변으로 이뤄질 때 좋은 성과를 낼 수 있다. 수업 성과(E)는 주어진 상황(S)에서 교수자(T)와 학습자(L)가 상호작용한 결과라고 할 수 있다.

$$E = (T \cdot L) \times S$$

* E: Effect T: Teacher L: Learner S: Setting

상호작용의 열쇠, 질문

강의 전개도 강사와 학습자가 상호작용을 하는 탁구형이 되어야 효과가 있다. 그러나 우리의 강의는 아직도 볼링형이다. 강사는 언제나 '말하는 사람'이고, 학습자는 언제나 '듣는 사람'이다. 강의 중이나 후에 질문을 유도하지만 학습자들은 침묵으로 일관할 때가 많다.

탁구형 강의를 이루는 가장 효과적인 수단은 '질문'이다. 질문은 강사와 학습자 모두에게 매우 유익하다. 강사가 학습자에게, 학습자가 강사에게 궁금한 것,

더 알고 싶은 것을 묻고 대답한다면 강의의 효과는 당연히 좋을 수밖에 없다. 그럼에도 우리 강의장에서 질문은 강사나 학습자 모두에게 두려운 일로 인식되고 있다.

왜 학습자는 강사에게 질문을 안 하려 할까? 첫째는 자기 방어 심리 때문이다. 일방적인 볼링형 수업에서 질문을 했다가 부정적인 반응이나 혼이 난 경험이 있기 때문이다. '가만히 있으면 중간은 간다.'는 생각이 질문을 막는다.

둘째는 질문하는 방법을 알지 못해서다. 입시 준비 위주의 학교생활을 하면서 '묻기'보다 '답 찾기' 연습만 했기 때문이다. 간혹 질문을 하기는 하는데 질문 태도나 방법이 대단히 미숙하다. 뭔가를 항의하거나 추궁하거나 따지는 것처럼 질문을 하여 강사를 불쾌하게 할 때가 많다. 뭔가를 알고 싶어서가 아니라 강사를 곤혹스럽게 만들기 위해 따지는 경우도 있다. 표현이 불명확하거나 내용 요약이 되지 않았거나 주제와 거리가 멀어 다른 학습자를 지루하게 하는 경우도 많다. 초보 강사에게 이런 질문자는 공포의 대상일 수밖에 없다.

질문하는 방법

대학생을 대상으로 질문하고 답하는 토크쇼를 가끔 한다. 대학생의 진로 전반에 대해 질문을 하고 강사가 조언을 해 주는 방식이다. 그런데 학생들이 좀처럼 질문을 하지 못한다. 방법을 몰라서다. 그래서 10분 정도 질문 방법을 가르쳐 준다. 질문 방법은 다음과 같다.

① 발언권을 얻는다. 자기가 누구인지 밝힌다.
② 감사 인사를 한다.
③ 궁금한 것을 묻는다.
④ 설명을 듣는다.
⑤ 설명에 대해 감사 인사를 한다. (이때 학습자는 질문자와 강사를 향해 손뼉을 쳐 준다.)

그다음에는 둘씩 짝을 지어 10분 정도 질문하고 답하는 연습한다. 그러고는 본격적으로 학생들의 질문을 받고 답을 해 주는데 질문이 끊이질 않는다. 한 차례의 질문과 답변이 마무리될 때마다 손뼉을 쳐 주는데, 이것이 질문 수업에 활력을 불어넣어 준다.

탁구형 강의를 하고 싶다면, 강사는 강의를 시작할 때 질문하는 방식을 학습자에게 충분히 알려 주어야 한다. 강의장 뒤편에 질문지 상자를 마련하여 쉬는 시간에 질문지를 넣도록 하는 것도 좋은 방법이다. 강의 후 질문 시간을 따로 운영하는 것도 좋다.

질문받는 방법

강사가 학습자의 질문을 받을 때에도 몇 가지 주의할 점이 있다. 첫째는 질문자를 격려해 주는 것이다. '그것도 모르느냐?'는 식의 태도는 질문자를 위축시켜 다시는 질문을 하지 않게 만들 수도 있다. 비록 강사를 불쾌하게 하는 질문일지라도 강사는 질문자에게 감사하며 그를 격려해 주어야 한다.

둘째는 질문 내용의 핵심을 빨리 정확히 파악해야 한다. 질문 내용을 제대로 요약하지 못하거나 표현이 불분명한 경우에는 '질문의 요지가 이런 것이 맞습니까?'라며 질문 내용을 질문자에게 되묻는 것이 좋다.

셋째는 대답하기 어려운 문제에 어떻게 적절히 대응할 것인가 하는 문제다. 강의 주제와 거리가 있어 잘 모를 경우에는 솔직하게 모르겠다고 표현하는 것이 좋다. 설명에 시간이 많이 걸리거나 학습자의 관심사와 거리가 멀 경우에는 강의 후 개인적인 만남을 통해 설명을 해 주기로 하면 좋다. 경우에 따라서는 다른 학습자에게 참여의 기회를 주어 함께 생각을 나누도록 유도할 수도 있다.

학습자에게 질문하기

학습자를 향한 강사의 질문은 학습자의 주의를 집중시키는 데 중요한 역할을 한다. 그러나 자칫 학습자에게 부담을 줄 수도 있으므로 몇 가지 주의할 것이 있다.

첫째는 특정 개인보다는 불특정 다수를 향해 질문을 하는 것이 좋다. 세 가지 과일 중 어느 것을 좋아하는지 손을 들라는 질문은 답하는 이들에게 부담을 주지 않는다. 오히려 적극적으로 답하고 싶어 할 수도 있어 강의에 동기부여가 될 수도 있다.

둘째는 강의 중 아무에게나 즉흥적인 질문은 삼가는 것이 좋다. 말하기 전에 생각할 시간이 필요한 사람도 꽤 많기 때문이다. 질문하기 전에 가급적 생각할 시간적 여유를 주고 양해를 구하면서 하는 것이 좋다. 혹은 두 사람씩 대화를 나눠 보게 한 다음에 전체 질문을 하는 것도 방법이다. 강의에 도움이 될 만한 인물이 있다면 질문을 통해 학습자에게 자신의 의견을 말할 기회를 주는 것도 좋은 방법이다.

셋째는 답이 뻔한 질문은 피하는 것이 좋다. 예컨대, 강의를 마치면서 "여러분, 오늘 강의가 도움이 됐나요?"라고 묻는다. 그러면 학습자들은 어김없이 "예!"라며 손뼉을 쳐 준다. 그렇지만 그 대답이 강의 내용이 정말 유익하다는 뜻으로 해석하기는 어렵다. 그야말로 답이 뻔한 질문이다. 어떻게 '아니요!'라고 할 수 있겠는가? 이런 질문을 폐쇄형 질문이라고 한다. 그러나 "오늘 강의를 듣고 당장 오늘부터 무엇을 실천하실 생각인가요?"라고 묻는다면 학습자의 답변은 제각각일 것이다. 이런 질문을 개방형 질문이라고 한다.

질문은 학습자를 강의에 직접 참여시켜 줄 뿐만 아니라 강사와 학습자가 상호작용을 하게 해 주는 좋은 방법이다. 강사가 질문하고 강사가 스스로 답하기보다는 강사가 학습자에게 질문하기, 강사가 학습자에게 질문받기, 학습자의 질문에 다른 학습자가 답하게 하기 등으로 질문하고 답하는 범위를 넓혀 나간다면 학습 성과는 훨씬 좋아질 것이다.

학습자와 학습자도 상호작용하게 하라

강사와 학습자의 상호작용 못지않게 학습자와 학습자 간 상호작용도 학습성과에 큰 영향을 준다. 강사가 학습자에게 정보 자료를 제공하는 것과 함께 학습자와 학습자 간에 정보 자료를 공유하는 것도 좋은 강의 방법이다.

질문에 있어서도 강사가 학습자와 질문을 주고받는 방식도 효과적이지만, 학습자와 학습자 간에 질문을 주고받는 방식도 학습 성과에 큰 도움이 된다. 질문뿐 아니라 토의나 간단한 활동은 학습자와 학습자 간에 상호작용의 기회를 만들어 준다. 가장 좋은 방법은 조별 활동이다. 조별 활동을 통해 자연스럽게 다른 학습자와 정보를 공유할 수 있다.

학습자를 참여시켜라

가장 쉬운 방법, 강의만으로 시간 채우기

어떤 사람이 다이어트를 하기 위해 주위 사람에게 조언을 구했다. 그런데 누군가 승마를 해 보라고 권했다. 그는 비싼 회비를 내며 열심히 말을 탔다. 100일 후 체중을 재 보았는데 효과가 나타났다. 자기는 변함이 없고 말만 체중이 5kg 줄었다고 한다. 그도 그럴 것이 운동은 말이 했지 사람이 한 것은 아니었기 때문이다.

"Teaching without learning is just talking."이라는 말이 있다. 학습자에게 공부가 되지 않는 수업이란 잡담에 불과하다는 얘기다. 강의를 통해 가장 높은 학습 효과를 거두는 사람은 강사 자신일 것이다. 강의에 자기 혼자 참여했기 때문이다. 만약 학습자가 높은 학습 효과를 거두게 하려면 학습자를 강의에 참여시키는 것이 바람직하다.

가장 쉬운 강의 방법은 주어진 시간 동안 강의 내용을 일방적으로 전달하는 것이다. 그러나 사람들의 인내심과 집중력은 갈수록 약해지고 있다. 학습자를 강의에 참여시키지 않으면 학습자는 금세 딴짓을 한다. '덜 가르치고 더 학습하게!' 필자의 수업 원칙이다. 어떤 강좌라도 30분 이상 강의만 해서는 안 된다. 게임, 퀴즈, 역할 연기, 1:1 토의, 그룹 토의, 실습 등 단 5분이라도 학습자 스스로 참여할 기회를 줘야 한다. 그래야 강의 집중도가 높아진다.

강사 혼자 말하는 '강의'는 가장 쉽고 익숙한 전달 방법이지만, 효과를 거두기에는 가장 어려운 방법이기도 하다. 이 방법은 학습자가 많을 때, 짧은 시간 내에 많은 내용을 전달해야 할 때에는 매우 효율적이다. 단, 강사가 경험이 풍부하고 강의 방법이 탁월하거나 학습 동기가 충만할 때에만 그렇다.

그러나 학습자의 참여가 없는 '강의'는 학습자를 수동적으로 만들고, 개인의 능력이 무시되기 쉬운 단점이 있다. 주의가 산만한 학습자, 자기주도학습 능력이 낮은 학습자에게는 적합하지 않은 방식이며, 자칫 학습자를 구경꾼이나 방관자로 만들 가능성이 있다.

참석자들끼리 1:1 인터뷰를 하며 공통점을 찾게 하거나 퀴즈 문제를 옆 사람과 풀어 보게 하면 좋다. 또는 조별로 문제 해결 방안을 만들어 전시하게 해도 좋다. 물론 강의 주제와 관련이 있는 것들이다. 어떤 방식으로든 학습자를 강의에 직접 참여하게 할수록 강의의 효과도 그만큼 커진다.

나아가 학습자 스스로 학습의 주체가 되게 하는 것이 중요하다. 학습자가 학습을 주도하는 데 가장 방해가 되는 존재는 강사 자신이다. 강사들은 학습자를 수업에 참여시키는 활동을 낭비라고 생각하기 쉽다. 특히 동양의 교육방식이 그렇다. 동양의 교육은 강사 주도형인 경우가 많다.

참여시켜야 '스스로 공부하는 존재'가 된다

동양의 교육은 '가르치고 기른다.'는 한자어 '敎育'에서 출발한다. 강사가 학습자에게 답을 주입해 주는 방식이다. 이런 교육에서 학습자는 스스로 공부하기보다 강사에게 배워야 하는 존재가 된다. 그러나 서양의 교육(education)은 '밖으로 이끌어 낸다.'는 라틴어 'educare'에서 출발한다. 이런 교육에서 학습자는 자기 내부의 잠재력을 스스로 발견하여 발휘하게 된다. 강사는 학습자가 그걸 이끌어 내도록 돕는 역할을 한다. 학습자는 배우는 존재가 아니라 스스로 공부하는 존재가 된다.

또, 동양의 교육에서는 '2+3=?'처럼 하나의 답을 요구한다. 서양의 교육에서는 '?+?=5'처럼 여러 답을 스스로 찾아보게 한다.

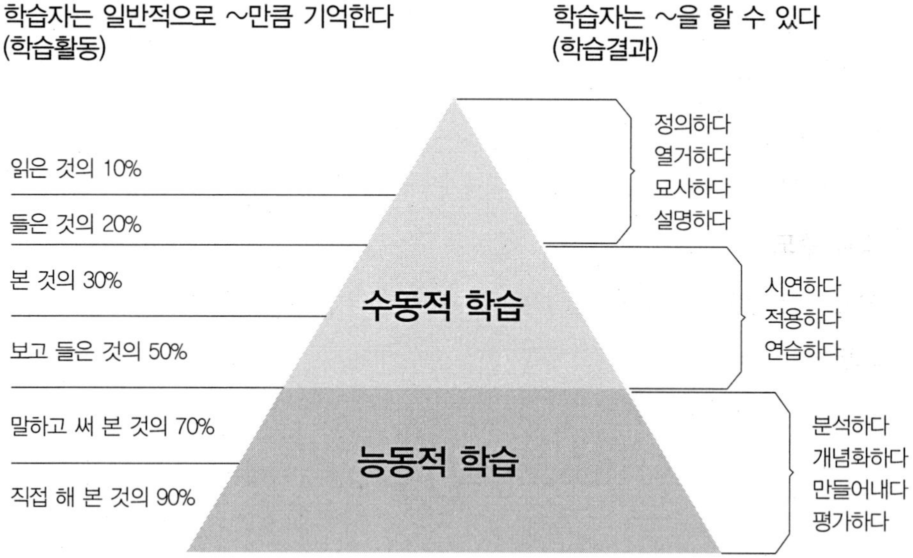

출처: Edgar Dale, 1969.

그림에서 보듯이 학습자가 능동적으로 학습하는 경우(학습자 주도형)와 수동적으로 학습하는 경우(강사 주도형) 학습 성과는 큰 차이가 난다. 불행하게도 우리의 경우는 동양인데다 입시 준비 위주로 교육이 이루어져 강사 주도형의 뿌리가 깊다.

강사 혼자 기관차가 되어 학습자를 강력하게 이끌어 가는 강의는 언뜻 효과적인 것 같아 보이지만 효과는 낮을 수밖에 없다. 학습자 스스로 참여하게 기회를 주고, 학습자 스스로 학습을 주도해 나가도록 맡겨 주는 것이 결과적으로 학습 성과에 도움이 된다는 사실을 강사는 알아야 한다. 따라서 강사는 학습자의 특성을 철저히 분석한 후, 강의 시간을 줄이고 학습자가 직접 참여하여 수업에 몰입할 수 있게 강의 방식을 개선해야 한다. 강의는 강사와 학습자가 함께하는 것이다.

학습자에게 체험을 시켜라

수업의 효과는 강사가 가르친 내용을 학습자가 얼마나 기억하느냐에 달려 있다. 어떻게 하면 학습자가 강사의 메시지를 오래 기억하게 할 수 있을까? 이는 많은 강사의 최대 관심사다.

기억할 수 있게 가르쳐야 한다

심리학자들은 인간의 기억을 세 단계로 나눈다. 첫 번째 단계는 감각 장치로, 오감을 통해 모든 정보를 일단 수용한다. 그러나 이 정보는 1~2초간 머물다 곧 잊혀진다. 두 번째 단계는 단기 기억이다. 감각 장치에서 잊혀지지 않고 넘어 온 정보는 약 15초 후에 잊혀진다. 정보를 담을 수 있는 용량에 한계가 있기 때문이다. 세 번째 단계는 장기 기억이다. 단기 기억 단계에서 수용된 정보를 연습하거나 반복하는 경우 또는 자극이 강력한 정보인 경우에는 장기 기억으로 넘어가 저장되어 이론적으로는 평생 기억 장치에 남는다.

강사가 자신의 메시지를 학습자의 장기 기억에 남게 하려면 '자극을 강력하게' 하는 방법이 있다. 어떤 것이 강력한 자극일까? 중국 격언에 '들으면 잊어버리고, 보면 기억하지만, 행하면 이해한다.'는 말이 있다. 듣는 것보다 보는 것, 보는 것보다 실제로 해 보는 것이 강력한 자극이 된다.

메라비언(Albert Mehrabian)이라는 학자는 전달 방식에 따른 기억의 정도를 이렇게 설명한다. "말로만 전하면 3시간 후에 70%를 기억하고, 3일 후에는 10%를 기억하게 된다. 보여 주기만 하면 3시간 후에 72%를 기억하고, 3일 후에는 20%를 기억한다. 말하면서 보여 주면 3시간 후에 85%를 기억하고 3일 후에는 65%를 기억한다."

교과서와 머리 중심으로 진행하는 강의식 수업은 20% 이상 기억되기가 어렵다. 그러나 직접 말해 본 것은 65%, 실제로 해 본 것은 85%가 72시간 후에도 남는다고 한다. 몸으로 직접 해 보는 것이 얼마나 효과가 있는지를 확인해 주는 자료다.

체험 학습과 구경 학습의 차이

자전거 타기나 수영하기를 이론으로 배워서는 별 도움이 되지 않는다. 몸으로 직접 해 봐야 할 수 있다. 학습자들이 수업 내용을 보다 많이, 보다 오래 기억하기를 원한다면 교과서와 머리 중심의 수업은 줄이고 몸으로 직접 체험하는 수업을 늘려야 한다.

몸을 써야 머리도 쓰게 된다. 머리는 지식과 정보를 습득하지만, 체험은 구체적인 방법을 체득시켜 준다. 그래서 이론으로 아는 것과 체험으로 아는 것에는 차이가 많다. 학습자는 자신이 직접 체험한 것만 기억한다. 강사가 어떻게 전달하느냐보다 중요한 것은 학습자가 얼마나 기억하느냐라고 할 수 있다.

에드가 데일(Edgar Dale)의 경험의 원추는 몇 가지 비판을 받고는 있지만 직접 경험의 중요성을 잘 설명하고 있다. 경험의 원추는 경험을 통한 학습의 효과를 크게 세 단계로 나누어 설명하고 있다.

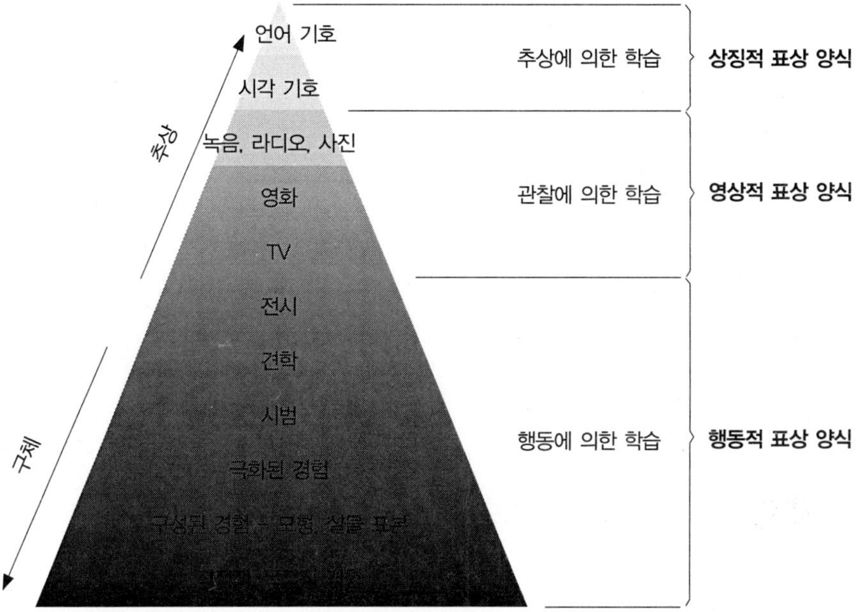

첫째는 추상에 의한 학습이다. 언어 기호나 시각 기호로 내용을 설명하기 때문에 기억 효과가 매우 작다. 이 방법에서는 반복적인 암기가 효과를 결정한다. 우리 학교교육이 여기에 의존하고 있다.

둘째는 관찰에 의한 학습이다. 녹음, 촬영, 영화, 텔레비전 등 시청각 수단으로 내용을 설명하기 때문에 추상에 의한 학습 방법에 비해 학습 성과가 크다.

셋째는 전시, 견학, 시범, 연극, 직접 체험 등의 방법으로 참여를 통해 내용을 학습하기 때문에 기억 효과가 매우 크다. 운전자는 한 번 간 길은 좀처럼 잊지 않고 기억한다. 그러나 승객은 가 본 길도 잘 기억하지 못한다. 운전자는 체험 학습을 했고, 승객은 구경 학습을 했기 때문이다. 학습자가 참여하지 않고 강사가 일방적으로 주도하는 강의, 학습자가 머리로만 이해하고 암기하는 강의는 시간이 경과함에 따라 기억에서 사라지기 쉽다. 학습자 스스로 참여하여 몸으로 직접 해 보는 강의가 기억 효과가 크다.

강사는 학습자가 적게 이해하더라도 많은 이론을 일방적으로 전달하는 방식을 택할 것인지, 중요한 내용만을 골라 쌍방으로 공유하여 학습자가 많이 기억하는 방식을 택할 것인지 결정해야 한다. 또한 강사는 추상에 의한 학습, 관찰에 의한 학습, 행동에 의한 학습을 어떻게 수업에 적용할 것인지 고민해야 한다.

체험적인 학습을 하기 위해서는 다양한 도구가 필요하다. 강사는 복잡하고 어려운 내용을 체험적으로 쉽게 전달할 수 있는 다양한 방법을 개발해야 하며, 그에 적합한 도구도 확보해야 한다.

한편 창의적 교수법(밥 파이크)에서 말하는 'E-A-T(Experience-Awareness-Theory: 경험시키고 이해시키고 이론을 이야기하라)'는 방법도 참고할 만하다. 이론을 이야기하기 전에 간단한 팀 활동에 학습자들을 참여시켜 경험을 하게 한다. 그리고 그 경험을 통해 무엇을 느끼고 알게 되었는지를 디브리핑을 통해 이해시킨다. 그다음 그것에 관한 이론을 설명하는 방식이다.

매너를 지켜라

강사의 매너가 중요한 이유

강의 내용에 대한 전문성도 갖추고 있고 강의 전개도 우수한데 만일 매너가 좋지 않다면 점수를 많이 잃게 된다. 심지어 인간적인 면모에서 미흡하다는 소리를 듣게 된다. MC로 활동 중인 유재석은 매너가 좋기로 널리 알려져 있다. 그가 국민 MC라는 찬사를 듣는 것도 바로 자신을 드러내기보다 상대방을 배려하는 매너 때문이 아닌가 싶다. 인터넷에서 '유재석 매너'를 검색하면 폭풍 매너, 매너 손, 도서관 매너 등 연관 검색어를 쉽게 볼 수 있다. 강사의 세련된 매너는 좋은 이미지를 심어 주고, 잘하면 호감도 불러일으킨다.

미국 컬럼비아 대학교 MBA 과정에서 우수 기업 CEO를 대상으로 "당신이 성공하는 데 가장 큰 영향을 준 요인은 무엇인가?"라고 질문한 적이 있었다. 그러자 놀랍게도 응답자의 93%가 능력, 기회, 운(運) 등이 아닌 '매너'를 꼽았다. 매너란 마음가짐이 밖으로 드러난 몸가짐이다. 어떻게 하면 좋은 매너로 학습자에게 다가갈 수 있을까?

만일 강사가,

• 얼굴 표정이 밝으면서 진심의 눈빛을 보인다면
• 공손하고 정중한 태도로 말을 한다면
• 말의 내용에 진심을 담아 표현한다면
• 인내심을 보이고 어떻게 해서라도 긍정적으로 인식하는 모습을 보인다면
• 사람을 존중하고 겸손하다면
• 자신의 실수를 깔끔하게 인정한다면
• 학습 이후에 추가 자료나 정보에 대한 안내도 친절하게 해 준다면

매너도 있지만 매력적인 사람으로 인식되기 쉽다. 사람들은 소통할 때 언어뿐 아니라 비언어적 요소를 더 많이 신뢰하기 때문에 당당한 제스처를 보여 주는 것도 중요하다. 이 외에도 상황에 맞는 복장이나 용모를 갖추는 것도 중요하다.

그러나 만일 강사가,

• 인사나 감사를 제대로 표현하지 않는다면
• 무표정하거나 싫은 내색을 드러낸다면
• 사람들과 눈을 마주치지 않거나 관심을 기울이지 않는다면(예: 학습자의 소속, 직급, 하는 일 등에 대해 잘못된 정보)
• 말로 학습자에게 상처를 준다면(비판적, 공격적, 무시하는 말투 등)
• 적절치 못한 용어나 저속한 표현을 사용한다면
• 정치, 종교, 성(性) 등에 대해 편향된 시각에서 말한다면(학습 주제와 관련이 없다면 이 세 가지는 아예 다루지 않는 것이 좋다. 특히 초보 강사인 경우 상황에 휘말리지 말고 가급적 피하는 것이 현명하다.)
• 파워포인트 자료에 오래된 자료, 틀린 내용이 있는 등 준비성이 없어 보인

다면

• 자기 자랑을 주된 목적으로 이야기한다면
• 화내거나 불편한 감정을 드러낸다면
• 약속된 시간을 지키지 못하여 다른 사람(다음 시간 강사, 학습자, 담당자 등)에게 피해를 준다면

매너 있는 사람이라고 보기 어렵다. 강의 중에 이런 행동을 한다면 아무리 잘 준비된 강의라 하더라도 정서적으로 역효과를 일으키고 말 것이다.

학습자를 존중하는 것이 매너의 핵심

강사와 학습자의 관계는 가르치는 사람과 배우는 사람, 스승과 제자 사이가 아니라 지식 정보 상품을 제공하는 사람과 공급받는 사람의 관계로 볼 수 있다. 강사와 학습자는 같은 눈높이에서 지식 정보를 공유한다. 강사와 학습자는 서로 존중하는 관계가 돼야 한다.

강사는 학습자가 편안하고 즐거운 가운데 메시지를 공유하도록 강의를 진행하는 것이 필요하다. 그러기 위해서는 좋은 매너를 보여야 한다. 학습자가 불쾌감을 느끼지 않도록 세심하게 배려하고 주의해야 한다.

• 가장 신경을 써야 할 부분은 복장이다. 강사는 강의에 참석한 학습자의 격에 맞는 복장을 갖춰야 한다. 학습자가 나이가 많고 지위가 높은 경우에는 정장이 무난하다. 강의장이 경직된 장소인지 평안한 장소인지도 복장 결정에 영향을 준다. 가장 이상적인 강사의 복장은 학습자가 나중에 강사가

어떤 복장이었는지 잘 기억하지 못하는 것이라는 말이 있다.

- 강사는 무심코 특정 집단에 속하는 사람들을 폄하하거나 편견을 보이는 표현을 해서는 안 된다. 특정 지역 출신, 특정 직업에 속한 학습자에게 불쾌감을 주지 않도록 주의해야 한다. 불필요한 말 한마디로 강의를 망치는 경우가 적지 않다. '뚱뚱한 사람' '대머리' 등 신체적인 단점을 함부로 언급하는 것도 금물이다.
- 너무 자주 귀찮은 움직임을 해 보도록 강요하는 것도 피해야 할 일이다. 성인(成人)은 다른 사람의 간섭을 받거나 통제를 받는 걸 싫어하기 때문이다. 학습자를 가르치거나 훈계하는 표현도 자칫 학습자를 불쾌하게 할 수 있다. 특히 학습자가 속한 조직에 대해 비판을 하지 말아야 한다. 정치, 종교에 대한 주관적인 의견도 피해야 할 화제다.
- 학습자가 무시당하고 있다는 느낌을 줄 수 있는 말투를 사용하지 않도록 주의해야 한다. 유명한 강사 중에는 학습자와의 친숙함을 나타내기 위해 친구와 말하듯이 거의 반말 투로 얘기를 하는 경우가 있는데 이런 스타일을 닮지 않도록 주의하는 게 좋다. 품위 없는 어휘를 남발한다든지 사투리를 심하게 사용하는 것은 자칫 학습자를 불쾌하게 할 수도 있다. 존댓말을 제대로 사용하는 것도 중요하다. 자신을 가리켜 '저'라고 하지 않고 '나'라고 하거나 "아무도 안 계십니까?"라고 하지 않고 "아무도 없어요?"라고 하는 습관은 없는지 스스로 살펴보고 고쳐야 한다.
- 학습자를 가장 불쾌하게 하는 것은 시간과 시각을 제대로 지키기 않는 점이다. 강의를 시작하는 시각과 마치는 시각을 잘 지켜야 한다. 강의 시각에 지각하는 것은 시작부터 학습자에게 불쾌감을 주어 실패를 예약하게 된다. 강의 중에도 강사 혼자 열을 받은 나머지 중간에 쉬는 시간을 생략

한 채 무리해서 진행해서는 안 된다. 강사에게는 강의하는 시간이 가장 중요할지 모르지만, 학습자에게는 쉬는 시간과 마치는 시각이 가장 중요할 수도 있다. 역지사지의 배려가 필요하다.

필자의 조사에 따르면, 학습자는 제 시각에 시작해서 조금 일찍 마치는 강의를 가장 좋아한다. 그 다음은 제 시각에 시작하여 제 시각에 마치는 강의다. 학습자가 가장 싫어하는 강의는 늦게 시작하여 늦게 끝나는 강의다. 사정이 생겨 늦게 시작하더라도 제 시각에 끝내는 것이 그나마 학습자를 위하는 일이다. 마치기로 예정된 시각을 넘기는 순간 강의의 효과는 급감하기 시작함을 강사는 알아야 한다.

필자는 모형 시계로 마치는 시각, 쉬는 시각을 맞춰서 정면에 붙여 놓고 강의를 진행한다. 마치는 시각을 예고하고 그대로 지켜 주기만 해도 학습자는 강사를 신뢰하고 좋은 평가를 해 준다. 준비한 내용을 다 전해야 한다는 강박관념에서 벗어나 마치는 시각이 되면 과감히 마무리하고 제때 끝내 주는 것이 학습자를 존중하는 결과가 된다.

학습자의 반응을 반영하라

프랑스 파리에서 에펠탑이 보이지 않는 곳이 한 군데 있다. 그것은 바로 에펠탑 바로 아래 커피숍이다. 에펠탑을 보기 싫어했던 모파상이 그곳에 자주 갔다고 한다. 강사에 대해 가장 모르는 사람은 바로 강사 자신이다. 자신이 얼마나 강의를 잘하는지 또는 얼마나 강의를 못하는지 잘 알지 못한다.

내 강의를 가장 잘 아는 사람은 바로 학습자다. 강의를 마친 후 강의자는 학습자의 반응을 분석하여 다음 강의에 반영해야 강의 내용이나 방법이 발전시켜 나간다. 주최 측이 조사한 강의 평가 결과를 입수하여 교안과 강의 방식을 개선해 나가야 한다. 개인적으로 몇몇 학습자에게 소감을 이메일로 보내 달라는 부탁을 해도 좋다. 강의 시작할 때 몇몇 학습자에게 소감을 적어 달라고 부탁을 해도 좋다.

강사가 강의 내용에 가장 집중하는 시간은 아무래도 강의를 하는 도중이다. 강의를 하다 보면 교안에 첨삭하고 싶은 내용이 생긴다. 그걸 놓치지 말고 그때그때 기록해 두어야 한다. 시간이 지나면 잊어버리기 때문이다. 휴식 시간이나 강의를 마친 후 그 내용을 교재에 기록해 두면 교안을 업그레이드하는 데 큰 도움이 된다. 이러한 과정을 통해 교안과 강의 방식은 끊임없이 진화하게 된다. 교안의 유통 기한도 연장될 수 있다.

아울러 스스로 자신의 강의를 녹화하거나 녹음하여 다음 진단 카드로 진단해 볼 수 있다. 다음의 성찰 카드를 작성하여 교안 내용과 강의 방법을 지속적으로 업그레이드해 나가는 것이 좋다.

강의 자가진단 카드

구분	체크 포인트	잘된 항목에만 ○표
사전 준비	음향, 영상 등 강의에 필요한 장비를 사전에 잘 준비하고 활용하였나?	
입장, 퇴장	자신 있게, 예의 바르게 입장하고 퇴장하였나?	
오프닝	시작할 때 학습자의 마음을 열었는가?	
메시지 내용	메시지 내용이 학습자에게 공감을 얻을 만했는가?	
	메시지를 체계적으로 자연스럽게 구성하였는가?	
	메시지를 쉽고 단순하고 명확하게 표현하였나(예: 어휘, 구성)?	
전달 방법	당황하지 않고 자신 있게 강의하였나?	
	목소리가 적절하였나? · 발음, 크기 · 속도, 끊어 말하기 · 강약, 높낮이, 톤 등	
	마이크를 적절히 사용하였나?	
	시선을 학습자에게 향하였는가?	
	메시지 전달에 시각적 방법을 효과적으로 활용하였는가? · 표정, 몸짓, 시각물, 영상, 소품 등	
	학습자를 주목시켰는가?	
전달 방법	학습자를 참여시켰는가?	
	학습자와 상호작용을 하였는가?	

전달 방법	학습자를 수업 내용에 체험시켰는가?	
	배부된 교재나 참고 자료는 유익하였는가?	
	자신의 능력과 특성에 맞춰 독창적으로 강의를 하였는가?	
효 과	메시지 내용을 학습자에게 기억시켰는가?	
클로징	강의 앞부분과 뒷부분에서 내용 전체를 명확히 정리해 주었는가?	
	강의를 인상적으로 마무리하였는가?	
	제 시각에 시작해서 제 시각에 마쳤는가?	
기 타		

강의 성찰 카드

Eliminate: 제거해야 할 것	Reduce: 줄여야 할 것
Raise: 늘려야 할 것	Create: 창조해야 할 것

자신의 스타일을 찾아라

산에 오를 때에는 앞사람이 걸어간 길을 따라가는 것이 가장 편하다. 나무나 풀 같은 장애물을 다 걷어 내고 길을 만들어 놓았기 때문이다. 인생도 그렇다. 먼저 그 분야에서 성공한 사람을 롤모델로 정하고 그 사람을 닮아가는 것은 시행착오를 줄이는 매우 효과적인 방법이다.

강의도 마찬가지다. 이 분야에서 성공한 사람들의 발자취를 살펴보거나 훌륭한 강사의 강의 기법을 분석해 보며 좋은 점을 따라해 보는 것은 초보 강사에게 추천할 만한 좋은 방법이다. 텔레비전의 강의 프로그램을 시청하거나 〈세바시〉 같은 공개 강의에 학습자로 참여하여 강의를 체험해 보는 것은 매우 효과적인 방법이다. 이러한 과정을 통해 롤모델을 정하고 그를 닮아 가도록 노력하는 것이 좋다.

그렇지만 어느 정도 단계에 이르면 자신만의 스타일을 개발하지 않으면 안 된다. 모조품은 한계가 있다. 도올 김용옥 선생의 강의 스타일은 매우 독특하다. 복장과 말투, 목소리 등 어느 하나 기존의 강사들과 같은 것이 없다. 만약 그를 롤모델로 정하고 닮아 간다면, 당신은 당대 최고의 강사와 경쟁을 할 수밖에 없다.

기존의 관점으로 볼 때, 도올의 스타일은 어느 것 하나 내세울 게 없다. 괴성에 가까운 목소리, 반말 투, 고압적인 태도 등 그의 강의 스타일은 강사 지망생들이 닮을 만한 것이 못 된다고 생각한다. 사실 강사로서 그의 발성법, 발음법, 매너는 많은 교정이 필요하다. 그럼에도 기존의 고전을 재해석하는 독특한 콘텐츠와 결합하여 새로운 강의 스타일을 창조해 냈다.

도올의 독특한 스타일은 그가 지닌 여러 특성을 종합하여 만들어 낸 것이다. 그 스타일은 도올에게 가장 어울릴 뿐이지, 다른 사람에게도 어울릴 수 있는 건 아니다. 훌륭한 강사가 되려면 자신의 장점과 단점을 잘 분석하여 자기에게 가장 잘 어울리는 스타일을 만들어 나가야 한다.

누구에게서나 들을 수 있는 강의 내용은 경쟁력이 없다. 그래서 자신만의 독특한 콘텐츠가 필요하다. 다른 강사와 비슷한 강의 방식도 경쟁력이 없다. 자신만의 독특한 강의 방식을 찾아야 한다. 기존의 유명 강사를 따라 하다 보면 언젠가 자신도 유명 강사가 될 것이라는 생각은 착각이다.

강사에게 학습자는 왕이다. 학습자의 필요와 기호를 충족시켜 주는 강사가 좋은 강사다. 다른 강사와 자신을 비교할 필요는 없다. "어떻게 하면 학습자를 만족시켜 줄 것인가?"라는 고민을 기초로, 다소 시간이 걸리더라도 자신에게 가장 잘 어울리는 강의 스타일을 구축해 나가는 전략이 필요하다.

어느 부모가 자식에게 보내는 편지

내 사랑하는 아들딸아, 언젠가 우리가 늙어 약하고 지저분해지거든 인내를 가지고 우리를 이해해다오.
늙어서 우리가 음식을 흘리면서 먹거나 옷을 더럽히고 잘 입지도 못하게 되면, 미안하지만 너희가 어렸을 적 우리가 먹이고 입혔던 그 시간들을 떠올리면서 우리의 모습을 조금만 참고 받아다오.
늙어서 우리가 했던 말을 하고 또 하더라도, 말하는 중간에 못하게 하지 말고 끝까지 들어주면 좋겠다. 너희가 어렸을 때 좋아하고 듣고 싶어 했던 이야기를 너희가 잠이 들 때까지 셀 수 없이 되풀이하면서 들려주지 않았니?
훗날에 혹시 우리가 목욕하는 것을 싫어하면 우리를 너무 부끄럽게 하거나 나무라지는 말아다오. 수없이 핑계를 대면서 목욕을 하지 않으려고 도망치던 너희를 목욕시키려고 따라다니던 우리의 모습을 기억하고 있니?
혹시 우리가 새로 나온 기술을 모르고 무심하거든 전 세계에 연결되어 있는 웹사이트를 통하여 그 방법을 우리에게 잘 가르쳐다오. 우리는 너희에게 얼마나 많은 것을 가르쳐 주었는지 아느냐? 상하지 않은 음식을 먹는 법, 옷을 어울리게 잘 입는 법, 권리를 주장하는 방법 등…….
우리가 점점 기억력이 약해져 무언가를 자주 잊어버리거나 말이 막혀 대화가 잘 안될 때면, 기억하는 데 필요한 시간을 좀 내주지 않겠니? 그래도 혹시 우리가 기억을 못해 내더라도 너무 염려하지는 말아다오. 왜냐하면 그때 우리에게 가장 소중한 것은 너와의 대화가 아니라 우리가 너희와 함께 있다는 것이고, 우리의 말을 들어 주는 너희가 있다는 것이 중요하기 때문이란다.
또 우리가 먹기 싫어하거든 우리에게 억지로 먹이려고 하지 말아다오. 언제 먹어야 하는지 혹은 먹지 말아야 하는지는 우리가 잘 알고 있단다.
다리가 힘이 없고 쇠약하여 우리가 잘 걷지 못하게 되거든 지팡이를 짚지 않고도 걷는 것이 위험하지 않게 도와줄 수 있니? 너희가 뒤뚱거리며 처음 걸음마를 배울 때 우리가 너희에게 한 것처럼 너희의 손을 우리에게 빌려다오.
그리고 언젠가 나중에 우리가 더 이상 살고 싶지 않다고 말하면 우리에게 화내지 말아다오. 너희도 언젠가 우리를 이해하게 될 테니 말이다.
노인이 된 우리의 나이는 그냥 단순히 살아온 것을 이야기하는 것이 아니라, 우리가 어떻게 생존해 있는가를 말하고 있음을 이해해다오.
비록 우리가 너희를 키우면서 많은 실수를 했어도, 우리는 부모로서 줄 수 있는 가장 좋은 것들과 부모로서 보여줄 수 있는 가장 좋은 삶을 보여 주려고 최선을 다했다는 것을 언젠가는 너도 깨닫게 될 것이다.
사랑한다, 내 사랑하는 아들딸아. 네가 어디에 있든지 무엇을 하든지 너희를 사랑하고 너희의 모든 것을 사랑한단다.

1조

부록

강사가 참고할 만한 사이트

강의에 활용할 만한 명언들

피크 타임을 만드는 스팟 자료

유머 완성하기

강사가 참고할 만한 사이트

콘서트 형식–참여할 수 있는 강의

- **세바시**(세상을 바꾸는 시간, 15분/www.cbs.co.kr/tv/pgm/cbs15min)
  우리 사회, 다양한 영역의 강사들이 트렌드, 교육, 경제, 청년, 평화 등의 주제를 '15분' 동안의 이야기를 통해 시청자들과 공유하는 프로그램
- **강연 100℃**(www.kbs.co.kr/1tv/sisa/100do)
  인생의 끓는점까지 치열하게 살아 온 사람들의 투박하지만 진솔한 강연 프로그램
- **SBS 지식나눔 콘서트 아이러브인**(program.sbs.co.kr/builder/programMainList.do?pgm_id=00000355736)
  지식나눔 운동의 일환으로 펼쳐지는 명사들의 강연 프로그램. 현재 시즌 4까지 진행
- **나의 꿈을 소리치다**(나꿈소/dream.jobkorea.co.kr)
  자신의 꿈을 찾기 위해 노력하는 이들을 위해 잡코리아에서 진행하는 토크 콘서트

- **꼴찌들의 통쾌한 승리, 꼴통쇼**(ko-kr.facebook.com/kkoltongshow)
  소통테이너 오종철과 총각네 야채가게의 이영석 대표가 전하는 돌직구 정신무장 버라이어티 토크쇼
- **열정樂서**(www.samsung.co.kr/passiontalk/#2)
  삼성의 CEO를 비롯한 임직원들, 경제·경영·문화·스포츠 분야를 대표하는 이 시대 최고의 멘토들이 청춘들을 직접 만나 열정과 희망을 전하는 토크 콘서트
- **인문강단 樂**(www.kbs.co.kr/1tv/sisa/humanrock)
  역사, 철학, 과학 등 모든 분야에서 최고인 지성인들의 질문과 해답을 제시하는 강연 프로그램

공개 교육 자료–배울 수 있는 강의

- Korea Open CourseWare(KOCW/www.kocw.net)
  국내 대학 및 해외 교육자료 공개(Open Educational Resources: OER) 운동 협의체와 연계하여 강의 자료 정보를 공유하는 고등교육 교수학습자료 공동활용 서비스
- Sookmyung Network for Open World(SNOW/www.snow.or.kr)
  콘텐츠와 강의를 많은 사람이 쉽게 접근할 수 있도록 숙명여자대학교에서 만든 대표적인 국내 OCW(Open Course Ware) 사이트
- Open KU(open.korea.ac.kr)
  고려대학교에서 생산되는 지식의 보관소이자 모든 학습자가 자유롭게 공부하고 공유하고 번역에 참여할 수 있는 시스템

- **울산대학교 강의 공개**(ocw.ulsan.ac.kr)

  울산대학교 교수들이 강의에서 사용했던 각종 교육 자료 공개
- **서울대 온라인 콘텐츠 공개 서비스**(ctl.snu.ac.kr/snuocw)

  서울대학교의 우수한 교양 강좌 및 교육 프로그램을 온라인 콘텐츠로 제공
- **Coursera**(www.coursera.org)

  세계 명문 대학의 강의를 무료로 수강할 수 있는 개방형 온라인 강좌 제공
- **edX**(www.edx.org)

  MIT와 하버드 대학교가 세운 무료 온라인 강의 프로그램
- **Udacity**(www.udacity.com)

  컴퓨터, 수학, 공학 강좌 위주의 개방형 온라인 강좌 제공

지방자치단체 무료 교육기관

- **배움나라**(www.estudy.or.kr)

  전 국민의 정보 이용 능력 향상을 위하여 미래창조과학부와 한국정보화진흥원에서 운영하는 무료 온라인 교육 시스템
- **온라인경력개발센터 꿈날개**(www.dream.go.kr)

  여성의 취업, 창업 등 경제 활동 참여를 돕기 위해 경기도가 직접 운영하는 사이버 교육 사업으로, 국내 최초로 여성 특화된 전문 온라인 교육 사이트
- **위민넷**(www.women.go.kr)

  온라인 강의실. 여성의 정보화 역량 강화와 능력 개발을 위해 여성가족부에서 2002년 오픈한 공익 포털 사이트. IT, 어학, 비즈니스, 자격증, 생활

취미, 취업커리어, 실비 관련 온라인 강의 제공

- **서울특별시 평생학습포털**(sll.seoul.go.kr)
  서울 시민의 자기계발 및 역량 향상을 위해 서울시에서 제공하는 학습 서비스
- **광주광역시 지방공무원교육원 시민사이버학습센터**(elearning.gwangju.go.kr)
  광주광역시에서 시민 누구나 언제 어디서든 필요한 학습을 이수할 수 있도록 하고자 개설한 시민사이버학습센터
- **경기도 평생학습 e-배움터 홈런**(homelearn/www.homelearn.go.kr)
  경기도민의 역량 향상 및 자기계발을 위해 경기도에서 직접 운영하는 e러닝 서비스

교수법을 배울 수 있는 교육기관

- **한국리더십센터**(www.eklc.co.kr)
  창의적 교수법
- **러너코리아**(www.learnerkorea.com)
  퀀텀 교수법

산업체 강의를 하고 있는 교육기관

- **엑스퍼트컨설팅**(www.exc.co.kr)
- **PSI컨설팅**(www.psiconsulting.co.kr)

- **런투컨설팅**(www.learn2.co.kr)
- **굿파트너컨설팅**(goodpartner.co.kr)
- **한국생산성본부**(www.kpc.or.kr)
- D–CUBE ACADEMY(www.dcubeacademy.com)

강의 기회를 얻을 수 있는 곳

- **수원 누구나학교**(www.suwonedu.org/suwon/declaration)
  지식, 재능, 경험, 삶의 지혜를 나누고 싶은 누구나 강의를 열고 배움의 기회를 갖고 싶은 누구나 참여할 수 있는 시민 주도 평생학습
- educast(educast.pro)
  다양한 강의를 제공하고 있으며 선생님으로 등록하여 강의 제작도 가능하다. '배움'을 주고받을 수 있는 온라인 강의 플랫폼
- D–CUBE ACADEMY(www.dcubeacademy.com)

기타

- TED(www.ted.com)
  유명 명사들이 20분 이내, 하나의 주제라는 조건에서 진행한 강의를 서비스
- **온오프믹스**(onoffmix.com)
  모임, 행사를 위한 이벤트 비즈니스 플랫폼. 다양한 강연과 모임 확인이 가능
- **마이크임팩트**(micimpact.com)

강의를 통해 긍정적인 동기, 감동적인 이야기, 가치 있는 지혜를 전파하는 강연 문화 콘텐츠 기업

- **아침마당 목요 특강**(www.kbs.co.kr/1tv/sisa/amplaza)
  매주 다양한 전문가가 다양한 주제로 강연하는 프로그램
- **인문학, 최고의 공부 'Who Am I?'**(sbscnbc.sbs.co.kr/vod/index.jsp?pmProgId=10000005039)
  세계적인 인문학 거장들의 대중 인문학 강연. 현재 강연 종료

말의 매력 2

- 환상의 짝꿍을 얻을 수 있는 말: "우리는 천생연분이야."
- 다시 일어설 수 있는 힘을 주는 말: "괜찮아. 잘 될 거야."
- 상대의 가슴을 설레게 하는 말: "보고 싶었어."
- 배우자에게 사는 보람을 주는 말: "난 당신밖에 없어."
- 상대를 특별한 사람으로 만들어 주는 말: "역시 넌 달라."
- 상대의 지친 마음을 어루만져주는 말: "그동안 고생 많았어."
- 백 번, 천 번, 만 번을 들어도 기분 좋은 말: "사랑해♥"

강의에 활용할 만한 명언

가르치는 것은 두 번 배우는 것이다. —조셉 주베르

교육의 비결은 학생들을 존중하는 데 있다. —에머슨

군자가 사람을 교육하는 방법에는 다섯 가지가 있다. 적절한 시기에 내리는 비가 자연히 초목을 화육하는 방법, 각인의 덕성을 완성시키는 방법, 각인의 재능을 달성시키는 방법, 상대의 질문에 대하여 대답하는 방법, 간접으로 가르침을 받아서 스스로 수양시키는 방법이다. —맹자

남의 허물을 책하는 데 너무 엄하게 하지 마라. 그가 감당할 수 있는 것인지를 생각해야 한다. 남을 가르침에는 너무 높게 하지 마라. 그가 실행할 수 있는 것으로서 해야 한다. —채근담(菜根譚)

단 한 권의 책밖에는 읽어 본 일이 없다는 사람을 경계하라.

—벤자민 디즈레일리

만일 어린이가 비평 속에 산다면 그는 곧 저주를 배울 것이고,
만일 그가 증오 속에 산다면 그는 곧 싸움을 배울 것이며,
만일 그가 조소 속에 산다면 그는 곧 부끄러움을 배울 것이며,
만일 그가 창피 속에 산다면 그는 곧 죄책감을 배울 것이며,
만일 그가 관용 속에 산다면 그는 곧 인내를 배울 것이며,
만일 그가 격려 속에 산다면 그는 곧 확신을 배울 것이며,
만일 그가 칭찬 속에 산다면 그는 곧 식별을 배울 것이며,
만일 그가 공정 속에 산다면 그는 곧 정의를 배울 것이며,
만일 그가 안정 속에 산다면 그는 곧 믿음을 배울 것이며,
만일 그가 인정 속에 산다면 그는 곧 사랑을 배울 것이며,
만일 그가 이해 속에 산다면 그는 곧 용서를 배울 것이다.

—크놀트

모든 학문은 상호 간에 결합되어 있기 때문에 하나를 다른 것에서 분리하는 것보다도 모든 것을 한꺼번에 배우는 것이 훨씬 쉽다는 것을 잘 알아야 한다. —데카르트

배부르게 먹고 따뜻한 의복을 입고 안락한 생활을 하고 있으면서도 교육이 없으면, 짐승의 생활과 다를 바가 없다. —맹자(孟子)

배우기를 그치는 자는 그가 이십이든 팔십이든 늙은이다. —미상

무식한 바보보다 배운 바보가 더 골치 아프다. —벤자민 프랭클린

어린아이 교육은 적어도 아이가 태어나기 1백 년 전부터 시작되어야 한다.
—올리버 웬델 홈즈

자식을 양육할 뿐 교육을 하지 않는 것은 아버지의 과실이고, 제자에게 엄격한 교육을 하지 않는 것은 스승의 태만이다. —삼자경(三字經)

학생을 가르치는 목적은 선생 없이도 살아갈 수 있도록 하는 데 있다.
—엘버트 하버드

사랑은 지배하는 것이 아니라 자유를 주는 것이다. —에리히 프롬

돈의 가치를 알아보고 싶거든, 나가서 남에게 돈을 꾸어 달라고 요청해 보라. 적에게 돈을 꿔 주면 그를 이기게 되고, 친구에게 돈을 꿔 주면 그를 잃게 된다. —벤자민 프랭클린

성공해서 만족하는 것은 아니다. 만족하고 있었기 때문에 성공한 것이다.
—알랭

미래를 신뢰하지 마라, 죽은 과거는 묻어 버려라, 그리고 살아 있는 현재에 행동하라. —롱펠로

내가 헛되이 보낸 오늘 하루는 어제 죽어 간 이들이 그토록 바라던 하루(내일)다. 단 하루면 인간적인 모든 것을 멸망시킬 수 있고 다시 소생시

킬 수도 있다. —소포클레스

승자는 시간을 관리하며 살고, 패자는 시간에 끌려 산다.
—J. 하비스

시간의 걸음걸이에는 세 가지가 있다. 미래는 주저하면서 다가오고, 현재는 화살처럼 날아가고, 과거는 영원히 정지하고 있다. —F. 실러

성공적인 결혼이란 매일같이 개축해야 하는 건물과 같은 것이다.
—모로아

실패했다고 주저앉지 마라. 베이브 루스는 1,300번이나 스트라이크 아웃을 당했다. —라우 홀츠

꿈을 품어라. 누구의 허락도 필요 없고, 돈도 들지 않는 일이다. —미상

성공을 위한 엔진의 최고 연료는 열정이다. —스티븐 스코트

대부분의 사람에게 가장 위험한 것은 목표를 너무 높게 잡고 거기에 이르지 못하는 것이 아니라, 목표를 너무 낮게 잡고 거기에 도달하는 것이다.
—미켈란젤로

다른 사람과 나를 비교하지 마라. 그럴 시간이 있으면 어제의 나와 현재

의 나를 비교하라. 과거에 대해 후회하지 마라. 그럴 시간이 있으면 과거에 대해 철저히 반성하라. 미래에 대해 염려하지 마라. 그럴 시간이 있으면 미래에 대해 성실히 준비하라. –이의용

불행할 때 감사하면 불행이 끝이 나고, 형통할 때 감사하면 형통이 다시 찾아온다. –G. E. 스펄전

친구를 얻는 유일한 방법은 스스로 완전한 친구가 되는 것이다.
–에머슨

말이 입힌 상처는 칼이 입힌 상처보다 깊다. –모로코 속담

자신감이 없으면 삶이라는 경기에서 두 번 패배한 셈이다. 자신감이 있으면 경기를 시작하기도 전에 이미 승리한 것과 같다. –마커스 가비

당신의 능력을 이용할 수 있는 사람은 오직 당신뿐이다. –지그 지글러

열등감은 스스로 인정하지 않는 한 절대 생기지 않는다.
–엘리너 루즈벨트

스스로 존경하면 다른 사람도 그대를 존경할 것이니라. –공자

말이 있기에 사람은 짐승보다 낫다. 그러나 바르게 말하지 않으면 짐승

이 그대보다 나을 것이다. —사아디

누구나 말하기 전에 세 가지 황금 문을 거쳐야 한다. 첫째, 그것이 참말인가? 둘째, 그것이 필요한 말인가? 셋째, 그것이 친절한 말인가?

—데이

남과 이야기하는 것은 하프를 연주하는 것과 같은 것이다. 현을 하나 켜는 일도 중요하지만, 현을 누르고 그 진동을 억제하는 것도 그에 못지않게 대단한 기술을 요한다. —올리버 웬델 홈즈

오! 아무렇게나 쏘아진 저 많은 화살들. 목표에 맞는 것은 하나도 없구나. 아무렇게나 내뱉어진 저 많은 말들. 이미 깨어진 마음을 달랠 수도, 상처를 줄 수도 있구나. —월터 스콧

'할 수 없다.'는 생각과 '하지 않겠다.'는 마음은 같은 것이다.

— 테드 윌리

길을 따라 가지 말고 길이 없는 곳으로 들어가 흔적을 남겨라.

—뮤리엘 스트로드

우유를 먹는 사람보다 우유를 배달하는 사람이 더 건강하다.

—서양 속담

떨면 지고, 설레면 이긴다. —미상

축구에서는 안 뛰면 진다. —이영표

명사들의 유머 1

◆헬무트 콜 총리

독일의 통일을 이룬 헬무트 콜 총리는 정원을 청소하다가 수류탄 세 개를 주웠다. 아내와 함께 그 수류탄을 경찰서로 가져가는데, 아내가 걱정스럽게 말했다.

"여보, 가는 도중에 수류탄 하나가 터지면 어떡하죠?"

그러자 콜 총리가 말했다.

"걱정하지 마. 경찰에게 두 개를 주웠다고 말하면 되니까."

◆아인슈타인

기차 여행 중이던 아인슈타인이 자신의 기차표가 없어졌다는 사실을 알았다. 그때 차장이 승객들의 승차권을 검사하고 있었다. 표를 검사하던 차장이 아인슈타인에게 말했다.

"선생님이 누구인지 잘 압니다. 틀림없이 표를 사셨을 겁니다. 걱정 마세요."

아인슈타인은 고개를 끄떡이며 고맙다는 표시를 했다. 그런데 이 위대한 물리학자는 바닥에 엎드려 좌석 아래를 살피기 시작했다.

차장은 "박사님, 걱정하실 것 없다니까요. 전 선생님이 누구신지 알고 있습니다."라고 거듭 말했다.

그러자 아인슈타인이 말했다. "내가 누군지는 나도 알아요. 그런데 내가 어디로 가는 길이었는지 모르겠단 말이오."

하버드대학교 도서관에 붙어 있다는 명언 마흔 가지

1. 지금 잠을 자면 꿈을 꾸지만 지금 공부하면 꿈을 이룬다.
2. 내가 헛되이 보낸 오늘은 어제 죽은 이가 갈망하던 내일이다.
3. 늦었다고 생각했을 때가 가장 빠른 때다.
4. 오늘 할 일을 내일로 미루지 마라.
5. 공부할 때의 고통은 잠깐이지만 못 배운 고통은 평생이다.
6. 공부는 시간이 부족한 것이 아니라 노력이 부족한 것이다.
7. 행복은 성적순이 아닐지 몰라도 성공은 성적순이다.
8. 공부가 인생의 전부는 아니다. 그러나 인생의 전부도 아닌 공부 하나도 정복하지 못한다면 과연 무슨 일을 할 수 있겠는가?
9. 피할 수 없는 고통이라면 즐겨라.
10. 남보다 더 일찍 더 부지런히 노력해야 성공을 맛볼 수 있다.
11. 성공은 아무나 하는 것이 아니다. 철저한 자기관리와 노력에서 비롯된다.
12. 시간은 간다.
13. 지금 흘린 침은 내일 흘릴 눈물이 된다.
14. 개같이 공부해서 정승같이 놀자.
15. 오늘 걷지 않으면 내일은 뛰어야 한다.
16. 미래에 투자하는 사람은 현실에 충실한 사람이다.
17. 학벌이 돈이다.
18. 오늘 보낸 하루는 내일 다시 돌아오지 않는다.
19. 지금 이 순간에도 적들의 책장은 넘어가고 있다.
20. No pains, No gains. 고통이 없으면 얻는 것도 없다.

21. 꿈이 바로 앞에 있는데, 당신은 왜 팔을 뻗지 않는가?
22. 눈이 감기는가? 그럼 미래를 향한 눈도 감긴다.
23. 졸지 말고 자라.
24. 성적은 투자한 시간의 절대량에 비례한다.
25. 가장 위대한 일은 남들이 자고 있을 때 이뤄진다.
26. 지금 헛되이 보내는 이 시간이 시험을 코앞에 둔 시점에서 얼마나 절실하게 느껴지겠는가?
27. 불가능이란 노력하지 않는 자의 변명이다.
28. 노력의 대가는 이유 없이 사라지지 않는다.
29. 오늘 걷지 않으면 내일은 뛰어야 한다.
30. 한 시간 더 공부하면 남편 얼굴이 바뀐다.
31. 절실하지 않은 자는 꿈을 꿀 수 없다.
32. 10분 뒤와 10년 후를 동시에 생각하라.
33. 신은 잊어라. 그는 영원히 방관자일 뿐이다.
34. 최선은 절대 나를 배반하지 않는다.
35. 나는 천천히 가는 사람입니다. 그러나 뒤로 가진 않습니다.
36. 죽어라 열심히 공부해도 죽지는 않는다.
37. 포기하지 마라. 저 모퉁이만 돌면 희망이란 녀석이 기다리고 있을지도 모른다.
38. 꿈이 없는 십 대는 틀린 문장의 마침표와 같다.
39. 실패는 용서해도 포기는 용서 못 한다.
40. 인간의 정신과 육체는 쓰면 쓸수록 강해진다.

이의용의 인생 어록

- 다른 사람에게는 나도 다른 사람이다.
- 엿장수 가위로는 신문지도 못 자른다.
- 콩나물은 10년을 길러도 이쑤시개로 쓸 수 없다.
- 생명의 본질은 시간이다.
- 창조주는 곡선으로, 사람은 직선으로 세상을 그린다.
- 검색만 하지 말고 사색하라. 사색하지 않으면 언젠가 얼굴이 사색이 되는 날이 온다.
- 내 입 냄새는 나만 못 느낀다. 내가 가장 모르는 것이 내 자신이다.
- 미리미리 처리하지 않으면 빨리빨리해야 하는 날이 온다.
- 무능한 개인은 무죄이지만, 무능한 리더는 유죄다.
- 거울을 보고서야 내 얼굴을 알게 됐다. 다른 사람의 말을 듣고야 나를 알게 됐다.
- 눈은 마음의 창이라 내가 상대방 마음을 들여다보고, 상대방이 내 마음을 들여다볼 수 있다.
- 낯선 사람은 없다. 아직 만나지 못한 친구가 있을 뿐!
- 쉽게 말하면……. 이런 말을 쓰지 말고 처음부터 쉽게 말하면 된다.
- 평생 연습하는 세 가지, 숨 쉬기, 걷기, 말하기. 이 중 하나만 잘 안 돼도 참 불편하다.
- 오늘 할 일은 오늘 하고 내일 할 일은 내일 하라! 그러려면 오늘 할 일과 내일 할 일을 가려낼 줄 알아야 한다.
- 오늘이 내 인생 바꾸기에 가장 좋은 날이다.

• 감사를 못 보는 눈이 가장 심각한 색맹이다.
• 할까 말까 할 때에는 하라!
• 시간은 금이 아니다. 저축할 수 없다.
• 미루는 재미보다 미리 한 후의 여유가 훨씬 더 좋다.
• 전기 제품은 전선으로 연결되지만, 사람은 시선으로 연결된다.
• 뱀은 결코 후퇴하지 못한다.
• 세상에서 가장 무서운 벌레는 대충(大蟲)이다.
• 믿는 만큼만 통한다.

명사들의 유머 2

◆슈바이처

슈바이처 박사가 모금 운동을 위해 오랜만에 고향에 들렀다. 수많은 사람들이 그를 마중하러 역에 나왔다. 그가 일등칸이나 이등칸에서 나오리라 생각했던 사람들의 예상과 달리 슈바이처 박사는 삼등칸에서 나타났다.

사람들이 왜 굳이 삼등칸을 타고 왔냐고 묻자, 박사는 빙그레 웃으며 대답했다.

"이 열차엔 사등칸이 없더군요."

◆엘리자베스 여왕

독일군의 포격으로 버킹엄 궁이 무너지자 엘리자베스 여왕은 이렇게 말했다.

"국민 여러분, 안심하십시오. 독일의 포격 덕분에 그동안 왕실과 국민 사이를 가로막고 있던 벽이 사라져 버렸습니다."

◆마거릿 대처

딱딱하게만 보이던 '철의 여인' 대처가 600명의 지도자들이 모인 한 만찬장을 웃음바다로 만들었다.

"홰를 치며 우는 건 수탉일지 몰라도 알을 낳는 건 암탉입니다."

피크 타임을 만드는 스팟 자료

스팟 자료는 서로 잘 모르는 사람들을 대상으로 강의를 시작할 때, 강의 중간에 활기차게 강의 분위기를 만들고자 할 때, 그리고 강의를 종료하는 시점에 복습을 통해 배운 것들을 돌아볼 때 필요한 활동으로 나누었다.

1. 강의 시작 오프닝에 좋은 활동

우린 얼마나 닮았나?

① 먼저, 나에 대해 진단한다.

② 다른 사람과 함께 문제를 풀어 본다. (1명씩)

③ 어떤 점이 닮았는지 확인한다.

④ 더 궁금한 항목이 있으면 문제를 추가해 본다.

No.	문 제	보 기(선택하여 오른쪽 칸에)	나	다른 사람들(이름)				
				①	②	③	④	⑤
1	손깍지 엄지손가락 위치는?	① 오른손 엄지가 위쪽에 ② 왼손 엄지가 위쪽에						
2	걸레 짜는 동작(방향)은?	① 오른손을 바퀴가 앞으로 구르는 모양으로 짠다. ② 반대로						
3	귀 후비는 손가락은?	① 엄지 ② 검지 ③ 장지 ④ 약지 ⑤ 새끼						
4	태어난 달은?	(　　) 월						
5	붕어빵 어디부터 먹나?	① 머리 ② 꼬리 ③ 심장 ④ 지느러미						
6	사탕 어떻게 먹나?	① 녹여서 천천히 ② 깨물어서						
7	훌라후프 돌리는 방향은?	① 시계 바늘 도는 방향 ② 반대 방향						
8	라면 먹을 때 어느 것 먼저?	① 국물 ② 면						
9	양말 벗을 때 어느 쪽 먼저?	① 왼발 ② 오른발						
10	공부할 때……	① 음악 들으면서 ② 음악 안 듣고						
11	계란 어느 것 좋아하나?	① 노른자위 ② 흰자위						

12	노래방에 가면?	① 노래 부른다 ② 안 부르고 듣는다						
13	화나면 말이……	① 많아진다 ② 줄어든다						
14	다리 꼬고 앉을 때	① 왼쪽이 위로 ② 오른쪽이 위로						
15	사람 보면 인사를……	① 먼저 한다 ② 상대방이 먼저 한다						
16	길 모를 때	① 묻는다 ② 안 묻는다 ③ 고생한 후에 묻는다						
17	치약 짤 때……	① 뒤를 누른다 ② 가운데를 누른다						
18	많은 사람이 모인 자리에서 주로 어느 쪽에 앉나?	① 앞 ② 뒤 ③ 옆 ④ 가운데						
19	책 읽는 순서	① 대충 내용 먼저 훑어본다 ② 그냥 처음부터 읽어 나간다						
20	식사 때 어느 것 먼저 먹나?	① 국 ② 밥 ③ 반찬 ④ 물						
21								
22								
23								
24								
25								
나와 공통점이 가장 많은 상대는 누구?								

등짝 격려문

① A4 용지를 길게 접어서 자기 뒷목과 옷 사이에 끼운다.

② 다른 사람의 등에 붙은 종이에 격려의 메시지를 써 준다. 넘치면 뒤집어서 계속한다.

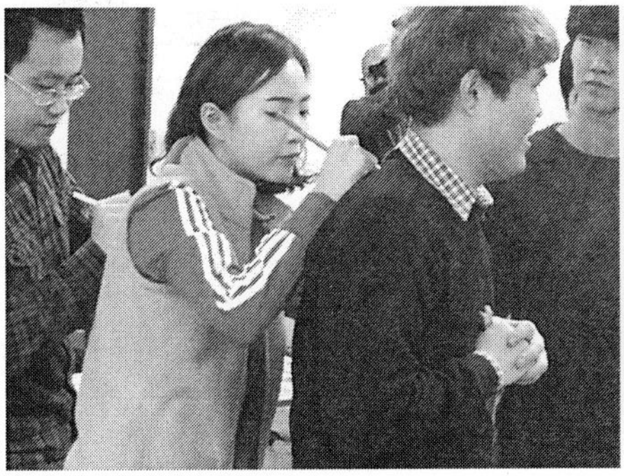

Today's Good News

① 조원들끼리 돌아가며 한 주간의 Good News 1가지씩을 말한다.

② 마치 방송 뉴스를 하듯 기사체로 말한다.

손가락 투표

① 조원 중 술래나 칭찬 샤워 대상자를 선발할 때 '하나, 둘, 셋!'을 외치며 손가락으로 해당자를 가리킨다.

② 한 번에 안 될 경우에는 다시 한 번 시도한다.

캐리커처 그려 주기

① 손가락 투표로 매주 1명의 술래를 정한다.

② 조원들이 A4 용지에 얼굴을 그려 준다.

③ 본인에게 설명을 해 주며 전달한다.

④ 본인의 소감을 말한다.

⑤ 다른 사람에게 비친 내 모습을 알 수 있고, 다른 사람의 관심을 받으므로 자존감이 향상된다.

도형 만들기

① 8개의 막대로 정사각형 3개 만들기

② 7개의 막대로 정삼각형 3개 만들기

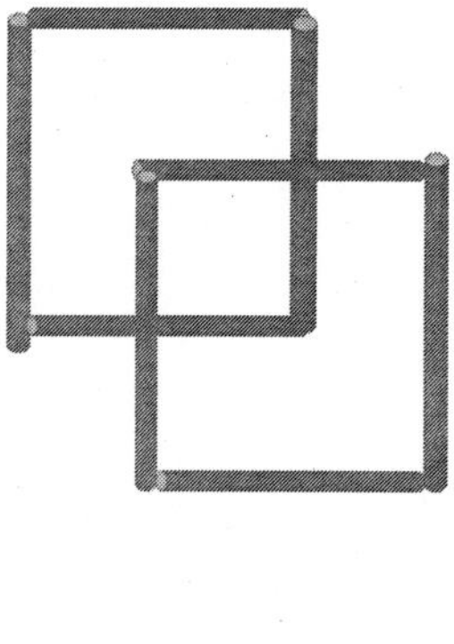

출석 부르기

"예!"라고 하는 대신 다음 단어로 대답하게 한다.

① 좋아하는 연예인 이름

② 좋아하는 숫자 이름

③ 지금 머릿속에 떠오르는 단어

④ 현재의 감정 상태(1~5. 높을수록 좋다.)

자기소개 방법

① 대표적인 키워드 3개로

② 내 비전과 10년 후 내 직업

③ Yesterday-Today-Tomorrow(어제의 나, 오늘의 나, 미래의 나)

네임텐트

① A4 용지를 3등분한 후 지지를 위하여 끝 부분을 조금 접는다.

② 삼각형의 텐트 모양으로 접는다.

③ 가운데에 내 이름, 위에는 최근에 행복했던 일, 아래에는 이 과정을 통해 얻고 싶은 것을 적는다.

④ 다른 동료를 만나서 서로의 내용을 소개한 후 상대방의 사인을 받아 온다(5명).

최근에 행복했던 일

이름

이 과정을 통해 얻고 싶은 것

사인 받기(5명)

– 출처: 모그에듀케이션

도형 나누기

아래 도형을 다음과 같이 면적과 모양이 같게 4등분 할 수 있다. 그러면 이제 같은 도형을 면적과 모양이 같게 5등분 해 보자.

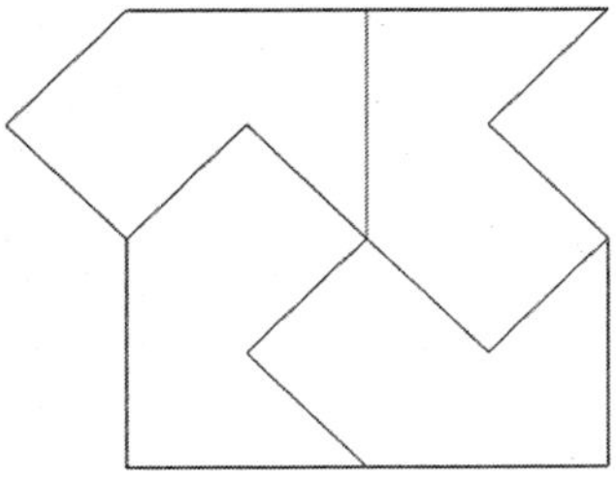

A

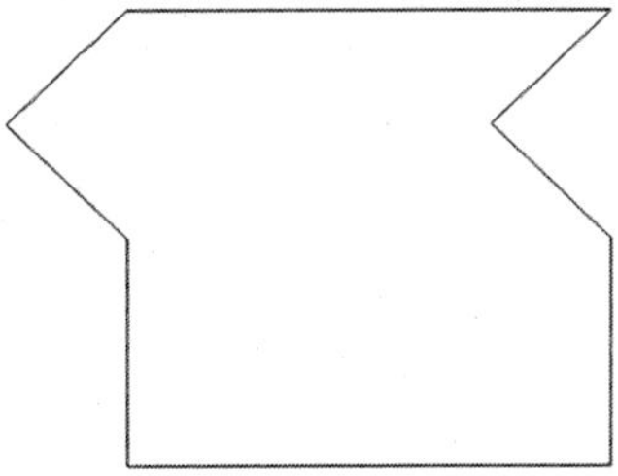

B

왜 이 간단한 정답을 생각해 내지 못하는가? 그렇게 어이없다는 웃음으로 정답을 바라보는 것은 자신의 꾀에 빠져 정답을 찾는 데 스스로 복잡하게 상황을 만들어 가기 때문이다. 우리는 제일 먼저 자신의 지식과 경험에 근거해 문제를 풀려고 한다. 그리고 잠깐 보았던 처음 그림 모양 때문에 문제를 바라보는 시각과 본질을 꿰뚫는 기본을 놓쳐 버리고 헤매게 된다.

우리 생활 속에 (내 생각과 마음속에) 답이 숨어 있는데 제대로 읽어 내지 못한다는 것이다. 내가 내 마음속에 사각지대를 만들어 낸다. 도형 나누기 정답은 다음과 같다.

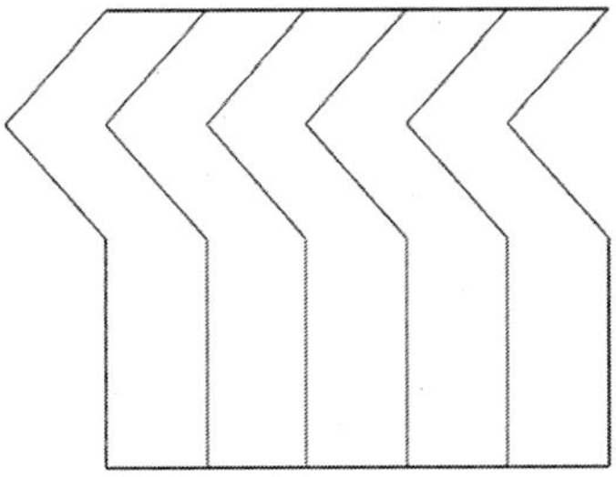

– 출처: 이영민. 스팟 백과사전. ㈜베이스캠프미디어. 2004. p. 75.

포스트잇으로 자기소개하기

① 참가자들에게 포스트잇 10매씩을 나누어 주고 자신을 소개할 수 있는 특별한 사건이나 달란트, 특성을 쓰게 한다. 예를 들면, ○○에 탁월한, 준비가 잘된, 창의적인, 아이디어맨, 겸손한, 성실 그 자체, 7전 8기, 신사적인, 아름다운, 행복한, 꿈꾸는 사람, 작은 거인, 팔방미인, 리더십이 강한, 원칙대로, 책임감 있는 등등이다.

이때 기록한 사람이 누구인지 알지 못하게 해서 이 포스트잇을 교육장 한쪽 벽면에 붙인 후 참가자들이 포스트잇 쇼핑을 하게 한다. 자신의 것과 비교하며 공통점과 전혀 다른 점들을 살펴보도록 한다.

② 전체 포스트잇 중에서 자신이 선택하고 싶은 한 장의 포스트잇을 선택해 5~7명 정도씩 테이블별로 앉아 자신이 선택한 것을 가지고 이유와 자신의 이야기를 하도록 한다.

③ 서로를 잘 아는 부서나 동료들 중심으로 모임이 이루어져 있다면, 어느 한 사람의 포스트잇을 한 장씩 읽어 가면서 누구를 설명하는 표현인지 알아맞혀 보는 것도 좋다.

– 출처: 이영민. 스팟 백과사전. ㈜베이스캠프미디어. 2004. p. 85.

손가락 잡기(일명 미꾸라지 잡기)

스킨십으로 인한 상대방에 대한 적응력이 친밀감을 갖게 하는, 말초신경을 자극하는 게임 스팟이다.

인원: 짝지을 수 있는 범위 / 전체 게임

준비물: 없음

진행 방법

① 먼저 두 사람씩 짝을 짓는다.

② 서로 왼손 바닥을 펴서 파트너 앞에 놓는다.

③ 서로 오른쪽 검지를 파트너의 펴져 있는 손바닥 위에 세워 놓는다.

④ 진행자의 신호에 따라 왼쪽 손으로는 상대방의 손가락을 잡고, 오른쪽 손가락은 재빠르게 탈출한다.

⑤ 상대방 손가락을 잡으면 1점, 자신의 손가락을 잡히면 -1점, 잡히지도 않고 잡지도 못하면 0점이다.

⑥ 자신의 점수를 자신이 계산해 승자를 결정한다.

응용 방법: 커플 게임이 아닌 전체 게임으로 응용하는 것도 가능하다.

① 전체 원형으로 둘러앉아 서로 왼손 바닥을 펴서 왼쪽 사람 앞에 놓고 자신의 오른쪽 손가락을 오른쪽에 있는 사람의 왼손 바닥 위에 올려놓는다. 진행자의 신호에 따라 전체가 동시에 할 수 있다.

② 미꾸라지 잡기라는 방법으로 진행할 수도 있다. 서로 왼손 엄지와 검지를 맞닿게 하고 주먹을 쥐듯이 동그랗게 모아 놓는다. 상대방의 왼손 구멍에 자신의 오른쪽 검지손가락을 집어넣고 진행자의 신호(하나, 둘, 셋)에 따라 손가락을 빼낸다.

– 출처: 이영민. 스팟 백과사전. ㈜베이스캠프미디어. 2004. p. 141

자기 긍정

돌아가면서 다음 문장을 완성해 보십시오.

내 이름의 뜻은 ____________________.

나의 외모 가운데 멋진 부분은 ____________________. (두 가지 이상)

내가 건강을 위해 하는 일은 ____________________.

내가 뛰어나게 잘하는 일은 ____________________.

내가 친구들이나 주위 사람들을 위해

기여할 수 있는 것은 ____.

모든 사람이 돌아가면서 자신의 이야기를 나눈 후에 다 함께 일어서서 서로를 위한 힘찬 박수로 찬사를 보내는 시간을 갖습니다.

– 출처: 스티브 셜리. Ice Break 백과사전. 도서출판 국제제자훈련원. 2001. p. 112.

하루가 25시간이라면

당신은 시간관리를 어떻게 하십니까? 다음에 열거된 일상적인 활동의 목록을 살펴보고 다음에 나오는 물음에 대답해 보십시오.

집안 청소	수면
요리	운동
근무	사회 활동
사람 만나기	시간 외 근무
아이 돌보기	교회 활동
개인적 여가	취미 생활

휴식	독서
TV 시청	회식/모임
몸치장	개인적인 경건의 시간

- 만약 당신이 시간에 쫓긴다면 위 항목 가운데 하루 일과표에서 제외할 수 있는 것은 무엇입니까?
- 만약 하루가 25시간이라면 일과표에 무엇을 추가하겠습니까?
- 만일 의사가 당신에게 여유 있는 생활을 하라고 충고한다면 당신은 일과표를 어떻게 조정하시겠습니까?
- 필요를 느끼면서도 현재의 일과표에 넣지 못하고 있는 것은 무엇입니까?
- 당신의 시간을 가장 가치 있게 사용할 수 있게 해 주는 일은 무엇입니까?

– 출처: 스티브 셜리. Ice Break 백과사전. 도서출판 국제제자훈련원. 2001. p. 114.

더하기 웅변

① 두 사람이 서로 마주 보고 선다.

② 갑이 먼저 "친애하는 국민 여러분!"하고 말을 시작한다.

③ 을은 이 말을 받아서 한 문장을 더 갖다 붙인다.

을: "친애하는 국민 여러분 안녕하십니까?"

갑: "친애하는 국민 여러분 안녕하십니까? 저도 안녕합니다."

을: "친애하는 국민 여러분 안녕하십니까? 저도 안녕합니다. 오늘 우리가 이곳에 모인 이유를 알고 계십니까?"

④ 말을 계속 이어나가지 못하거나 순서가 틀리거나 말을 빠뜨리는 사람이 진다.

도움말: 여러 명이 할 수도 있다. 이때는 순번을 정하여 반복해서 엮어 나간다. 웅변의 내용을 모임의 성격이나 취지에 맞는 주제로 진행하면 일석이조!

– 출처: 전승훈. 프로 레크리에이션 600. 종로서적출판주식회사. 1995. p. 57.

2. 집중과 활기를 위한 활동

발표 순서 정하기

각 조에서 발표 순서를 정할 때 쉬운 기준을 사용해서 정한다. 서로 질문과 대답을 하며 대화를 할 수 있다.

㉮ 휴대전화 번호 끝자리가 가장 높은 사람 먼저
가장 멀리에서 온 사람 먼저
머리카락이 가장 긴 사람 먼저

칭찬 샤워(다른 조)

① 손가락 투표로 칭찬받을 사람을 뽑는다.
② 뽑힌 사람은 옆 조로 가서 칭찬을 받는다.
③ 10회 정도 칭찬을 한다.
④ 거울 속의 자신을 향해 최고의 칭찬을 해 준다.
⑤ 최고의 칭찬을 해 준 사람을 자기 조로 데려가 칭찬 샤워를 해 준다.

색종이로 동료 소개하기

① 10가지 색깔의 색종이를 조별로 나눠 준다.

② 옆 사람(오른쪽) 이미지에 적합한 색종이를 집는다.

③ 돌아가면서 옆 사람에게 색을 보여 주며 선정한 이유를 설명한다. 색종이를 건네준다.

명찰 게임

① 작은 메모 용지를 모든 학습자에게 나눠 준다. 진행자는 몇 가지 기본적인 물음을 학습자에게 제시하고 그에 대한 답을 메모 용지에 적도록 한다. 예를 들어, 어릴 때 불렸던 별명, 좋아하는 색, 좋아하는 음식, 좌우명, 이번 과정에 참여한 이유, 이번에 꼭 배웠으면 하는 것들 등에 대한 답을 유도한다.

② 학습자가 주어진 문항에 대한 답을 쓸 시간을 준 후 그 메모 용지를 한두 번 접게 한다. 진행자는 접은 메모 용지를 모두 수거한 후 섞는다. 섞은 메모 용지를 학습자에게 한 장씩 나눠 준다.

③ 이때 다른 학습자가 적은 메모 용지를 받을 확률이 높다. 하지만 학습자는 새롭게 받은 메모 용지에 적힌 내용이 마치 나의 것인 양 자기소개를 해야 한다. 진행자는 누구부터 먼저 소개할지 정해 준 다음, 실제 하는 것처럼 예를 들어 시범을 보여 준다.

④ 정해진 시간이 지나고 학습자가 발표할 준비가 되었다는 사인을 주면 그 학습자부터 정해진 시간(보통 1~2분) 내에 마치 그 내용이 자기 것인 양 소개하도록 한다. 다른 학습자는 발표하는 학습자를 그냥 보고 듣는 것이 아니라 발표 내용의 실제 주인공이 누구인지 주변을 살핀 후 발표가 마무리되면 실제 주인공을 찾도록 한다.

⑤ 발표가 마무리되면 처음 발표했던 학습자부터 자기가 발표한 메모 용지

의 실제 주인공이 누구인지 생각할 시간을 가진 후 실제 주인공이라고 생각하는 학습자에게 다가가 그 메모 용지를 건네주도록 한다. 다른 학습자들도 같은 방식으로 순서대로 실제 주인공이라고 생각하는 사람에게 메모 용지를 건네주도록 한다.

⑥ 메모 용지를 받은 학습자 중 실제 자기 것을 받은 사람이 누구인지 확인하고 그 내용을 다시 한 번 읽게 한다. 혹 궁금한 것이 있으면 묻고 답할 시간을 준다. 1차로 실제 메모 용지 주인공은 한 발 뒤로 물러앉게 한다.

⑦ 실제 주인공을 찾지 못한 메모 용지는 위와 같은 방식으로 2차로 진행하되 모든 사람이 약간의 눈치를 발휘하여 실제 주인공을 찾아내도록 한다. 실제 메모 용지의 주인공이 자기 것을 읽고 다른 사람들이 궁금해하는 것에 답하도록 하면서 게임을 마무리한다.

TIP

- 참여 인원은 15명을 기준으로 10명에서 20명 정도가 적당하다. 인원이 너무 많을 경우 다소 느슨해질 수 있다. 인원이 30명 정도인데도 명찰 게임으로 진행하고 싶을 경우 15명씩 나눠서 할 수도 있다. 인원이 25명 이상이면 명찰 게임보다는 인터뷰 게임이나 퐁당퐁당 기법을 추천한다.
- 메모 용지에 적을 내용은 학습 내용과 연관이 있거나 학습자 간 소통이 필요한 주제 등을 선별하여 제시하면 된다. 너무 막연하거나 어렵지 않은 내용이면 무엇이든 좋다.
- 메모 용지의 크기는 명찰 크기보다는 조금 작으면 된다. 왜냐하면 명찰 뒤에 끼워 넣어야 하기 때문이다. 명찰이 없거나 명찰을 활용하지 않을 경우에는 메모 용지의 크기는 자유로워도 된다.

– 출처: 김성학. 강의를 풍요롭게 하는 방법. 새로운디자인. 2009. p. 26.

휴식 스팟

진행자는 칠판에 8분, 10분, 12분이라는 숫자를 위에서부터 아래로 적고 나서 학습자 한 명에게 도와달라고 한다. 그리고 손을 위아래로 마구 흔드는 동안 학습자가 '스톱(Stop)'이라고 외치면 손짓을 멈출 텐데, 그 손이 머문 숫자만큼 휴식 시간을 드리겠다고 한다. 8분, 10분, 12분이라고 적힌 칠판 위에서 손을 아래위로 흔드는 동안 학습자가 '스톱!'이라고 외치는 순간, 진행자는 손을 12분 위에서 멈춘다. 이때 학습자는 뭔가 해냈다는 웃음을 지으며 기분 좋게 12분 동안 휴식 시간을 누리게 된다.

어차피 12분간 휴식을 할 것이라면 그냥 쉬는 것이 아니라 마치 선물을 주는 듯 간단한 게임으로 휴식과 함께 약간의 즐거움도 동시에 선사할 수 있다.

8분, 10분, 12분이라고 적어 놓고서 12분에 손을 멈출 것인가, 10분에 손을 멈출 것인가는 진행자의 몫이다. 다만 12분까지 적어 놓고선 10분 위에 손을 멈춘다면 똑같은 스팟을 하고서도 그다지 호응을 얻지 못할 것이다. 학습자의 환호를 받을 것인가, 야유를 받을 것인가. 지혜로운 판단을 기대한다. 이 휴식 스팟의 포인트는 학습자 입장에서 좋은 것, 유리하다고 판단되는 것을 주는 것이다.

– 출처: 김성학. 강의를 풍요롭게 하는 방법. 새로운디자인. 2009. p. 105.

이야기 식 단어 연상 게임

어렸을 때 많이 불렀던 노래 중에 이런 노래가 있다.

"원숭이 엉덩이는 빨개, 빨가면 사과, 사과는 맛있어, 맛있으면 바나나, 바나나는 길어, 길으면 기차, 기차는 빨라, 빠르면 비행기, 비행기는 높아, 높으면 백두산……." 이것은 단순한 말 이어가기를 떠나서 연상 활동이 이루어지는 창의적인 활동이다.

목표: 자연스러운 이야기와 말 이어가기 게임을 통해 창조적으로 사고를 전환할 수 있다. 또, 스토리 스팟으로 참가자들의 논리성과 의사소통 방법의 구조를 볼 수 있다. 자신에게 주어진 과제를 해결하기 위한 아이디어 모으기의 한 방법으로도 사용할 수 있다.

진행 시간: 5~10분

준비물: 플립 차트, 볼펜

진행 방법

① 참가자를 팀으로 나누고 각 팀에서 리더를 선정해 아무 단어나 10개의 단어를 준비하라고 지시한다.

② 5개의 빈칸을 만들고 10개의 단어가 나오면 이를 첫 번째 칸에 세로로 나열해 플립 차트나 칠판 또는 A4 용지에 기재하도록 한다.

③ 다시 팀별로 또 다른 한 명의 팀장을 선정해 10개의 단어를 준비하게 한 후, 이를 다섯 번째 칸에 세로로 나열해 기재하게 한다.

④ 참가자에게 첫 번째 칸부터 다섯 번째 칸까지 여러 단어를 사용해 자연스럽게 연결시켜야 한다고 설명한다.

다음 예처럼 관련된 단어들이어야 한다.

㉡

① 사회자 - 마이크 - 노래 - 박수 - 노래방

② 병원 - 간호사 - 여자 - 갈대 - 가을

③ 눈 - 차다 - 냉커피 - 쓰다 - 약

느낌 나누기

교육 참가자들에게 각 단어들 사이의 연관성에 대한 의견을 들어 보고 기발한 아이디어가 있을 경우 공유한다. 첫 번째 주어진 단어와 마지막 단어의 연결 과정 중 떠오르는 아이디어가 중요하다.

㉄

① 강의 - ( ) - ( ) - ( ) - 패러다임
② 휴가 - ( ) - ( ) - ( ) - 가족
③ 시간 - ( ) - ( ) - ( ) - 통일
④ 꽃 - ( ) - ( ) - ( ) - 꿀
⑤ 노트북 - ( ) - ( ) - ( ) - 사진
⑥ 테러 - ( ) - ( ) - ( ) - 봉사
⑦ 금메달 - ( ) - ( ) - ( ) - 올림픽
⑧ 자연 - ( ) - ( ) - ( ) - 지혜
⑨ 공부 - ( ) - ( ) - ( ) - 실패
⑩ 미국 - ( ) - ( ) - ( ) - 북한

TIP
모임의 성격이나 주제에 따라 각 팀에게 단어에 대한 선택 영역을 제한할 수도 있다.

– 출처: 이영민. 스팟 백과사전. ㈜베이스캠프미디어. 2004. p.188.

청개구리 심보

① 모두 모여 둥글게 앉는다.

② 리더는 한 사람을 지적하여 질문을 한다. 예를 들면, "당신은 안경을 썼습니까?" "당신은 여자입니까?" "당신의 이름은 이상원입니까?" 등의 질문을 한다.

③ 지적당한 사람은 큰 소리로 대답하되 질문의 내용이 맞으면 고개를 좌우로 저으며 "예!"라고 대답하고 질문의 내용이 틀리면 고개를 아래위로 흔들며 "아니요!"라고 대답한다. 대답과 고갯짓을 반대로 하는 게임이다.

TIP

리더는 목소리가 작거나 대답이 늦게 나와도 틀리는 것으로 진행한다. 질문의 내용은 심한 변화를 준다.

㉮

3×8×2는 48입니까?, 우리나라에서 두 번째로 높은 산은 한라산입니까?

– 출처: 전승훈. 프로 레크리에이션 600. 종로서적출판주식회사. 1995. p. 103.

귓속말 전보

준비물: 메모지, 볼펜

진행 방법

① 리더는 메모지에 30자 이내의 문장을 미리 적는다.

② 인원을 같게 하여 짝 배수의 팀으로 팀 구성을 한 후 한 줄로 선다.

③ 메모지에 적힌 문장을 각 팀의 팀장에게 동시에 보여 준다.

④ 시작 소리와 함께 팀장들은 자기 팀으로 달려가 1번에게 메모지의 내용을

귓속말로 전달한다.

⑤ 1번은 2번에게, 2번은 3번에게 전달한다.

⑥ 맨 끝 사람은 전달받은 내용을 메모지에 적어 리더에게 제출한다.

⑦ 빠르면서 문장의 내용이 정확한 팀이 이긴다.

도움말: 소문이 얼마나 헛되고, 믿을 것이 못됨을 느낄 수 있다.

– 출처: 전승훈. 프로 레크리에이션 600. 종로서적출판주식회사. 1995. p. 132.

주먹 쥐었다 펴기

① 주먹을 쥐었다 폈다 한다.

② 1분 내에 가장 빨리 쥐었다 폈다 하여 몇 번이나 하는지 체크한다.

③ 10초가 지나면 10초가 지났다고 이야기한다.

④ 10초밖에 안 지났는데도 매우 힘들다는 사실을 안다.

피드백

- 오장육부가 손 안에 있으므로 이 동작은 우선 건강에 좋다.
- 머리가 좋아진다. 미국의 한 심리학자가 조사한 바에 의하면, 이 운동을 하기 전과 하고 난 후를 비교해 본 결과, 이 운동을 하고 난 후 10% 정도의 무의미 철자를 기억했다고 한다.
- 아침저녁으로 식구들끼리 벽을 보고 이 운동을 하면 건강해질 뿐만 아니라 두뇌 발달에도 도움이 된다.

– 출처: 윤옥한. 명강의 교수법. 학지사. 2009, p. 257.

도우미 팀 빌딩

이 게임은 상대방 입장에서 생각해 보는 연습을 하는 것이다. 또한 직접 체험을 통하지 않고는 잘 이해할 수 없다는 것을 알게 한다. 팀 전원이 합심하지 않으면 목적을 달성할 수 없으며, 아이스 브레이킹(Ice Breaking) 목적으로 하기도 한다. 팀별로 게임을 하기 위해 실시하기도 한다.

① 고무풍선을 일정한 크기로 분다.

② 고무풍선을 ㄷ자 모양으로 배열한다.

③ 팀을 3~4명 단위로 나누어 게임을 한다.

④ 한 명씩 눈을 감고 고무풍선 ㄷ자 모양에 들어가서 끝까지 갔다 오게 한다.

⑤ 이때 나머지 팀원들은 '왼쪽, 오른쪽, 앞으로, 뒤로, 옆으로'라고 가르쳐 주면서 고무풍선에 닿지 않도록 한다.

⑥ 고무풍선에 닿지 않고 최대한 빨리 갔다 오는 팀이 이기는 것이다.

– 출처: 윤옥한. 명강의 교수법. 학지사. 2009. pp. 269–270.

1분 느끼기

모두 눈을 감게 한다. 눈을 감고 스스로 1분을 느껴 보게 한다. 눈을 감고 있는 동안 강사는 여러 가지 재미있는 이야기를 많이 하여 학습자들이 60초를 세지 못하게 유도한다. 60초가 되었다고 생각되는 학습자는 조용히 손을 들게 한다. 가장 먼저 손을 든 사람, 그리고 정확히 60초에 손을 든 사람, 마지막으로 가장 늦게 손을 든 사람을 체크해 둔다. 손을 다 들고 나면 모두 눈을 뜨게 한다. 60초의 의미, 즉 시간은 이렇게 개인마다 다르게 느껴진다는 것을 알 수 있다.

피드백

시간에는 양적인 시간이 있고 질적인 시간이 있다. 양적인 시간이란 정확히 시계로 60초를 말하는 것이고, 질적인 시간이란 60초가 경우에 따라서는 15초로 느껴질 수도 있고, 45초로 느껴질 수도 있고, 2분으로 느낄 수도 있다는 것이다. 이처럼 살아가는 동안 내가 어떻게 의미를 부여하느냐에 따라 세상은 달라질 수 있다.

– 출처: 윤옥한. 명강의 교수법. 학지사. 2009. pp. 280–281

3. 복습을 위한 활동

단어 완성하기

① 2자 성어

ㅎ	ㅎ

② 4자 성어

일			

③ 5자 성어

		ㅅ		

배웠던 단어 찾기

용	기	소	운	좁	케	기	쁨	류	약	구	숩	그	아	들
리	존	경	사	드	미	예	리	오	대	애	인	랗	지	녀
붓	로	금	람	뒤	찬	흡	즉	홍	앞	복	주	머	니	명
막	바	행	복	두	열	내	트	으	모	에	수	앞	티	건
라	하	렙	즈	훈	남	사	셋	롱	승	리	한	강	카	이
습	인	연	영	녀	물	현	숫	다	운	백	현	영	경	닭
엑	소	승	호	화	용	돈	인	정	일	만	시	츠	아	딸
롬	뜻	로	또	구	반	지	혼	상	오	비	라	이	루	네
장	화	공	짜	홍	대	가	왕	결	혼	아	스	디	디	오
수	거	인	사	민	상	남	노	탕	육	레	용	동	후	헤
뜻	여	친	구	감	귤	서	래	영	도	여	행	건	키	추
성	공	세	훈	친	구	얍	현	건	담	휴	식	프	사	랑

15칸 글짓기

① 주어진 주제를 15자로 표현하기(띄어쓰기 없이).

② 인생, 행복, 성공, 대학생, 정체감, 자존감, 비전, 직업, 돈, 인간관계, 태도, 시간, 사랑 등 본 과목 관련 키워드를 매주 1가지씩 정해서

③ 조별 우수작은 전체 앞에서 발표(전시)

포토 스탠딩(Photo Standing)

① 잡지 그림(사진) 등을 펼쳐 놓는다. 주제를 언급한 후 그 주제와 연관성이 깊다고 생각하는 한 장의 사진을 선택하게 한다.

② 잡지 그림이 오늘 주제와 어떤 연관성이 있는지, 예를 들어 그 주제와 관련된 정의, 개념, 역할, 특징, 효과 등을 그럴듯한 억지 주장으로 하나 만들어 줄 것을 요청한다. 진행자는 주제와 연관 있다고 생각되는 하나의 그림을 들고 그럴듯한 억지 시범을 보여 준다.

③ 각자 주제와 연관 있는 하나의 이야기를 생각할 수 있는 시간을 준다. 2인 1조 모둠을 만든 후 한 사람이 먼저 30초 동안 준비된 이야기를 상대편에게 쏟아 놓게 한다. 이후 이야기를 들을 사람 역시 30초 동안 먼저 말한 사람에게 준비된 이야기를 설명한다.

④ 진행자는 2인 1조가 한 모둠이 되어 본인이 말한 키워드를 바탕으로 공동의 억지 이야기를 하나 만들어 줄 것을 요청한다.

⑤ 2인 1조는 또 다른 2인 1조를 만나 자신들이 준비한 억지 이야기를 상대편 모둠에게 한다.

⑥ 4인 1조 모둠을 만든 후, 네 명 중에 말을 논리적으로 잘했거나 표현력이 좋은 한 명을 선출하여 모둠별 발표자료로 선정한다.

⑦ 모둠별 발표자가 주어진 주제 개념을 잘 설명할 수 있도록 비발표자 세 명이 그럴듯한 억지 아이디어를 발표자에게 제공할 시간을 갖는다. 시간이 허락한다면 모둠별 내부 리허설 시간도 갖는다.

⑧ 진행자는 4인 1조 모둠이 순서대로 '억지 콘테스트'를 통해 준비된 이야기를 발표할 수 있도록 한다.

TIP

- 잡지 그림(사진)은 뭔가 이야깃거리가 될 법한 사진 위주로 전시해 놓는다.
- 잡지는 글이 많은 것보다 이미지가 많은 것이 좋다. 단, 너무 외설적인 것은 삼간다.
- 진행자가 억지 시범을 보이면 학습자가 진행 방법을 쉽게 이해할 수 있으므로 그럴듯한 억지 이야기를 하나 미리 준비하고 연습해야 한다.
- 4인 1조가 한 모둠이 되어 발표할 때, 손을 든 발표자에게 발표 기회를 주는 것이 아니라 비발표자 세 명 중 한 명이라도 손을 먼저 든 모둠의 발표자에게 발표 기회를 준다. 즉, 비발표자는 손을 들더라도 발표하지 않으며 준비된 모둠 발표자가 발표할 수 있게 한다. 이는 학습 분위기를 상승시키는 효과가 있다.
- 먼저 발표하는 모둠이 후한 점수를 받을 가능성이 높다고 이야기해 준다.
- 각 모둠 발표자가 발표하는 것이 쑥스럽지 않도록 분위기를 고조시킬 필요성이 있다.
- 몇 팀이 발표를 하고 나면 발표 방법을 바꿀 수 있다. 손을 든 비발표자가 속한 모둠의 발표자에게 발표 기회를 주는 것이 아니라 그동안 발표하지 못한 모둠 발표자 중 스스로 꼭 발표하고 싶다고 의사 표시를 하면 기회를 준다. 모든 발표자의 발표 내용을 굳이 다 들을 필요는 없다.
- 경험상 비발표자가 손을 들어 한 발표보다 스스로 발표하겠다고 나선 발표자의 내용이 충실한 경우가 더 많다.
- 발표를 시키는 이유는 발표하기 위해 준비한 사람에 대한 격려, 배려, 보상 차원이다. 발표하는 것이 발표자에게 보상받는다는 느낌을 주지 않으면 발표를 안 시키는 것이 좋다.

– 출처: 김성학. 강의를 풍요롭게 하는 방법. 새로운디자인. 2009. p. 86.

거리 두기

① 거리 두기 방법을 설명한다.

② 주제를 제시한다. 학습자를 원 안 또는 밖에 서게 한다.

③ 학습자에게 주제에 대한 자기 생각을 정리해 달라고 한다.

④ 정리한 생각을 몸을 이용하여 거리, 높이, 방향으로 표현해 보도록 한다.

⑤ 진행자는 학습자가 왜 그 거리, 높이, 방향으로 섰는지 이유, 입장을 발표

하게 한다.

⑥ 진행자는 또 다른 주제를 제시하거나 본 과정으로 이어 간다.

TIP

- 진행자는 거리 두기 방법을 설명할 때 쉬운 주제로 먼저 시범을 보인다. 그렇게 해야 학습자의 이해가 빠르다.
- 주제는 학습 내용과 연관이 있어야 한다. 주제에 대한 학습자의 생각을 알아보기 위한 핵심 단어면 좋다. 단, 너무 지엽적이지 않고 해당 주제에 대한 포괄적 이해를 도울 수 있는 단어를 선택한다.
- 학습자를 원 안 또는 원 밖에 서게 하는 이유는 학습자가 앉아 있는 상태에서는 자기 생각을 여간해선 표현하지 않기 때문이다. 학습자의 엉덩이, 몸을 의자에서 일단 떼어 내고 움직이게 해야 진행하기 수월하다.
- 제시된 주제에 대해 학습자의 관심이 높거나 우호적일 경우에는 학습자를 원 밖에 서게 한다. 반대로 주제에 대해 학습자의 관심이 낮거나 비우호적일 경우에는 학습자를 원 안, 원 중심에 서게 한다. 그 이유는 일단 학습자가 움직일 수 있는 폭을 넓히기 위해서다.
- 진행자는 주제에 대해 거리별, 높이별, 방향별로 입장을 대변할 수 있는 학습자 위주로 순서대로 발표시킨다.
- 학습 도입 단계에 활용할 수 있으며 과정 마무리 단계에서 그 주제에 대해 다시 한 번 거리 두기를 한다. 학습 과정을 통해 그 주제에 대한 입장 변화가 있었는지 확인할 수 있을 뿐 아니라 그 이유를 들을 수 있는 기회를 얻을 수 있다.
- 거리 두기의 핵심 키워드는 '움직이면 입장이 생긴다.'이다. 앉아 있는 상태에서는 해당 주제에 대한 학습자의 생각을 파악하기 힘들다. 하지만 거리 두기를 하면 학습자가 주제에 대한 자기 입장을 정한 후 거리, 높이, 방향 등으로 표현하기 때문에 진행자는 학습자의 말을 굳이 듣지 않더라도 제시된 주제에 대해 학습자들이 어떻게 생각하고 있는지 파악할 수 있다.

– 출처: 김성학. 강의를 풍요롭게 하는 방법. 새로운디자인. 2009. p. 106.

나의 기념관

축하합니다! 막대한 기금을 운영하는 선한 양심을 가진 시민들의 위원회에서 당신을 기념하는 기념관을 건립하기로 결정했습니다. 그 기념관 건물은 이미 완공되었고 이제 당신이 전시할 자료들을 제공해야 할 단계입니다.

기념관에는 다음과 같은 전시 코너가 마련되어 있습니다.

- 가문의 전통과 유산
- 어린 시절
- 학창 시절
- 청년 시절과 사랑
- 업적
- 영적인 삶
- 미래(공사 중)

당신의 기념관 각 방에 전시될 삶의 흔적에 대하여 생각해 보십시오. '미래'라고 이름 붙여진 방에 당신이 훗날 전시하고자 하는 것은 무엇입니까? 한 사람씩 돌아가면서 각자 자신의 기념관에 무엇을 전시할 것인지, 그 이유는 무엇인지 나누어 봅시다.

– 출처: 스티브 셜리. Ice Break 백과사전. 도서출판 국제제자훈련원. 2001. p. 86.

배운 주요 내용을 써 보게 하기

① 인덱스 카드나 빈 종이에 그날 배운 가장 핵심 내용 세 가지를 써 보게 한 후 내용이 안 보이도록 종이를 구긴다.

② 교실 한가운데로 던지게 한다. 그런 다음 골고루 섞고, 한 사람씩 나와서 가져가게 한다.

③ 종이에 쓰인 주제에 대해서 팀원들에게 골고루 가르쳐 보도록 한다.

– 출처: 김영균. 강의법에 길을 묻다. 상상채널. 2011. p. 172.

Running, Running, Running

① 교실 양 옆에 차트를 2개 세워 놓는다.

② 참가자 전원을 정확히 두 팀으로 나눈 후 매직펜을 하나씩 나누어 주고 경쟁을 시킨다.

③ 교실 뒤편에 테이프를 이용하여 출발 라인을 만든 후, 그 뒤에 일렬로 서게 한다.

④ 시작을 알림과 동시에 한 사람씩 뛰어나와 배운 핵심 단어를 적어 보게 한다. 이때 앞사람과 내용이 겹치는 것은 생략한다.

⑤ 서둘러 한 가지를 적은 후, 뒤로 돌아가 매직펜을 바통 터치한다. 바통 터치를 받은 사람은 다시 뛰어나와 플로 차트에 새로운 내용을 한 가지씩 적는다.

⑥ 최종 주자가 빨리 마무리한 팀을 우승팀으로 정한 후 겹친 내용이 없는지를 서로 확인한다. 우승 팀에게는 선물을 준다.

⑦ 배운 내용을 세 사람씩 그룹을 지어 가르쳐 보도록 한다.

– 출처: 김영균. 강의법에 길을 묻다. 상상채널. 2011. pp. 172–173.

Crazy Words

① 다음과 같이 복습 내용의 단어를 뒤섞어 놓게 한다.

② 팀별로 빨리 맞춘 팀을 우승한 팀으로 정한다.

③ 작은 시상과 함께 어떤 내용인지 돌아가면서 설명하게 한다.

㈎

버드커하	⑨ 하	드	커	버	
여기동부	동	기	부	⑥ 여	
료자보조	③ 자	료	보	조	
결시켜연라	연	결	시	켜	⑩ 라
심가자참중	⑤ 참	가	자	중	심
여미의부	② 의	미	부	여	
심지긍자유	자	긍	심	⑦ 유	지
구습학도	학	습	⑧ 도	구	
실의강시	① 강	의	실	시	
만유한여만	④ 여	유	만	만	한

①	②	③	④	⑤	⑥		⑦	⑧	⑨	⑩
강	의	자	여	참	여	를	유	도	하	라

– 출처: 김영균. 강의법에 길을 묻다. 상상채널. 2011. pp. 174–175.

명사들의 유머 3

◆쇼펜하우어

독일의 철학자 쇼펜하우어는 대식가로 알려져 있다. 어느 날 쇼펜하우어는 호텔 레스토랑에서 2인분의 식사를 혼자서 먹고 있었다. 그때 옆 테이블의 사람들이 그 광경을 보고 "혼자서 2인분의 밥을 먹다니..."라며 비웃었다. 왜냐하면 그 당시 상류 사회에서는 음식을 많이 먹는 사람을 업신여기는 풍조가 있었기 때문이다. 하지만 쇼펜하우어는 당황하지 않고 이렇게 말했다.

"전 늘 2인분의 밥을 먹습니다. 1인분만 먹고 1인분의 생각만 하는 것보다 2인분을 먹고 2인분의 생각을 하는 게 더 나으니까요."

◆카네기

카네기가 어렸을 때의 이야기다. 그가 어머니 손을 붙잡고 과일가게에 갔다. 가만히 서서 뚫어져라 딸기를 쳐다보자 주인 할아버지가 한 움큼 집어 먹어도 된다고 했다. 카네기는 계속 쳐다만 보았다. 그러자 할아버지가 자기 손으로 딸기를 한 움큼 덥석 집어서 주었다. 나중에 어머니가 조용히 물었다.

"얘야, 할아버지가 집어 먹으라고 할 때 왜 안 집어 먹었니?"

"엄마, 내 손은 작고 할아버지 손은 크잖아요."

유머 완성하기

진행 방법

① 주어진 유머 문제를 조원들과 협의하여 창조적인 결론 문장을 완성한다.
② 각 조 발표자가 전체에게 발표한다.
③ 가장 창조적인 발표팀을 선정한다.

1) 좋은 소식 - 싼 가격에 성형 수술을 했다.
나쁜 소식 - 수술이 잘못되어 다시 하게 됐다.
환장할 소식 - ______________________________

2) 좋은 소식 - 아이가 학교에서 상을 받았다.
나쁜 소식 - 옆집 아이도 상을 받았다고 한다.
환장할 소식 - ______________________________

3) 추운 겨울에 아들을 군대에 보낸 엄마가 편지를 썼다.
"…… 네가 얼마나 그리운지 아직도 네 침대에는 네 온기가 그대로 남아 있는 듯 여전히 따뜻하구나……."
며칠 후 아들에게서 편지가 왔다.

____

4) 어느 소년이 깊은 산속을 걷고 있었다. 그런데 갑자기 곰이 나타났다. 그는 어떤 사람이 곰이 나타났을 때 죽은 척해서 살아났다는 얘기가 생각났다. 그래서 그는 곰 앞에서 죽은 척하며 누워 있었다. 그런데 그 곰은 착한 곰이었다. 죽은 사람을 두고 그냥 지나칠 수가 없었다.

그래서 곰은 ______________________________

5) 고양이가 쥐를 쫓고 있었다. 치열한 레이스를 벌이다가 고양이가 쥐를 놓치고 말았다. 아슬아슬하게 쥐가 쥐구멍으로 들어가 버린 것이다. 그런데 고양이가 갑자기 쥐구멍에 대고 "멍멍멍!" 하고 짖어댔다. 그러자 숨어 있던 쥐가 "벌써 가 버렸나?" 하면서 구멍 밖으로 머리를 내밀었다. 그 순간 고양이 발톱에 걸려들고 말았다.

쥐를 생포한 고양이가 쥐를 향해 말했다.

____

6) 어느 날 이 병장과 김 이병이 동네 목욕탕에 갔다. 병장은 덩치가 컸고, 이병은 체격이 왜소했다. 둘은 샤워를 했다.

이 병장이 말했다. "야! 내 등 좀 밀어 줘라. 나 끝나면 너 밀어 줄게!"

이등병은 힘겹게 이 병장의 넓은 등을 밀어 주었다. 다 끝나자, 이 병장이 김 이병에게 돌아서라고 했다.

수건에 비누를 묻힌 이 병장이 김 이병에게 말했다.

____

7) 토끼가 약국에 찾아가서 물었다.

토끼: 당근 있어요?

약사: 없는데요.

다음 날 토끼는 다시 약국에 가서 물었다.

토끼: 당근 있어요?

약사: 없대두?

다음 날 토끼가 그 약국을 또 찾아가서 물었다.

토끼: 당근 있어요?

약사: 없어! 한 번만 더 귀찮게 굴면 가위로 귀를 잘라버린다!

다음 날 토끼가 또 그 약국을 찾아갔다.

토끼: 아저씨, 가위 있어요?

약사: 없어!

그러자 토끼가 물었다.

토끼: ______________________________

8) 어떤 사람이 〈TV 진품명품〉에 출연했다. 그는 집안 대대로 내려오는 문서를 들고 나와 '가보(家寶)' 라며 자랑했다. 그는 기대를 갖고 심사위원들의 감정 결과를 기다렸다. 드디어 감정 결과가 나왔다. 결과를 들은 그는 기절하고 말았다.

그것은 ______________________________

9) 5대 명문대

- 재학 중에는 사람들에게 인정을 받지만 졸업 후에는 좋은 소리 못 듣고 산다. –청와대
- 여름 계절 학기에만 수업을 하는 특이한 곳이다. 여름 방학에 북새통을 이룬다. –해운대
- 볼품없다. 전국 어딜 가나 골고루 있다. –전봇대
- 지하철 2호선 역 부근에 있다. 서울대학교 옆이라 덩달아 유명하다. –낙성대
- 처음엔 여대로 개교했지만, 요즘엔 남자도 자주 들어간다. – ______________

10) 초등학생인 영희와 철수가 텔레비전을 보고 있었다. 그런데 때마침 남자 화가가 여자 누드 모델을 그리는 장면이 나왔다. 좀 쑥스러운 모습으로 영희가 물었다. "도대체 화가들은 왜 여자를 벗겨 놓고 그리는 걸까?" 그러자 철수가 당당하게 대꾸했다.

____

11) 욕쟁이 할머니 식당이 있었다. 물을 갖다 달라고 하면, "니가 알아서 갖다 먹어!" 반찬을 더 달라고 하면, "니가 갖다 처먹어. 이놈아!"라고 말했다.
그런데 어느 날 손님이 돈이 없어 외상으로 먹자고 했다. 그러자 욕쟁이 할머니가 말했다.

---

12) 모두가 부러워할 정도로 사랑하는 멸치 부부가 있었다. 어느 날 바다에서 둘이 놀다가 어부가 쳐 놓은 그물에 걸려들었다. 그물 안에서 남편 멸치가 아내 멸치에게 슬프게 말했다.

---

13) 강도가 은행을 털러 갔다. 그런데 경고음이 나면서 경찰이 출동하고 말았다. 그는 한 은행원을 인질로 잡고 경찰을 위협했다. 은행을 포위한 경찰 대표가 협상을 제안했다. "네가 원하는 것이 무엇이냐?" 그러자 강도가 대답했다.

---

14) 교도관이 수감자들의 여러 기록물을 점검하고 있었다. 그런데 한 수감자가 눈에 들어왔다. 그가 수감된 후 그를 면회 온 사람이 아무도 없었다. 그는 그 수감자를 불러 면담을 했다. "당신이 이곳에 들어온 후 아무도 면회 온 사람이 없네요. 가족이나 친구가 없나요?" 수감자가 말했다.

---

15) 어떤 아가씨가 숨을 헐떡이며 택시에 올랐다. "아저씨, 저는 지금 쫓기고 있어요. 아무 데나 빨리 가 주세요."
택시 기사가 영문을 몰라 어리둥절하자 "뒤 택시가 저를 쫓아오고 있단 말이에요." 드디어 뒤에 따라오던 택시를 완전히 따돌리자, 기사가 물었다. "아가씨, 무슨 일로 쫓기고 있습니까?"
그러자 아가씨가 말했다.

---

16) 사장이 출근하자마자 직원들과 커피 한 잔을 하면서 아침 방송에서 들은 유머 한 편을 이야기했다. 그러자 모든 사원이 웃기 시작했다. 그런데 한 사원이 전혀 웃지 않는 것이었다.

사장: 자네는 왜 웃질 않나?

사원: 전 이제 웃을 필요가 없어졌어요.

사장: 그게 무슨 말인가?

사원: ______________________________

17) 직업별로 싫어하는 사람

- 목사: 하나님 찾지 않고도 잘 사는 사람들
- 세무사: 고지서 나온 대로 곧이곧대로 세금 내는 사람
- 산악인: 내려올 걸 왜 올라가냐고 묻는 사람
- 중매장이: 연애 잘하는 사람
- 골프공 제조회사 사장: 골프 공 하나로 라운드 끝내는 사람
- 여행업자: 집 나가면 개고생이라는 사람
- 성형외과 의사: ______________________________

18) 어떤 요리사가 있었다. 그는 붕어 전문 요리사였다. 이날도 붕어 요리를 위해 붕어를 자르고 있었다. 그런데 노란색 붕어를 잘랐는데 검은색 피가 나왔다. 요리사가 붕어에게 물었다. "넌 왜 피가 검은색이냐?" 붕어가 말했다.

____

19) 옛날에 고집 센 사람과 똑똑한 사람이 있었다. 어느 날 두 사람 사이에 다툼이 생겼다. 이유인즉, 고집 센 사람은 5×7=34라고 고집했고, 똑똑한 사람은 5×7=35라고 주장했다. 둘은 원님에게 찾아가 하소연을 했다. 두 사람의 주장을 들은 원님은 틀린 답을 말한 고집 센 사람은 풀어 주고, 맞는 답을 말한 똑똑한 사람을 가두고 곤장을 쳤다. 똑똑한 사람이 부당함을 하소연하자, 원님은 이렇게 대답했다.

____

20) 지하도에서 거지가 양손에 모자를 든 채 구걸을 하고 있었다. 행인이 모자에 동전을 넣으며 거지에게 물었다.

행인: 왜 모자를 두 개나 들고 있는 거요?

거지: ____

21) 부부가 소원을 비는 우물가에서 뭔가를 빌고 있었다. 여자가 소원을 빌고는 동전을 던졌다. 이어 남자도 소원을 빌기로 했다. 그런데 몸을 너무 많이 굽히다 우물에 빠져 익사하고 말았다. 여자는 깜짝 놀랐지만, 이내 얼굴에 미소를 지으며 이렇게 말했다.

____

22) 한 남자가 정신과 의사를 찾아갔다. "밤마다 잠자리에 들기만 하면 누군가 침대 밑에 있는 것 같아서 잠을 이룰 수가 없어요. 어떻게 하면 좋을까요?" 남자는 2년 동안이나 병원에 다녔지만 차도가 없었다. 그러던 어느 날 남자에게서 전화가 왔다. 아내 덕분에 완치가 되었다며……. 의사가 치료 방법을 묻자 남자는 이렇게 답했다.

____

23) 허구한 날 술만 마시고 나쁜 짓을 골라 하는 청년이 있었다. 하루는 목사가 그를 불러 훈계를 했다. "이러다 우리가 천국에서 만나지 못할까 봐 몹시 두렵군." 그러자 그 청년은 정말 걱정스러운 표정으로 목사에게 대꾸했다.

____

24) 선생님: 얼음은 고체일까, 액체일까?

학생: 그대로 있으면 고체, 녹으면 액체입니다.

선생님: 잘했어요. 그럼 달걀은?

학생: 겉은 고체, 속은 액체입니다.

선생님: 오, 훌륭해! 정확하군. 그럼 사람은?

학생: ____

25) 어느 회사 사장이 지방에 출장을 갔다가 특급 열차 침대칸에 올랐다. 그런데 침대칸 커튼을 젖히자 예쁜 아가씨 둘이 숨어 있다 놀라서 어쩔 줄 몰라 했다. 아가씨들은 돈이 없어서 표를 못 샀다며, 몰래 숨어갈 수 있게 해 달라고 사정을 했다. 그 말을 들은 사장은 이렇게 말했다. "나는 사회적으로 지위와 명예가 있는 사람이고, 가정이 있는 사람이요. 자칫 세상 사람들의 입방아에 오르내릴 수 있다오. 그러니……

____."

26) 어느 여자가 한 남자에게 청혼을 받고 편지를 보냈다. 편지를 받은 그녀는 청혼을 승낙하는 조건을 적어서 보냈다. "당신이 만약 100일 동안 밤마다 우리 집 앞으로 와 준다면 당신 뜻대로 결혼하겠어요." 그날 밤부터 그 남자는 비가 오나 눈이 오나 바람이 부나 그 여자 집을 찾아왔다. 그리고 증거로 그녀 집 앞에 서 있는 큰 나무 밑에 동그라미를 그리기 시작했다. 큰 나무 밑에는 동그라미가 늘어만 갔다. 10개, 20개, 30개…… 90개…….

그리고 99일째 되는 날 밤……. 마침 그날은 천둥 번개를 동반한 세찬 비바람이 몰아치고 있다. 그럼에도 남자는 그 비를 맞으며 변함없이 집 앞의 나무 밑에 큰 동그라미를 그리고 있었다.

여자는 이런 남자의 모습을 창문으로 지켜보고 있었다. 그리고 감격했다. 그녀는 우산도 쓰지 않은 채 비를 맞으며 문 밖으로 달려갔다. 그리고 그를 향해 이렇게 소리쳤다.

"이제 당신의 마음을 알았어요. 내일 밤까지 기다릴 필요 없이 오늘 밤에 우리 결혼해요!" 그러자 동그라미를 그리던 남자는 매우 당황하면서 이렇게 말했다.

____

해 답

1) 그 의사가 돌팔이라고 뉴스에 나왔다.

2) 아이들 기 살린다고 전교생에게 다 주었단다.

3) 엄마! 제 방 침대 시트 밑에 있는 전기장판 코드를 깜빡 안 뽑고 입대했네요. 코드 좀 뽑아 주세요.

4) 그 아이를 양지바른 곳에 묻어 주고 갔다.

5) 요즘 같은 불경기에 먹고 살려면 적어도 2개 국어는 해야지!

6) 좌우로 움직여!

7) 당근 있어요?

8) 노비 문서였다.

9) 싱크대

10) 아니, 그것도 몰라? 화가들이 옷 그리는 게 더 어려우니까 그렇지.

11) 손님, 왜 이러십니까?

12) 여보, 우리 시래깃국에서 다시 만나자구!

13) 총알을 달라!

14) 염려해 주셔서 감사합니다. 가족이나 친구들이 여럿 있지만 면회 올 사람이 없습니다. 다들 여기 들어와 있거든요.

15) 돈이 없어서 택시비를 못 냈거든요.

16) 사장님, 죄송한데요. 저 내일 회사 그만두거든요.

17) 생긴 대로 살겠다는 사람

18) 저는 붕어빵인데요?

19) 5x7=34라고 고집 피우는 녀석과 싸우는 네 놈이 더 어리석은 놈이다. 내 너를 쳐서 지혜를 깨우치게 하겠다.

20) 요즘 장사가 잘돼서 체인점을 하나 더 냈습니다.

21) 정말로 들어주네.

22) 아내가 침대 다리를 잘라 버렸답니다.

23) 목사님, 대체 무슨 짓을 저지르셨기에 그러세요?

24) 살아 있으면 육체, 죽으면 고체입니다.

25) 한 사람은 나가 주시오.

26) 저~ 저는 아르바이트생인데요!

저자 소개

이의용(Lee Euiyoung, 대표 저자)

국민대학교 대학원 문학박사

국민대학교 교양대학 교수

저서: 잘 가르치는 교수, 스무 살의 나의 비전 등 39종

강의 경력 35년

연락처:yyii@chol.com 010-7200-5054

오정근(Oh Jungkeun)

연세대학교 대학원 인적 자원개발(HRD) 석사

(주)하우코칭 전문코치

한국코치협회 인증코치(KPC)

기업체 및 대학 출강

저서: 열린학습 강한기업, 해피텔링 I, II(공저)

강의 경력 20년

연락처: ojikojik@naver.com 010-7118-4227

한건수(Han Gunsu)

불평 없는 세상 만들기 한국 본부 대표

국민대학교 겸임교수

한국코치협회 인증코치(KAC)

저서: 평생감사 실천편(공저)

강의 경력 10년

연락처: gshan@cfwkorea.org 010-8945-6343

떨리는 강사 설레는 강사

강사, 교사, 교수, 퍼실리테이터를 위한 강의법 가이드

2014년 8월 25일 1판 1쇄 발행
2019년 2월 19일 1판 4쇄 발행

지은이 • 이의용 · 오정근 · 한건수
펴낸이 • 김 진 환
펴낸곳 • (주) 학지사
04031 서울특별시 마포구 양화로 15길 20 마인드월드빌딩 5층
대표전화 • 02) 330-5114 팩스 • 02) 324-2345
등록번호 • 제313-2006-000265호
홈페이지 • http://www.hakjisa.co.kr
페이스북 • https://www.facebook.com/hakjisabook

ISBN 978-89-997-0458-1 03370

정가 **16,000원**

이 도서의 국립중앙도서관 출판시도서목록(CIP)은 서지정보유통지원시스템 홈페이지(http://seoji.nl.go.kr)와 국가자료공동목록시스템(http://www.nl.go.kr/kolisnet)에서 이용하실 수 있습니다.
(CIP제어번호: CIP2014022525)